Filibusteros y Ferrocarriles
La turbulenta infancia de Honduras

Despachos de archivo, 1845-73

Compilado por: José S. Azcona Bocock

Prologo por Darío Euraque PhD

Portada:
Fotografía- Ferrocarril Nacional de Honduras
Diseño- Edward Longhurst

1era Edición, Kindle Direct Publishing, 2021

Índice

i. Prólogo

He aquí un novedoso insumo a la historiografía de Honduras del siglo XIX, es decir a las recursos documentales y metodológicos con que se investiga y se expone sobre el pasado de nuestro país para esa época, en particular, siendo más precisos, entre las décadas de 1840 y 1870. Es una coyuntura poco estudiada por los académicos hondureños y hondureñas. El General Francisco Morazán fue ejecutado a comienzos de esa primera década, y la Reforma Liberal que comenzaron Marco Aurelio Soto y Ramon Rosa en 1876 se nutría de proyectos promoviendo el capitalismo que conceptualizaron actores nacionales e internacionales en la década de 1850, sobre todo el sueño colonial de un nexo interoceánico entre el caribe y el pacífico, el cual se materializaba, a fines de la década de 1860, en el fenómeno modernizante mas grandioso de entonces, el ferrocarril sobre rieles de acero. Con este texto José Azcona Bocock, los hondureños hispano-parlantes, la mayoría, claro, contarán con documentos de estudio y deleite mediante informes, reportajes, estudios y acuerdos diplomáticos de primera importancia y en general solo conocidos por especialistas anglo-parlantes.

La complejidad historiográfica de las décadas entre 1840 y 1870 se neutralizó con el paso del tiempo y la institucionalización del estudio del pasado en Honduras. Fueron otras temáticas y coyunturas que recibieron atención investigativa: la Independencia de España y la breve anexión a México (1821-1823); el establecimiento y decaimiento de la Federación Centroamericana (1824-1839); la figura y tragedia de Morazán; el fracaso del reformismo liberal ya para 1890; la pobreza institucional de la Iglesia católica; las guerras civiles y sus caudillos y las maneras en que estos y la diplomacia norteamericana facilitaron los monopolios de las empresas extranjeras, y consecuentemente, un capitalismo caribeño y un correspondiente Estado concesionario muy distinto a la esperanzas nacionalistas que se imaginaron los presidentes hondureños en su mas lucidos momentos en los principales diarios internacionales anglo-parlantes; Juan Lindo (1790-1857); José Trinidad Cabañas (1805-1871); Santos Guardiola (1816-1862); y José Maria Medina (1826-1878).

La transición capitalista de Honduras inició cuando varias regiones del país se articularon con la economía mundial a finales del siglo XIX mediante el capitalismo industrial inglés. Honduras siguió un patrón general transversalmente presente en Latinoamérica como un todo. Este nexo con la acumulación capitalista a nivel mundial estructuró las fuerzas económicas y sociales que transformaron las estructuras de clase de la región, sus mecanismos de reproducción y su expresión política a nivel del Estado, pero ese proceso fue imaginado e iniciado desde las décadas posteriores a la Independencia, tal como lo recogen las noticias y reportajes traducidos al español y publicados por primera vez en un conjunto en esta hábil compilación para el caso de Honduras. Muchos historiadores hondureños que ya han estudiado esa época se hubieran beneficiado de estas traducciones que los norteamericanos e ingleses conocen y han utilizados en obras clásicas sobre la época. Entre estos se destacaron Mario Rodriguez, Ralph L. Woodward, Troy S. Floyd, Robert A. Naylor, Gene S. Yeager, y Thomas L. Karnes.

Los hondureños que se hubiesen beneficiado de este aporte de Azcona Bocock, entre otros miembros de las generaciones más recientes, serian Porfirio Pérez Chávez e Ismael Zepeda. Entre los historiadores hondureños antiguos y distinguidos que desconocieron la mayoría de los textos periodísticos aquí publicados se destacan, entre otros, Antonio R. Vallejo, Félix Salgado, Rómulo Duron, Gustavo Castaneda, Medardo Mejia, Victor Caceres Lara, y Esteban Guardiola. Todos estos caballeros, con distintos aportes publicados, en revistas y libros, concentraron energías en estudiar las décadas entre 1840 y 1870. Según mi parecer, con publicaciones en Honduras, quizás solo John Moran, norteamericano-hondureño, conoció las fuentes en ingles que se presentan en esta antología documental.

Dado el marginamiento de esas décadas del siglo XIX en la historiografía de Honduras, sus transiciones fundamentales comúnmente se dividen en dos fases: desde la Independencia en 1821 hasta cerca de 1850, y desde entonces hasta la depresión mundial de 1930. Durante la primera fase la articulación fue débil, caracterizada por un cambio marginal en las estructuras de exportación agro-mineral del período colonial. El comercio imperial de los británicos, franceses y norteamericanos con Honduras y Latinoamérica siguió limitándose en la mayoría de los casos a artículos de lujo manufacturados. La articulación fue variada a lo largo de la región, con Centroamérica desatendida en comparación a México, Argentina, Chile y otros, sobre todo si se toma a Honduras como el eje comparativo.

La segunda fase se inició después de 1850, cuando se fortaleció el vínculo con el mercado global, especialmente debido al incremento en la demanda de bienes y materias primas -como café y y variedad de minerales, plata en el caso de Honduras, por parte de los países industrializados de Europa y EEUU. La acumulación de capital fue azarosa y desigual, pero permitió que las elites establecidas y los comerciantes importaran la mayoría de los accesorios infraestructurales del capitalismo industrial que emergía en el centro del capitalismo mundial, Londres y Nueva York y Boston. Aún más importante, la importación de los rieles del ferrocarril, en el caso de Honduras a fines de la década de 1869, del telégrafo a fines de la década de 1870, y otra infraestructura modernizante de la época, fortaleció aún más esta fase de articulación y transición capitalista en general, y en Honduras en particular. Claro a partir de fines de la década de 1870 y las décadas de 1880 y 1890, el cultivo y la exportación bananera lo cambio todo lo imaginado entre 1840 y 1870. Los protagonistas perfilados en este texto, desde los corresponsales en situ en Honduras, capitanes de bergantines, presidentes, ministros y filibusteros nefastos como William Walker, cobran vida en las páginas de antiguas ediciones de periódicos clásicos de la época y aun hoy publicadod, como The Economist, el New York Times, el London Times, el Philadelphia Enquirer. A Azcona Bocock se le aplaude por rescatarlos para la historiografía de Honduras.

Dario A. Euraque, PhD

ii. Introducción

Este libro es producto de una curiosidad permanente. No soy historiador profesional. Tampoco soy académico. Siendo simplemente un ciudadano hondureño que ama su historia, mi interés radica en comprender el impacto de los hechos históricos en el contexto contemporáneo, tratando de extrapolar lecciones y conocimiento para las futuras generaciones.

Recuerdo en mi juventud, cuando estudiaba en el exterior, me dedicaba a buscar información sobre Honduras en periódicos antiguos que se guardaban en micropelícula. Las dificultades de hacer trabajos de investigación con este sistema son considerables, menores que las de hacerlo con ejemplares físicos, pero aun de gran consideración.

Los avances en la tecnología nos permiten acceder más fácilmente a la información, volviendo accesibles archivos previamente fuera de alcance. Las herramientas de búsqueda permiten cruzar términos que nos seleccionan una masa de documentación más dirigible. Posteriormente esta se analiza, se lleva a un formato de texto y se traduce.

Veo con algún grado de tristeza como a lo largo del tiempo la mayor cantidad de texto escrito sobre Honduras viene del exterior. Aunque se recurra a fuentes extranjeras, es importante que una mayor proporción de este producto sea de origen hondureño.

La intención de esta obra es recopilar por primera vez la voz de los protagonistas y testigos de la historia lo más cerca del origen posible. Estas fuentes son británicas y norteamericanas, pero recogen documentos y testimonios inmediatos a los acontecimientos, representando un recurso importante para historiadores, académicos y personas interesados en comprender los hechos que ayudaron a construir la Honduras contemporánea.

He elegido enfocar este trabajo en los años que siguen inmediatamente a la Independencia de Honduras en 1838. Fue una época de gran agitación y cambios profundos en la vida nacional. Al inicio del período, no existe una identidad nacional arraigada, al carecerse de experiencias vividas como país independiente. La comunicación con el exterior, y la circulación y divulgación de información interna es muy limitada. Al finalizarse, hay una identidad soberana aceptada por el mundo exterior, y se comienza la integración financiera y comercial.

Los cuatro capítulos del libro coinciden con fases de desarrollo muy marcadas de la nacionalidad. En el primer periodo, el estado sobrevive la absorción por potencias extranjeras, afirmando su independencia (1845-54). En la segunda, se forja el espíritu de nación al consolidar la soberanía sobre el territorio, y resistiendo invasiones extra regionales (1854-60). En la tercera, se conciben proyectos estratégicamente importantes para desarrollar el potencial nacional (1860-68). Y en la última, vemos estos sueños convertirse en una realidad muy diferente (1869-73). En el proceso se construye la identidad producto de la experiencia colectiva. Al iniciarse, Honduras era un "Estado" y al finalizar el periodo ya es una "República".

Los análisis no son muchas veces desinteresados, y se ve la enorme diferencia entre las fuentes de ambos países en el inicio de este periodo, donde eran rivales por lograr agrandar sus esferas de influencia. Pero generalmente repiten la objetividad de la información, por lo que son registros confiables de los acontecimientos. Aun la visión particular tiene su valor histórico, ya que nos refleja los designios de los distintos estados.

El trabajo en si es una obra multinacional, con la participación de varias personas alrededor del mundo. Agradecemos a: Investigadora de fuentes Maria Victoria Acuña (Filipinas). David Ruiz, traductor y editor de fuentes (Perú). Edward Longhurst, editor (Gran Bretaña), Violeta Vasilopoulou, coordinadora de equipo (Grecia), y Andrea Handal, administración y archivo (Honduras).

Deseo dar muestras de extenso agradecimiento al Dr. Darío Euraque, que es un historiador insigne de Honduras. Tuvo la gentileza de escribir el prologo de este libro. Su inspiración y ejemplo es conocida entre los estudiosos de la historia de Honduras, y da ánimos a nuestros humildes esfuerzos.

Quiero agradecer a mi esposa Pamela Ayuso, que ha conocido y apoyado este proyecto desde el principio. Ella aporto acceso a su estructura de investigación (el equipo internacional de investigadores), la cual ha desarrollado para su carrera de autor. Su esfuerzo por crear obras intelectuales es una inspiración importante. A mis padres Miriam Bocock y José Azcona Hoyo por transmitirme arraigo e identificación con mi nacionalidad y su historia, a través de incontables anécdotas e historias. Y a mis tres niñas Amanda, Alicia, y Abigail, que representan la alegría y la esperanza de un mejor futuro que construiremos al conocer nuestro pasado.

Esperamos que esta obra sea de interés general, ya que contiene información histórica importante sobre el pasado de Honduras que en muchos casos solo ha existido previamente, en inglés, en los microfilmes archivados en el extranjero. Adicionalmente esperamos que sea de utilidad a los investigadores históricos, brindándoles información útil, accesible y traducida al español.

iii. Cronología de eventos principales

1846-48: Coronado Chávez, Presidente Constitucional (PC)

1848: Nueva Constitución.

1848-52 Juan Lindo, PC

1850: Tratado Clayton-Buwler

1852-55 José Trinidad Cabañas, PC (derrocado)

1853: Primera invasión guatemalteca contra Cabañas, fallida.

1855: Segunda invasión guatemalteca contra Cabañas, exitosa.

1855: Inicio invasión filibustera de William Walker a Nicaragua

1856-62 José Santos Guardiola, PC (asesinado)

1860: Cesión de Islas de la Bahía, ejecución de Walker

1862-63 varios gobiernos provisionales

1863: Invasión guatemalteca

1863-72 José Maria Medina, Jefe de Estado y PC (derrocado)

1864-5: Sublevación y represión en Olancho

1865: Nueva Constitución, derogada en 1872

1867: Primer préstamo ferrocarrilero (£ 1,000,000)

1868: Inicio trabajos de construcción del ferrocarril

1869: Segundo préstamo ferrocarrilero (£ 2,177,000)

1870: Tercer préstamo ferrocarrilero (£ 2,243,000)

1869: Reelección autorizada por plebiscito fraudulento

1871: Se suspenden trabajos del ferrocarril

1872-74 Céleo Arias, Jefe de Estado

1873: Declaración de quiebra de los prestamos

iv. Mapas

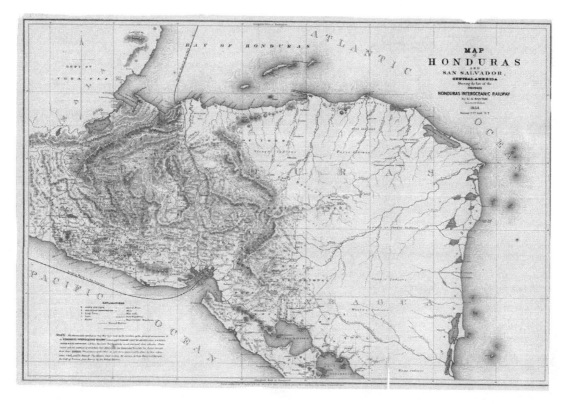

E. George Squier, *Notes on Central America; particularly the states of Honduras and San Salvador: their geography, topography, climate, population, resources, productions, etc., etc., and the proposed Honduras inter-oceanic railway* (New York: Harpers brothers, 1855).

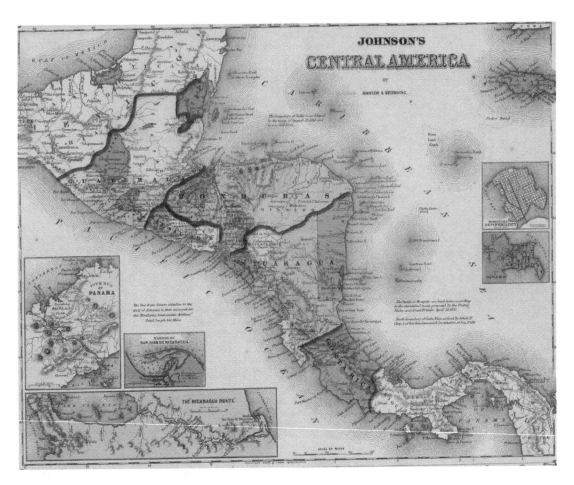

Centro America, 1860, A. Johnson, Johnson & Browning

Parte 1

Un inicio precario

1845-54

DE CENTROAMÉRICA

Estamos en deuda con el capitán Pederson, del *John R. Gardener*, por un documento de Belice (Honduras) del día 16 del mes pasado. Mediante el párrafo anexado, parece ser que ha estallado la guerra entre los estados de San Salvador y Honduras en Centroamérica.

Nuestros informes del interior afirman con confianza que las amenazadas hostilidades entre los estados de San Salvador y Honduras han comenzado. Guatemala ha suministrado al primero con un préstamo de armas y municiones, e incluso se dice que el Gral. Cabrera está juntando tropas para ayudarles.

Fuente: New York Evening Post

Se han recibido informes en México de Guatemala al 11 de agosto. Se está haciendo un esfuerzo para restablecer los lazos de federación entre los estados de San Salvador, Guatemala y Honduras.

Para este propósito, los primeros dos estados han asignado a comisionados para reunirse en Sonsonate, para deliberar sobre las condiciones. Guatemala también ha nombrado a un comisionado para ratificar un tratado de paz con Honduras y otro de comercio con San Salvador.

Fuente: New York Evening Post

CENTROAMÉRICA
Discurso del presidente de Honduras, pidiendo a los estados de Centroamérica que ayuden a los mexicanos en su contienda con los Estados Unidos.
Proclamación.
El presidente del Estado de Honduras a los Centroamericanos.

¡Compatriotas! La fortuna ahora gobierna los destinos de México, y amenaza a sus hijos con desolación y exterminio. Los norteamericanos han destruido a la interesante población de Veracruz, se han apropiado de sus pertenencias y ahora marchan hacia la capital. No podemos saber que otras calamidades afligirán a esa nación.

Ellos son nuestros hermanos; sus peligros son los nuestros, y su destino nos espera. No debemos tener neutralidad, si de alguna manera podemos ayudarle en su honorable lucha.

Todo el mundo debe saber que los hondureños están listos para cumplir con su deber, de cualquier naturaleza que este sea.

Yo mantendré en el estado una paz honorable, ante todos los peligros; pero no lo hare sacrificando el honor hondureño, pues un pueblo deshonrado no está en condiciones de llevar cadenas y sufrir con humildad las amenazas y heridas que imponen los más fuertes.

Me dirijo hoy a los gobiernos de las repúblicas, haciendo estas observaciones con el objetivo de que, si se considera oportuno, podamos, si es posible, proporcionar ayuda, o al menos manifestar nuestra disposición favorable a su causa y a la libertad.

Divisiones y peleas internas han arruinado a nuestros hermanos mexicanos. Ocho millones de habitantes, los cuales componen esa nación, han sido incapaces de defenderse a sí mismos en contra de un puñado de hombres, que han capturado sus territorios y sus propiedades, y han anulado sus derechos. ¿Cuál será el estado de los centroamericanos si continuamos divididos?

Los hondureños siempre aparecen extraordinariamente grandiosos; ellos adoptaron los métodos más eficaces para asegurar su independencia; pero nada ha sido suficiente para alienarlos; en cuanto al gobierno y a la sumisión a la ley, lo consideran su poder, su gloria y su honor.

Qué felicidad experimenta él, quien gobierna los destinos de un pueblo adornado por estas virtudes.

Juan Lindo.

Comayagua, 1 de junio de 1847.

Los firmantes, generales de división, al ejército de Honduras.

¡Compañeros! Es notoria la angustia de México, y evidente nuestra obligación de cooperar en la defensa de ese país. Sus hijos son nuestros hermanos, y la causa que ellos defienden es también nuestra, la de la libertad en contra de la conquista.

En cumplimiento de un deber sagrado, ayer se publicó la proclamación dirigida al presidente de los centroamericanos; y deseamos expresar nuestra deferencia y nuestro deseo de cooperar en cualquier momento que él nos llame a ayudar a nuestro vecino.

Todas aquellas ideas que podrían dividirnos están olvidadas. Nuestros intereses y nuestras pasiones son los segundos de nuestro país. Sus triunfos son nuestra gloria y nuestro honor. Demanda nuestra unión, y eso es suficiente para hacer que nosotros la ofrezcamos cordialmente. ¡La Unión y Libertad es nuestro lema! Eterno oprobio para aquel que promueva y ayude a la disensión y conquista.

F. Ferrera,
Santos Guardiola.
Comayagua, 2 de junio de 1847.

Fuente: New York Evening Post

1848- abril-06

El *Medway* nos trajo información desde San Juan de Nicaragua en cuanto a la disputa entre el Estado de Honduras y el rey de los Mosquitos, y de la expedición enviada por las autoridades británicas desde Jamaica para apoyar los reclamos de su majestad Mosquito, resultando en la captura de los fuertes altos y bajos en el río, por los botes del barco de Su Majestad *Alarm*, del capitán Loch, el barco a vapor *Vixen*, y el bergantín *Daring*, y un destacamento del 38 regimiento; todos al mando del capitán Loch, con los comandantes Rider y Peel al mando de sus propios botes. Los fuertes más bajos pusieron mucha resistencia, pero las pérdidas en los botes fueron insignificantes; un hombre muerto y un guardia marino herido. Las pérdidas en la costa fueron considerables, pero no se conoce la cantidad exacta. Los heridos y prisioneros fueron enviados a bordo del *Alarm*; algunos de los primeros murieron.

Lamentamos agregar que el Sr. Patrick Walker, el cónsul general de Su Majestad Británica para el rey Mosquito, desafortunadamente se ahogó al subir por el río San Juan. Parece que él estaba en uno de los botes del escuadrón, y, mientras dormía, el bote fue repentinamente sorprendido, suponen que por canoas; y cuando los marineros estaban buscando sus armas en el cofre en la popa del barco, el Sr. Walker y otro caballero cayeron desafortunadamente por la borda; el último fue recogido, pero no se pudo encontrar al Sr. Walker.

El 26 de febrero se recibieron comunicados en San Juan, Nicaragua, afirmando que el fuerte o castillo de San Carlos había sido capturado sin resistencia, con los nuevos soldados granadinos habiendo huido al acercarse las fuerzas británicas. El capitán Loch envió a un oficial a la ciudad de Granada para llegar a un acuerdo con el Gobierno. Uno de los pequeños barcos a vapor, en el río Magdalena, fue destruido el primero de marzo, y se perdieron 10 vidas, entre las cuales estaba el capitán.

Los siguientes son los detalles de los muertos y heridos en el enfrentamiento:

"El barco a vapor de Su Majestad *Vixen*: Sr. Turner, guardia marino, malherido. Charles Fowell, capitán de la cubierta, muerto. Heridos: William Coombs, muchacho, gravemente herido; P. Nagle, marinero, gravemente herido; James Hooper, marinero, gravemente herido; y W. Wright, marino, perdió tres dedos.

"El barco de Su Majestad *Alarm*: Un marinero muerto.

"Dos soldados de la infantería 38 de Su Majestad heridos. El reloj del Sr. Dewdney, del *Vixen*, fue roto en su bolsillo, lo cual probablemente le salvó la vida. La paleta de estribor del *Vixen* fue dañada, recibió dos disparos a través de ella y catorce balas de mosquete. El capitán Loch y el Sr. Fayrer, guardia marino, tuvieron dos escapes difíciles y mataron a tres hombres".

La acción duró 40 minutos, y resultó en la captura del fuerte Serapique, con una pérdida para el enemigo de 30 muertos y heridos y diez prisioneros.

La siguiente protesta ha sido entregada por el Gobierno Supremo del Estado de Honduras en contra de la ocupación de esa parte de su territorio, en la costa norte, que ha sido verificada por las tropas del gobierno inglés como protector de la nación Mosquito:

"El Gobierno Británico, habiendo reconocido el pretendido derecho del llamado rey de la tribu incivilizada y pequeña, incorrectamente denominada como la nación Mosquito, sobre una considerable parte del territorio de Honduras en la costa norte, al esforzarse por apoyar las pretensiones de dicho rey por la fuerza, a quien, como tal, solo el gobierno de Gran Bretaña reconoce y quien se ha puesto a sí mismo a su protección, el capitán de la corbeta *Alarm*, de la armada inglesa real, ha tomado posesión de ese territorio, extendiéndola hasta el río Romano. Luego cometió, en la plaza misma de Trujillo, actos de hostilidad y agresión contra el Estado al desembarcar tropas en dicho puerto con el fin de exigir a su comandante, mediante una fuerza armada, que haga que la guardia situada en el río de Aguán evacue de inmediato. Ni siquiera se ha discutido, como debería ser, de dónde surge la pretensión engañosa del derecho del jefe Mosquito al territorio en cuestión; y que solo usurpa empleando la fuerza. Ni este, ni su protector, el gobierno británico, han presentado los reclamos del caso a través de agentes acreditados de acuerdo a los principios admitidos por el consentimiento unánime de las naciones civilizadas del mundo.

"Para que ese silencio no se interprete, en ningún momento, de manera perjudicial a los derechos de la República de Centroamérica, de la cual Honduras forma parte íntegra, el Gobierno Supremo del Estado, en nombre de la confederación general, protesta solemnemente contra las consecuencias que pueden deducirse de esta violencia, tanto por la ocupación del territorio como por la orden incorrecta dada al comandante de Trujillo de permitir que la guardia se retire de Aguán; y su castigable tolerancia al permitir que las tropas inglesas desembarquen en el puerto, y todos los demás actos que puedan darle validez a los derechos que están protegidos, y que puedan haber precedido o seguido a la ocupación. Y también protesta que la confederación de Centroamérica considera que su título es bueno para todo el territorio invadido, o que pueda ser invadido y en vigor, así como a los demás que pueden ser inherentes a los derechos de las personas y por acuerdos celebrados entre la monarquía española y los de Gran Bretaña u otras potencias.

"Entregada en la Casa del Gobierno el 6 de enero de 1848.

"Juan Lindo,
"Para el presidente del Estado,
Santos Guardiola".

Fuente: The London Times

1849- noviembre-19

Una isla cedida a los Estados Unidos. — El Sr. Squier, encargado de los Estados Unidos para las repúblicas centroamericanas, habiendo recibido información sobre la intención de los ingleses de confiscar la isla de Tigre, perteneciente a Honduras, y de comandar toda la costa del Pacífico, ha negociado un tratado con Honduras, mediante el cual se cede esa isla a los Estados Unidos, como se verá en su circular, emitido a los agentes diplomáticos de otras naciones en el país:

Legación de los Estados Unidos en Centroamérica
León de Nicaragua, 28 de septiembre de 1849.

Señor: Tengo el honor de informarle que la isla de Tigre, en el golfo de Fonseca, ha sido cedida a los Estados Unidos de Norteamérica, por la república de Honduras, por el tiempo pendiente de una acción constitucional en consecuencia, se tomará posesión rápida de la misma en nombre de los Estados Unidos.

El puerto existente y otras regulaciones de la isla continuarán hasta que se modifique lo contrario.

También tengo el honor de añadir que los Estados Unidos han adquirido interés en las islas y costas del oeste de Honduras, lo que no le permitirá mirar con indiferencia ninguna medida que afecte el orden actual de las cosas en ese lado.

Soy, señor, con gran consideración, su obediente servidor.

E. G. Squier.

Fuente: New York Evening Post

1849- diciembre-11

NUEVAS DIFICULTADES EN HONDURAS

El *Express* de esta mañana publica una carta de su corresponsal en Nicaragua, cuyas declaraciones acreditan como dignas de confianza, dando detalles de ciertos procedimientos violentos del Sr. Chatfield, vicecónsul británico. Copiamos la parte material de la carta, fechada San Juan de Nicaragua, 8 de noviembre de 1849.

"El Sr. Chatfield, como agente del gobierno británico, llegó al golfo de Fonseca el día 16 de octubre e inmediatamente tomó posesión de la isla del Tigre, 'en el nombre de la reina británica'. Esto se hizo bajo la protección de una fuerza armada, con cañones y con toda la pompa y circunstancias de guerra. La bandera de Honduras fue, por orden suya, derribada, y la de Inglaterra izada y saludada. Esto no fue todo, él nombró a un superintendente y se estableció un nuevo orden de gobierno.

El comodoro Paynter había llegado previamente de Realejo, al mando del barco a vapor británico *Gorgon*, pero no entró.

Me enteré de que el Sr. Squier, nuestro ministro, quien ha sido muy rápido en el desempeño de sus funciones, envió de inmediato un mensajero a Chatfield, diciéndole que la isla del Tigre había sido cedida a los Estados Unidos, y que, bajo las circunstancias, no tenía duda de que él (Chatfield) ordenaría inmediatamente su evacuación. Se dice que Chatfield respondió al día siguiente, reconociendo el recibo de la carta de nuestro ministro, y declarando que *Honduras no tenía derecho de ceder ninguna porción de su territorio porque, primero, no tenía derecho a la existencia nacional.* Y, segundo, se entiende que dijo que Honduras no tenía derecho a deshacerse de la Isla del Tigre, porque él (Chatfield) había insinuado su intención de poner un derecho de retención sobre la isla. No sé cuál fue la respuesta del Sr. Squier a esta impertinencia. Me enteré de que Chatfield ha escrito una segunda carta a nuestro ministro, negándose a evacuar la isla, pero prometiendo someter la cuestión al gobierno de Su Majestad. Esto fue el día primero de diciembre de este mes. Desde entonces el Sr. Squier, se informa por todas partes, sin duda, ha exigido que la isla sea evacuada dentro de seis días. Pero la conducta escandalosa de este agente británico no terminó aquí.

Todas las islas del Golfo pertenecientes a Honduras y San Salvador han sido tomadas; también los puertos de Trujillo y Moro. Estas medidas arbitrarias se han tomado para prevenir la difusión de la opinión estadounidense y la emigración de estadounidenses al Pacífico. El pueblo de Honduras siente que se le ha hecho un mal, a pesar de lo cual se han ofrecido a presentar todos los reclamos de los británicos a los comisionados, y se han comprometido a cumplir con el resultado. Pero este pedido razonable no ha obtenido respuesta.

El catálogo de abusos no termina aquí. San Salvador también recibió una citación requiriéndole, con un aviso de noventa y cuatro horas, ceder a ciertas demandas insolentes hechas por el agente británico, a la cual se respondió que eran injustas y que no serían cumplidas; con lo cual se tomaron posesión de los puertos de Acajutla y La Unión, con toda la costa de San Salvador en la Bahía, en nombre de la reina. Escribo esto en medio de una gran emoción y el armamento de los estados, que casi han acordado un plan de unión.

Manning, quien traicionó a su gobierno en Inglaterra, ha estado buscando hacer que su gobierno negocie un tratado de mala fama. El director aquí le dijo que el primer artículo de tal tratado debe ser la evacuación de la costa Mosquito y el puerto de San Juan por los británicos. El tratado hecho por Manning en Inglaterra no será ratificado, excepto por obligación.

Guardiola, un individuo valiente, está en Choluteca con 1,000 hombres, y ha expresado que está listo para marchar en ayuda de la isla del Tigre en cualquier momento. Otros mil hombres, al mando de Barreras y Cabirias, también están listos para ir en ayuda de San Salvador. Todo el país está muy exaltado y listo para tomar las armas en contra del gobierno británico".
Fuente: New York Evening Post

1849-diciembre-27

LOS MOVIMIENTOS BRITÁNICOS EN CENTROAMÉRICA

Nuestros lectores recordarán que a finales del mes de septiembre pasado y en vista de las pretensiones expuestas por parte del gobierno británico en Centroamérica, nuestro encargado diplomático, el Sr. Squier, arregló con las autoridades competentes los términos de un tratado designado para dar seguridades adicionales para la construcción del canal para barcos de Nicaragua, y que tiene provisiones para la cesión, a los Estados Unidos, de la pequeña isla de Tigre, que tiene comando sobre la magnífica Bahía de Fonseca, que se dice es uno de los mejores puertos en el Pacífico. Este tratado está ahora ante el Senado esperando confirmación, y hasta que eso suceda sus detalles e historial no pueden hacerse públicos.

Un periódico matutino excusa al presidente por no hacer alusión a este tratado en su mensaje, bajo la pretensión de que ese documento fue escrito antes de que se recibiera el tratado. No tenemos forma de saber cuándo se escribió ese mensaje; pudo haberse preparado antes de que el General Taylor triunfara en Buena Vista, por cualquier cosa de interés público reciente que contenga, pero si fue escrito en la fecha o cerca de la fecha que porta, la ignorancia del presidente sobre las negociaciones exitosas del Sr. Squier por esta isla solo puede explicarse de esta manera, con la suposición de que el General Taylor no lee los periódicos públicos, lo cual le ha dado velocidad a la información hasta las partes más remotas del mundo mucho antes del 4 de diciembre. Nosotros sabíamos desde hace dos meses completos sobre la realización del tratado, y no tenemos duda de que estaba en manos del Secretario de Estado antes de ese tiempo.

El tratado de cesión fue firmado el día 28 de septiembre e inmediatamente fue promulgado por el Sr. Squier en un documento oficial. Unas dos semanas después, el Sr. Chatfield, cónsul británico, se dirigió al golfo en el buque de guerra británico *Gorgon* y desembarcó el 16 de octubre en la isla de Tigre, y tomó posesión de esta por la fuerza en nombre de la Reina de Gran Bretaña. Y el Sr. Chatfield no se detuvo allí. Su apetito de conquista pareció aumentar después de esto. Capturó varias islas que le pertenecen a San Salvador, bloqueó el puerto de La Unión, y desde entonces ha tomado posesión de este y de costas adyacentes, incluyendo el importante puerto de Trujillo; y se reportó que estaba por abalanzarse sobre el puerto de Omoa, ambos pertenecientes al Estado de Honduras.

El pretexto establecido para esta exacción general es, según el Sr. Chatfield, las deudas de Honduras a comerciantes británicos por supuestos despojos que llegan a una suma, como ya lo hemos publicado anteriormente, de menos de $40,000.

El gobierno de Honduras niega su responsabilidad de pagar estos reclamos en su totalidad, y ha ofrecido dejar todo el asunto en manos de tres comisionados imparciales; y, como hemos visto, el cónsul británico rechazó tal propuesta. La correspondencia, que presentamos más adelante, recibida por el *Empire City*, detalla lo que pasó después.

Se dice que los Estados de Centroamérica se encuentran muy exasperados, y Nicaragua, Honduras y San Salvador han nombrado a comisionados para negociar el restablecimiento de la República Unida de Centroamérica para protección y defensa mutua. Guatemala y Costa Rica están en insurrección en contra de las autoridades británicas. La ciudad de Guatemala fue penetrada por los insurgentes comandados por Guzmán el día 14 de octubre, y las casas del gobernador Carrera y otros de su partido fueron saqueadas. La asamblea de Costa Rica ha rechazado con amargura todos los contratos y acuerdos que se han celebrado con Inglaterra.

La cuestión ahora es en relación al deber y a los derechos de los Estados Unidos en vista de estas agresiones de las fuerzas británicas.

Nuestro gobierno está imposibilitado, por su propio ejemplo, a negar el derecho de cualquier nación para insistir en una indemnización por pérdidas que han sufrido sus ciudadanos debido a despojos cometidos por una potencia extranjera. El modo en el que hasta ahora hemos afirmado reclamos en contra de Francia y México, reconoce el principio por el que el gobierno británico profesa guiarse, al recaudar una "aflicción" sobre las posesiones de Honduras.

Claro, no nos compete a nosotros el ir detrás del reclamo de Gran Bretaña para investigar su validez. Esa cuestión queda entre la gente de Honduras y el gobierno británico, al menos hasta que una violación severa de las leyes de naciones, de una u otra parte, haga que todo el mundo civilizado se vea involucrado en la controversia.

Bajo estas circunstancias, no entendemos del todo las denunciaciones sin medida que las acciones del Sr. Chatfield ha recibido de nuestros contemporáneos. Nadie, en este lugar, pretende tener autoridad para decir que los reclamos de Inglaterra no son válidos; es bien conocido que estos ya tienen bastante tiempo; el uso de naciones, creemos, aprueba el proceso empleado por esa nación para hacer su recaudación, por lo que sabemos hasta este momento. Puede ser que las pretensiones británicas sean absurdas o que ha provocado un conflicto para satisfacer su notoria lujuria por dominar territorios. Pero no hay evidencia ante el país, hasta donde nosotros sabemos, que autorice a alguien para decir que sus reclamos sobre Honduras no son tan validos como los que se levantaron con tan exitosa amenaza por el General Jackson en contra de Francia en 1832.

En lo relacionado a la isla de Tigre, en donde se supone que tenemos un derecho de retención que debió haberla protegido de la recaudación del Sr. Chatfield, nos sentimos forzados a decir que no vemos razón alguna para su exención de lo que le pasó a Trujillo u Omoa. Es verdad que se le ha enviado a nuestro gobierno una oferta para vender, pero todavía no ha sido aceptada; y si el Sr. Chatfield no permitió que el acreedor de su gobierno pusiera su propiedad fuera de sus manos, sin antes asegurar su reclamo, no hizo nada que no hubiera hecho cualquier acreedor o agente diligente en circunstancias parecidas.

Si nuestro tratado con el gobierno de Honduras hubiera estado ratificado al momento de la invasión del Sr. Chatfield, sin ninguna duda esto le habría dado otro aspecto al asunto; pero no tenemos conocimiento de que un tratado unilateral le otorgue al otro partido ningún derecho en contra de los intereses de terceros.

Desde que se escribió la anterior, hemos recibido los periódicos de Nueva Orleans del 18 de este mes, que contienen cartas de Honduras con fecha del 27 de noviembre y que dan detalles adicionales además de los que se encuentran en la correspondencia anexa, y de los cuales damos algunos extractos en nuestra posdata:

Comando del Puerto de Amapala,

Isla de Tigre, Honduras, 16 de octubre de 1849.

Al General en jefe:

Señor: A cuarto para las dos del día de hoy, observé cinco botes largos llenos de personas armadas, cada uno llevando un cañón junto con su correspondiente munición. Las personas en los botes estaban vestidas en uniforme y armadas; su número, hasta donde pudimos contar, era de unos 80, junto con un bote en el que iban tres oficiales y un civil.

Al observar esto, inmediatamente organicé a mi grupo de soldados, icé la bandera de Honduras y la de la República, y les ordené a mis hombres que presentaran armas, pero que no ofrecieran resistencia, ya que esto no tenía sentido en contra de la fuerza tan superior que se acercaba. Bajo estas circunstancias, permití que los oficiales desembarcaran, y entonces observé que la bandera en su bote era la inglesa. Al ver los colores de una nación civilizada, me presenté ante los oficiales y les exigí que me dijeran *la causa* de esta demostración de fuerza y actitud hostil.

Entonces se presentó un intérprete y me entregó una carta que yo adjunto. Después de informarme sobre su contenido, les dije que, considerando la diferencia de fuerza, me era imposible resistirme a sus procedimientos, pero que protestaba en nombre de mi gobierno y de Centroamérica en contra de la violencia. Mientras tanto, los botes apuntaron sus cañones hacia el pueblo y las tropas desembarcaron bajo su cubierta con sus mosquetes al hombro y sus cartuchos en mano. El intérprete después me solicitó, por orden del comandante de las fuerzas invasoras, que bajara los colores de la República para que se izara la bandera de inglesa, a lo que le respondí que de ninguna manera realizaría tal acto, y que nada aparte de mi debilidad me detenía para repelerlos por medio de las armas. El comandante entones les ordenó a sus tropas que avanzaran y le ordenó a un oficial que bajara nuestra bandera e izara los colores ingleses. Este acto fue acompañado por un saludo nacional británico y una descarga de mosquetes, además de vítores para la Reina Victoria.

Mientras se realizaban estos últimos procedimientos, yo me ocupé en redactar una protesta, la cual el comandante había expresado su disposición a firmar, pero cuando la hube terminado y se la presenté, *¡se negó a cumplir con su promesa!* Adjunto la protesta original a este documento.

Después de esto, el Sr. Chatfield, cónsul general de Su Majestad (el civil al que había visto entre los oficiales y a quien no reconocí hasta este momento), se presentó e hizo varias preguntas acerca de la topografía y productos de la isla, a lo que respondí con total sinceridad.

Después de esta conversación, el comandante me habló de nuevo y dijo que, si se elevaban de nuevo los colores de Honduras en la isla, regresaría y mantendría la bandera inglesa izada por la fuerza.

Dado que yo no tenía nada qué decir, no le respondí, a lo cual los británicos regresaron a los botes y el comandante, al pasar, me dijo que yo debía entender que la isla ahora le pertenecía a Inglaterra. Entonces subió a su barco y sus fuerzas se retiraron alrededor de las 3 en punto de la tarde.

El evento ha sido muy alarmante para el pueblo, y yo he tenido que hacer muchos esfuerzos para mantener el orden, y aunque tengo una fuerza muy pequeña, puede tener la seguridad de que, hasta que reciba sus instrucciones, todas las cosas seguirán igual.

Omití decir que el barco al que hice alusión es un buque de guerra, y que este se quedará algún tiempo en el golfo. También debo añadir que el comandante británico dijo que el puerto deberá mantenerse abierto y libre, y que su intención no era perturbar a los comerciantes.

Quedo, señor, a su disposición, etc.

(Firmado) – Vicente Lechuga

PD. Me pareció apropiado enviar una copia de esta carta y de los otros documentos a los Gobiernos Supremos de San Salvador y Nicaragua, ya que este es un asunto nacional.

A bordo del buque de su majestad *Gorgon*,

16 de octubre de 1849

Al comandante de la isla de Tigre:

Señor, tengo el honor de informarle que, como consecuencia de las comunicaciones recibidas por parte del Encargado de Asuntos de Su Majestad en Centroamérica manifestando la imposibilidad de obtener por medios pacíficos los arreglos de los reclamos justos de Gran Bretaña en contra del gobierno de Honduras, he juzgado como mi deber el establecer jurisdicción sobre la isla de Tigre en nombre de Su Majestad la Reina Victoria, y en consecuencia este día he tomado posesión de dicha isla izando en ella la bandera nacional de Inglaterra, frente a un saludo nacional, etc., reservando para el gobierno de Su Majestad la toma de medidas finales en este particular.

Mientras tanto, los buques de guerra de Su Majestad, estacionados en el Océano Pacífico, de vez en cuando visitarán la isla y mantendrán los derechos británicos.

Ya se ha enviado un aviso de estos procedimientos al gobierno de Honduras, y espero que usted me dé el reconocimiento de haber recibido esta notificación expresando también que usted estuvo presente en el acto de desposesión, ejecutado por mí este día, en nombre de mi Soberana.

No es necesario hacer cambios en la administración de la isla, que mantendrá sus regulaciones actuales hasta que se haga saber la voluntad de Su Majestad.

Tengo el honor de quedar, etc.

(Firmado) - T. A. Paynter.

Ministro de Relaciones Exteriores de Honduras,

Tegucigalpa, 27 de octubre de 1849.

Al cónsul general de Su Majestad:

Señor, tengo el honor de recibir y de hacerle saber al presidente de Honduras su carta oficial del 16 de este mes, en la que expresa que, al no haber recibido respuesta en relación a sus cartas sobre los reclamos de los súbditos británicos, ha tomado posesión de la isla de Tigre, etc.

Se me ha instruido informarle que, en respuesta, *toda* la comunicación a la que usted hace referencia, recibida por este gobierno, ha sido respondida, como se demuestra por los duplicados adjuntos, en los que se responde, no por primera vez, a la injusticia de tales reclamos, pero también se añade que, en consecuencia a la forma autoritaria en que se han exigido, junto con las amenazas que los han acompañado, además del extraordinario poder de Gran Bretaña y la debilidad de Honduras, este gobierno estaba dispuesto a nombrar comisionados para un arreglo expedito, dejando con estos los documentos necesarios para mostrar su justicia o injusticia.

Ustedes no respondieron ante esta razonable propuesta; probablemente para tener el pretexto de poder embargar el puerto de Tigre. También vale la pena notar que usted parece no darle valor a la carta de este gobierno del día 16 de abril, en la que se le notificaba del nombramiento de tales comisionados de parte de Honduras; carta que fue enviada a ustedes por nuestro propio mensajero.

El día 9 de este mes, se les remitió a ustedes en Guatemala una copia auténtica del decreto emitido por este gobierno, al efecto de que la isla de Tigre había sido cedida a los Estados Unidos en virtud de un tratado celebrado con su ministro en Centroamérica el día 28 de septiembre pasado, y le transmito un duplicado de dicho decreto.

El gobierno de Honduras soportará todas las injurias que su gobierno ha optado por infligirle *bajo el derecho exclusivo de la fuerza*; pero Honduras nunca le entregará a Gran Bretaña ningún derecho sobre sus territorios, pues ahora queda claro que las injustas demandas de sus compatriotas son simplemente pretextos para ocupar la isla de Tigre y el puerto de Trujillo. El gobierno de Honduras se limita, entonces, a la renovación de su protesta del 8 de enero de 1848 bajo la creencia firme de que el despotismo de

Inglaterra perecerá, o de que alguna nación fuerte y liberal, al prever las tendencias fatales de la violación de los más sagrados principios de los derechos internacionales, lo que ahora es una práctica de Gran Bretaña, tomará bajo su protección a la débil República de Honduras.

Quedo, etc.

J. M. Moncada.

Fuente: New York Evening Post

1849-diciembre-27

POSTSCRIPT POR EL SOUTHERN MAIL

Importante de Honduras y Yucatán. — El *Picayune* del día 18 de este mes tiene una carta de Honduras, fechada Belice, 27 de noviembre de 1849, de la cual tomamos extractos de lo más importante. Confirma el reporte del bloqueo de toda la costa, desde Belice hasta San Juan. También da una nueva explicación de la naturaleza del reclamo británico en este lugar a la cual invitamos a prestar atención.

"El pasado agosto, le informe de los procedimientos en la isla de Roatán. También declare que parecía ser la política de Inglaterra reclamar esa isla. No hay duda de que mis conjeturas estaban en lo correcto, ya que las autoridades de Belice han informado a los habitantes de Roatán que es la determinación de Gran Bretaña tomar posesión de la isla, alegando que fue por su autoridad que el ex gobernador de este asentamiento, el Cnel. McDonald, tomó posesión de ella varios años atrás.

Es verdad que el Cnel. McDonald fue allí, y mientras estuvo allí mantuvo la bandera inglesa ondeando. También es verdad que, desde ese periodo, muchos ingleses han visitado la isla, y algunos se han asentado allí; pero, ¿eso la hace suya o le da algún título a Inglaterra? Yo creo que no. Pero Inglaterra tiene otros deseos y designios sobre los propietarios de esa isla (el estado de Honduras). Nos han llegado noticias de que toda la costa, desde aquí hasta el río San Juan, ya ha sido declarada bajo bloqueo por una balandra de guerra inglesa, que ahora navega en la bahía de este lado del cabo Gracias a Dios, y por un barco a vapor de ese cabo hasta San Juan.

Ahora, caballeros, asumiendo que el informe del bloqueo es correcto, ¿pueden adivinar para qué es? Si no, yo puedo iluminarlos. Tengo la opinión de que las tierras ricas en caoba, y las igualmente ricas maderas tintadas, son deseadas por los taladores británicos de este asentamiento. Durante varios años, estas maderas se han vuelto escasas aquí, y con la mayor economía y el uso de mano de obra negra gratuita, el negocio no ha pagado a los cortadores.

Durante algún tiempo han estado cortando madera en el país español, pagándole al estado de Honduras diez dólares por árbol que cortan. Esto ha satisfecho al gobierno de Honduras, ya que todas las embarcaciones entran por los puertos de Omoa y Trujillo antes de ir a la costa a cargar, pagando, por lo tanto, una cantidad considerable de dinero hacía la tesorería del estado.

Sin embargo, recientemente, algunas de estas embarcaciones han intentado evadir el pago de las cuotas habituales exigidas por las leyes de Honduras, al proceder directamente a la costa para cargar y descargar, sin entrar en ninguno de los puertos designados. Por supuesto, esto ha causado la captura y detención de tales embarcaciones y de sus cargos por las autoridades. Por esta captura y detención una casa reclama daños por el monto de $100,000, el pago de tal suma, se rumorea, ha sido exigido como la única condición en la que el bloqueo puede o será levantado. Hasta aquí con la presente dificultad entre Inglaterra y Honduras.

En Guatemala y en los otros estados centroamericanos reina la tranquilidad. En Yucatán los indios diariamente sufren derrotas. Algún tiempo atrás les expliqué la causa del asesinato de Pat; y también les di detalles de la destitución de los indios. Debo informarles que ellos están ansiosos de dejar la batalla si pueden hacerlo con seguridad. He escuchado que las autoridades de este lugar han ofrecido su mediación. El Cnel. Francourt, superintendente de Su Majestad, ha ido a la bahía de Ascensión a conferir con los indios.

El gobernador llegó de su misión india anoche, sin haber logrado algo satisfactorio. Su objetivo era dividir el estado con los españoles y los indios, y después tomar a los indios bajo la protección de Inglaterra, y establecer leyes, asignar oficiales, y, en una palabra, ir por una segunda edición del asunto de los mosquitos.

Nuestro mercado de provisiones está perfectamente saturado. Las provisiones se venden por menos que el precio al que se compraron. Nuestras perspectivas para Navidad son muy sombrías.

En el puerto, el bergantín inglés *Acorn*, y el bergantín importador, *Dennis*, de Boston, están descargando. No hay más embarcaciones estadounidenses.

Steamer".

P.D. — El bloqueo de Trujillo y Omoa es confirmado por la llegada de la goleta *True Blue*, de Trujillo.

"Se informa que el golfo Dulce, y el río Yazabalf también están bajo bloqueo. Esta es la única ruta desde aquí hacia la ciudad de Guatemala, y no tiene ninguna conexión con el estado de Honduras. El informe probablemente es incorrecto, porque ¿cómo podría Inglaterra cometer un bloqueo a estos puertos por un mal cometido por otra nación? — (Nueva Orleans, *Picayune*, día 18)
Fuente: New York Evening Post

1850-enero-24

Las historias de Centroamérica del último correo de la *West India* son algo interesantes. Parece que el Estado de Guatemala ha sido el escenario de graves conflictos, y que los grupos mediante los cuales el problema fue originado han sido derrotados. En la noche del 13 de octubre, la ciudad de Guatemala fue atacada por una fuerza de entre 700 y 800 hombres comandados por el general Guzmán. Sin embargo, fueron derrotados, siendo Guzmán ejecutado, y se aseguró después que el grupo consistía, principalmente, de gente del estado adyacente de San Salvador. También se hizo un ataque similar en el pueblo de Chiquimula por un grupo insurgente bajo el mando del general Agustín Pérez, quienes también fueron derrotados. La animosidad de la gente de San Salvador se debe en parte a los malos sentimientos que existen en ese Estado contra Inglaterra, lo que hace que vean con irritación la base amistosa de nuestra relación con Guatemala. Sin embargo, se cree que los desastres derivados del movimiento actual conducirán a una paz efectiva para el futuro. En uno de los números de la Gaceta de Guatemala se insertó una copia de la circular de Lord Palmerston sobre deudas extranjeras, acompañada por un artículo llamando a la gente y al gobierno a tenerlo en cuenta. También hay algunos avisos del progreso de la mejora en el Estado, de los cuales parece que la ciudad de Guatemala estaba a punto de ser alumbrada con gas. Del Estado de San Salvador las noticias dicen que, el 28 de octubre, el Sr. Chatfield, con el barco a vapor *Gorgon*, establecieron un fuerte bloqueo del puerto de la Unión hasta el último pago de las reclamaciones británicas, y la Gaceta del Salvador declara que los reclamos llegan a la "miserable suma" de $29,000. Este periódico, en un artículo furioso, busca establecer una conexión en lo que respecta al motivo entre el bloqueo de San Salvador y la ocupación de Greytown en el territorio Mosquito, pero no habla de resistencia, siendo hecho el anuncio de que el gobierno ha nombrado una comisión para tratar con el Sr. Chatfield. Sin embargo, tenemos noticias de su vecino Estado de Honduras de naturaleza más feroz, ya que el presidente emitió un decreto por las fuerzas inglesas que desembarcaron el 20 de octubre en la isla del Tigre, "y desarmaron la guardia de cuatro soldados y un cabo", sintiendo necesario levantar una fuerza para dar seguridad a sus fronteras, y Don Santos Guardiola fue nombrado para defender el país. El 28 de octubre se emitió acordemente una proclamación por ese general a los "ilustres hondureños", pidiéndoles que enfrenten a los injustos ingleses y busquen la muerte o la gloria de conquistadores. "El Gobierno Supremo", añadió, "me ha honrado al confiarme la defensa de la costa del sur, y yo, al aceptarla, he pensado solamente en su valor. Júrenme, entonces, a mí, que me acompañarán incluso a verme morir, y tal juramento será suficiente para llenar de orgullo a sus antiguos compañeros de armas. Perezco tranquilamente en defensa de los derechos y personas de Honduras". En cuanto a los procedimientos del Sr. Squiers, agente de los Estados Unidos, hay poca información nueva en este paquete; pero se dan detalles de una correspondencia reciente que ha tenido con el Estado de Costa Rica, en la que insinúa que, a pesar de una negación por parte de ese Estado, es su creencia (basada en una comunicación hecha al Sr. Bancroft por el señor Molina, el enviado de Costa Rica a Inglaterra) que en 1848 se solicitó a Lord Palmerston para tomar Costa Rica bajo la protección inglesa, un curso que, el Sr. Squiers dice, sería contrario al principio reconocido por todos los gobiernos sudamericanos. También parece, por las cartas del Sr. Squiers, que el Estado de Costa Rica se ha negado a entrar en comunicación oficial con él hasta que él presente personalmente sus credenciales. Considerando este paso innecesario por el Sr. Squiers, él requiere que las autoridades estén satisfechas con que se transmita una copia de los documentos, concluyendo su demanda con el anuncio de que, si se rechaza el cumplimiento, pondría final de su parte a cualquier otro intento de establecer relaciones amistosas con su gobierno.

Fuente: The London Times

1850-abril-05

En una reunión que se llevó a cabo en la ciudad de León de Nicaragua, por los ministros de los estados de Honduras, San Salvador y Nicaragua, se ha decidido que las tres repúblicas formarán un solo cuerpo nacional para el manejo de sus relaciones exteriores, bajo el nombre de "Representación Nacional de Centroamérica".

Fuente: New York Evening Post

1850-mayo-02

Reciente e importante desde Centroamérica. — El bergantín "*September*", de Trujillo, que llegó a Boston el día 1 de mayo, nos trae información al día 12 de abril. Mediante este se reciben detalles de la supresión de la rebelión que informaron las últimas noticias que estaba en progreso allí. El capitán del *September* informa que el líder de la insurrección era Guardiola, instigado a esto por Joureque, un jefe del partido aristocrático o monárquico, quien, según cree el pueblo de Honduras, está ligado a Chatfield, el cónsul inglés, y que este último hizo un tratado privado con Joureque para derrocar al gobierno actual y colocar a Guardiola en la silla presidencial, convirtiendo al estado de Honduras en una república, independiente de los otros bajo la protección de Gran Bretaña. Un tratado de protección, de alianza y comercio se haría con Gran Bretaña, permitiendo todos sus reclamos al territorio de los mosquitos, Honduras se comprometió a no ceder ninguna parte de sus dominios a ninguna otra nación extranjera, excepto Gran Bretaña, durante los siguientes veinte años. Los rebeldes se juntaron hasta alcanzar unos cinco mil hombres al mando de Guardiola. El gobierno emitió varias proclamas enérgicas a los habitantes pidiéndoles que acudieran en su ayuda.

Omoa fue amenazada por una banda de rebeldes al mando de Bustillo, quien alardeaba de que cuando capturara el lugar les daría muerte a todos los habitantes, con excepción del cónsul estadounidense y algunos otros. La capitulación de los rebeldes ante la fuerza gubernamental salvó el lugar. Joureque fue tomado prisionero y Guardiola fue expulsado de San Salvador. Bustillo, el líder de los rebeldes, fue ejecutado. Los documentos de San Salvador contienen una carta de felicitación del Sr. Squier al presidente recién electo, en la cual habla del gabinete en Washington como a favor de los derechos de la gente en Honduras. La carta fue recibida con gran entusiasmo. Las noticias de otras partes de Centroamérica dicen que ese país todavía está en un estado de inquietud. Carrera, bien conocido como

antiguo presidente, murió en un enfrentamiento de las guerrillas tan frecuentes allí. Se supone que Carrera estaba conectado de cierta manera con la rebelión en Nicaragua, y que fue después de enterarse de su muerte, que los rebeldes se rindieron tan repentinamente.
Fuente: New York Evening Post

1850-mayo-17

Importante desde Nicaragua. — Invasión de Guatemala. — Se han recibido cartas en Boston, el 16 de mayo, desde Nicaragua hasta el 23 de abril, las cuales declaran que los estados de Honduras, Nicaragua y San Salvador, indignados por la ayuda brindada a los rebeldes por el estado de Guatemala, en el último intento de una revolución, han levantado un ejército de cinco mil hombres, y estaban por marchar hacia ese país. Toda Centroamérica estaba bastante intranquila.
Fuente: New York Evening Post

1850-julio-29

HONDURAS
Mediante la llegada del bergantín *September*, del capitán Nickerson, en Boston, se han recibido informes de Trujillo hasta el día 4 del mes presente. El informe de que el célebre Gral. Carrera ha sido asesinado en batalla hace varios meses, es contradicho. Se dice que aún está viviendo en el interior. El capitán Nickerson informa que los negocios están lentos, y que los productos del país vienen lentamente.

Lo último de Honduras. — El Sr. Ray, un pasajero a bordo del bergantín *Allen King*, recién llegado de Honduras, nos informa que los indios siguen cometiendo los estragos más temibles sobre los habitantes blancos de esa provincia. No tenemos más noticias de ese lugar.
Fuente: New York Evening Post

1850-septiembre-03

La legislatura de Honduras tiene bajo consideración los asaltos recientes de Gran Bretaña sobre su soberanía y territorios. El mensaje del director los expone a la luz y acusa directamente a los agentes ingleses de haber incitado al intento de revolución del pasado febrero. La correspondencia interceptada de Chatfield y sus cómplices ha sido presentada ante los miembros.
Fuente: New York Evening Post

1851-enero-07

Noticias recientes de Centroamérica confirman el informe de una declaración de guerra entre Honduras, San Salvador y Guatemala.

El Sr. Chatfield dice, oficialmente, que el gobierno británico interferirá.

Hemos recibido información importante de Yucatán, mediante la cual aprendemos que una batalla desesperada ha ocurrido entre los blancos y los indios, en la cual los últimos fueron victoriosos y tres mil blancos murieron.

El Gral. Treas ha sido capturado. Los españoles están en desacuerdo entre ellos. La provincia de Nicala está amenazada por los indios.
Fuente: New York Evening Post

El reporte de la declaración de guerra entre San Salvador y Honduras es confirmado. El Sr. Chatfield ha sugerido que el gobierno británico interferirá.
Fuente: The Economist

1851-marzo-17

EL ESCÁNDALO MÁS RECIENTE EN CENTROAMÉRICA

En la siguiente publicación del *New Orleans Picayune* del día 7 de este mes, encontramos información sobre las sospechas que hemos tenido desde hace algún tiempo de que nuestros intereses nacionales en Centroamérica están gravemente descuidados. Ahora parece que el gobierno inglés sí ha tomado posesión de la isla de Roatán, que es parte del territorio de Honduras, y ha establecido un gobierno colonial. Este paso se ha dado en desafío al tratado negociado entre el Sr. Clayton y el Sr. Bulwer, y en violación evidente de la política no intervencionista que ha sido afirmada resolutamente hasta la formación del gabinete del Sr. Filmore desde la administración del Sr. Monroe. El que no exageramos el propósito de este tratado, o mejor dicho convenio, ya que sigue en espera de la confirmación final del Senado de los Estados Unidos, es evidente por la siguiente declaración general de su contenido hecha por el Sr. Clayton, no hace más de un año, en una de sus comunicaciones con el Sr. Squier, quien era entonces el representante de nuestro gobierno en Centroamérica.

Departamento de Estado,
Washington, 7 de mayo de 1850.

Es apropiado que en este momento le informe que he negociado un tratado con Sir Henry Bulwer, el objetivo del cual es asegurar la protección del gobierno británico sobre el canal nicaragüense y liberar a Centroamérica del dominio de cualquier potencia extranjera.

Espero y creo que este tratado será igualmente honorable tanto para Gran Bretaña como para los Estados Unidos, especialmente porque les da seguridad a las débiles repúblicas hermanas de Centroamérica de las agresiones foráneas. Todas las otras naciones que naveguen por el canal deberán garantizar la neutralidad de Centroamérica y de Costa Mosquito. El acuerdo es, *"no erigir o mantener ninguna fortificación que domine el canal, o en las cercanías de este; no ocupar, fortificar, colonizar, asumir o ejercer ningún dominio sobre ninguna parte de Nicaragua, Costa Rica, la Costa Mosquito, o Centroamérica; no hacer uso de ninguna protección o alianza para ninguno de estos propósitos"*.

Gran Bretaña, habiendo hecho hasta ahora un acuerdo con nosotros con el grande y filantrópico propósito de abrir la comunicación por barco a través del istmo, ahora sería lo más deseable inmediatamente después de la ratificación del tratado, para ambas partes, que se pudieran cultivar relaciones amistosas con los agentes británicos en ese país, quienes de ahora en adelante tendrán que dedicar sus energías y cooperación con la nuestra para el cumplimiento del gran trabajo diseñado por el tratado. Amabilidad y conciliación es lo más recomendado de mi parte para ustedes. Confío en que Gran Bretaña adoptará con prontitud los medios para extinguir el título indio con la ayuda de los nicaragüenses o de la Compañía que está dentro de lo que consideramos los límites de Nicaragua. *Nunca hemos reconocido, y nunca podremos reconocer, la existencia de ningún reclamo de soberanía en el Rey*

Mosquito o cualquier otro indio en América. El hacerlo sería negar el título de los Estados Unidos a nuestros propios territorios.

Al haber siempre considerado un título indio como un simple derecho de habitación, no podemos aceptar que un título de ese tipo sea tratado de otra manera que como algo que puede extinguirse a la voluntad del descubridor del país. Después de la ratificación del tratado, Gran Bretaña ya no tendrá interés en negar este principio, el cual ha reconocido en cualquier otro caso relacionado con nosotros. Su protectorado se reducirá a una sombra; *"Stat nominis umbra"; pues no puede ocupar, fortificar ni colonizar o ejercer dominio o control en ninguna parte de la Costa Mosquito o Centroamérica. El intentar hacer cualquiera de estas cosas, después del intercambio de ratificaciones, inevitablemente resultaría en una ruptura con los Estados Unidos.* Bajo estos términos, ningún partido puede ocupar para proteger, ni proteger para ocupar.

(Firmado) - John M. Clayton

Esta ratificación ya se ha realizado y el tratado fue enviado al Senado por el General Taylor algún tiempo antes de su muerte. Desde la organización del nuevo gabinete, no hemos escuchado una sola palabra sobre ningún tratado. El Sr. Squier, quien lo negoció con Nicaragua, ha sido retirado, sus provisiones han sido violadas repetidamente, los puertos de Centroamérica han sido bloqueados, su territorio ha sido invadido, sus comerciantes han sido robados bajo colores de la autoridad británica, y nuestro gobierno aparentemente ha permitido estos atropellos sin siquiera un murmullo de desaprobación y con una insensibilidad que es difícil de explicar.

Enumeraremos algunos de estos atropellos para que nuestros lectores puedan entender mejor la falta de carácter de nuestro gobierno.

En abril del año pasado, algunos barcos que pertenecían a un judío alemán de nombre Beschor, un agente comercial de los británicos en San Juan, fueron destruidos por algunos de los nativos. El gobierno británico, en vez de arreglar el reclamo entre las partes mediante los tribunales adecuados, se inmiscuyó y se hizo a sí mismo auditor, y sin pretender que el gobierno nicaragüense estuvo implicado en el desastre, envió a un buque de guerra al puerto para recaudarlo.

Desde entonces, los Estados de Honduras y San Salvador han sido ambos bloqueados por el mismo poder agresivo y con el mismo propósito de recaudar las deudas a comerciantes ingleses que han hecho negocios en los países. Una doctrina que Gran Bretaña trató de imponer en este país, pero que no se atrevió a forzar, una responsabilidad política que nuestro gobierno siempre ha tratado con el desprecio debido, ha sido impuesta sobre estas potencias más débiles con la osadía de un acosador y con la inhumanidad de piratas.

Tampoco han sido establecidos estos bloqueos en conformidad con los derechos de naciones al igual que en el caso de los derechos de Nicaragua. En primer lugar, no se les dio ningún aviso por anticipado a otras naciones que tienen tratos comerciales en Centroamérica, lo que constituye un acto de piratería; y, en segundo lugar, los bloqueos no parecen ser estrictos sobre buques británicos, a los que se les permitió mantener sus privilegios comerciales habituales.

El periódico oficial de San Salvador del 13 de diciembre, al notar estos bloqueos, protestó en contra de estos como un fraude en contra del mundo, pues, en palabras del editor, "Este bloqueo no ha afectado a los comerciantes ingleses y a los barcos ingleses, a los que se les permite entrar y salir de los puertos del Estado con total libertad, mientras que todos los demás son cuidadosamente excluidos. El comandante del puerto de Acajutla le ha escrito al gobierno sobre el asunto, y su carta es publicada bajo autoridad del Secretario de Estado. Él dice:

"El bloqueo de este puerto no tienen ningún efecto en lo que se refiere a comerciantes y barcos ingleses. El día de hoy, se le permitió a la embarcación inglesa Secreto pasar el bloqueo, siendo el capitán amigo del comandante de la fuerza que impone el bloqueo. De hecho, los oficiales mismos de la fuerza del bloqueo compraron mercancía y subieron a bordo de la embarcación a la vista de todas las personas. Tales parcialidades me parecen tan injustas, que considero que es mi deber el hacérselo saber

a mi gobierno, en especial porque a los buques estadounidenses y otros rigurosamente se les impide entrar a este lugar".

(Firmado) – Santiago Salavensia

De esta forma, Inglaterra mantienen un monopolio del comercio de estos Estados en violación de las leyes y derechos de otras naciones, en violación de los términos del convenio con este gobierno, y para el perjuicio manifiesto del comercio estadounidense.

Más abajo presentamos el relato de la más reciente y al parecer la más obscena violación de las estipulaciones por las que suponíamos que el territorio de Centroamérica estaba protegido en contra de una agresión británica.

Mientras tanto, ¿en dónde está el Sr. Webster? ¿Por qué no se ha insistido en un tratado nicaragüense para que sea ratificado por el Senado? Ya es hora de que se sepa algo sobre el asunto. Constantemente nos llegan historias del carácter más extraordinario, algunas de estas afectando el honor de la administración de forma tan seria que no las podemos poner en nuestras columnas a menos que se trate de evidencia oficial. Sí diremos, sin embargo, pues tenemos la autoridad de alguien que ha visto el documento para decirlo, que el Sr. Bulwer le ha proporcionado al Secretario de Estado un tratado mediante el que Gran Bretaña piensa que los Estados Unidos deberían negociar con Nicaragua, y que el Secretario de Estado, en vez de regresarlo con la reprimenda adecuada al ministro británico, por su impertinencia, en realidad lo ha enviado al Comité de Relaciones Exteriores del Senado para su consideración.

Si esto es verdad, y no tenemos libertad para dudarlo, presenta amplia base para suponer que la administración ha abandonado por completo la doctrina Monroe, ha renunciado a su oposición a que se establezcan protectorados foráneos y colonias entre las repúblicas centroamericanas, directa o indirectamente ha aprobado las agresiones que Gran Bretaña ha hecho en ese lugar durante el año pasado, ha conspirado en el ataque sobre ciudadanos estadounidenses que viajan por el país a manos de tropas británicas y por la interrupción del comercio estadounidense por buques británicos, y finalmente ha abandonado toda intención de procurar la ratificación por nuestro Senado del tratado negociado por el Sr. Squier, y que una vez fue aceptado por el gobierno británico.

Si todo esto es verdad, es momento de que el pueblo estadounidense sepa algo al respecto. Será un cambio, un cambio muy material de la política foránea que se supone que ellos aprobarían, y mientras más pronto se puedan familiarizar con los hechos, mejor.

Intrigas británicas en Centroamérica
Desde el New Orleans Picayune, 7 de marzo

Hemos obtenido, gracias a una fuente confiable, información de alta importancia relacionada con Centroamérica, que logra revelar de forma aún más clara el juego de ascendencia en el que participan los británicos en esa parte del mundo, y muestra los medios sin escrúpulos a los que han recurrido para poder lograr sus designios.

Nuestros lectores recordarán el conflicto entre Gran Bretaña y Nicaragua en relación a la costa Mosquito, en el que Gran Bretaña, en desafío a los términos de su más reciente convenio con este país, sigue declarando y ejerciendo un protectorado en virtud de una alianza con un salvaje. Al parecer, sus agresiones no terminarán aquí. Ahora está a punto de cometer un ultraje mayor sobre Honduras, otro de los estados centroamericanos, al apropiarse de una porción del territorio sobre el que esta no tiene siquiera el título endeble que ha presentado en el caso de la costa Mosquito.

Hace poco, tuvimos la oportunidad de copiar de un periódico de Belice una declaración al efecto de que pronto sería enviado un gobernador británico a la isla de Roatán y se establecería en el lugar un tipo de gobierno colonial. Hemos sido informados de que esta declaración de intención ha sido seguida por una ocupación real. A mediados del mes pasado (la fecha más reciente que tenemos de Roatán es del 20 de febrero), la goleta *Bermuda*, comandada por el teniente Jolly, llegó a la isla con una carta de Sir Charles Gray, gobernador de Jamaica, declarando que los habitantes se comprometerían a pagar

26

anualmente al gobierno británico un chelín por acre por las tierras pertenecientes a Roatán, Bonacca y sus dependencias, y dicho gobierno otorgaría un establecimiento colonial y remitiría todas las cuotas y otros ingresos que se obtuvieran a la corona.

Hasta ahora estos procedimientos, aunque en total atropello de los derechos de Honduras, Estado que, desde la guerra de independencia, ha sido el legítimo propietario de las islas, parecen conformarse a los deseos de los habitantes mismos. Pero la forma en que se obtuvo este supuesto consentimiento no es más que otra evidencia de los designios utilizados por los ingleses para poder procurar su posición en Centroamérica.

El hecho es que, hasta 1836, cada persona que iba a residir en estas islas era forzado a obtener un permiso por escrito del gobierno de Honduras. Hasta entonces, el título de ese Estado era indisputado. Un poco tiempo después, al parecer en 1840, una embarcación de guerra británica ancló en Roatán, envió tropas a la costa a quitar la bandera de Honduras, la pisotearon en la tierra, y en su lugar izaron la de Gran Bretaña. Aparte de esto no se han dado pasos decisivos recientemente. Mientras tanto, sin embargo, algunas personas inglesas tomaron residencia en la isla, y fueron introducidos un gran número de negros liberados de las Caimán. Los ingleses, encabezados por un Sr. Ewens Elwin, tuvieron por varios años el hábito de imponer un impuesto del cinco por ciento a todas las embarcaciones que llegaban al puerto. Muy recientemente, las personas de la isla, o por lo menos los que no estaban bajo influencia británica, han vivido bajo un tipo de gobierno republicano instituido por ellos mismos.

Alrededor de unos dos meses después el partido inglés, que consiste principalmente en negros liberados e ingleses, celebró una reunión en la que unas cincuenta personas estuvieron presentes y en la que se determinó enviarle al gobierno de Jamaica una petición, o memorial, en el que se expresaban los sentimientos y deseos de los habitantes.

El memorial le solicitaba a Sir Charles decidir si el gobierno inglés desde entonces consideraría a Roatán como una colonia británica o vería a sus residentes como súbditos británicos viviendo dentro de una jurisdicción foránea. La misión de la Bermuda, a la que ya se hizo referencia, fue la respuesta a este memorial. Para poder obtener nombres para el documento se hicieron los esfuerzos más extraordinarios, y con el propósito de inflar esta lista, se añadieron los nombres de los niños de la escuela de Wesleyan Mission.

Esta es una declaración simple de los hechos, y dejamos que nuestros lectores desarrollen sus propias opiniones. Los ingleses han embargado en cada isla a lo largo de la costa centroamericana, desde Yucatán hasta Panamá; y cuando se recuerda que, en una distancia de 1,500 millas, estas islas, durante la prevalencia de los vientos del norte, proveen el único anclaje seguro en la cercanía, su importancia para el movimiento se vuelve más manifiesto.

Además de lo ya mencionado, hemos recibido información desde el continente. Se nos ha hecho saber que se han desatado hostilidades entre los Estados de San Salvador y Guatemala, y que se han conducido operaciones militares vigorosas. Las fuerzas de San Salvador, después de recibir refuerzos, avanzaron sobre el territorio de Guatemala y capturaron la ciudad de Chiquimula. Guatemala, alarmada por la invasión sobre su territorio, se encontraba haciendo grandes esfuerzos por conseguir tropas y repeler al enemigo. Se piensa que podría recibir apoyo de Gran Bretaña. Ya hemos publicado las palabras del presidente de Guatemala pidiendo el apoyo de esa potencia.

También hemos declarado que los liberales de algunos de los departamentos, disgustados por la servidumbre del gobierno a la dominación británica, se habían "pronunciado" en favor de la unión con los otros Estados. Todo lo que hemos sabido sobre este movimiento es que los insurgentes habían derrotado a Carrera en San Gerónimo; pero al día siguiente ese general regresó y retomó posesión de los pueblos matando a unos 300 de sus adversarios.

Fuente: New York Evening Post

LO MÁS RECIENTE DE CENTROAMÉRICA

El *Boston Traveller* trae noticias provenientes de Trujillo, Honduras, hasta el mes de febrero. Al parecer, el tratado de alianza recientemente formado entre Guatemala y Gran Bretaña ha resultado en una alianza ofensiva entre Honduras y San Salvador. Este es un presagio muy favorable. Por largo tiempo ha sido la política de Gran Bretaña el dividir a estos estados centroamericanos y ponerlos el uno contra el otro; después, busca mediante una alianza con el estado más débil convertirse primero en su protector, luego en su acreedor y finalmente su dueño. De esta manera ha logrado establecerse en las porciones más valiosas de la costa caribeña de Centroamérica, y ahora intenta absorber Honduras.

A esto se debe su protesta a favor del Rey Mosquito, que ahora, según nos dice una carta de Chatfield al gobierno de Honduras, ha asumido una forma más definida de arrogancia que antes. Esta carta apareció en el *Boletín*, el periódico oficial de Honduras, y fue colocada allí junto con un artículo editorial del cual extraemos los siguientes párrafos:

"Ha pasado bastante tiempo desde que el cónsul, el Sr. Frederick Chatfield, ha tenido la costumbre de expresar sus reclamaciones de una manera tan impropio e irrespetuosa, que los gobiernos se han quejado de él con justa razón, pero nunca antes habíamos visto que aquel que pretende algo haga de sus pretensiones una ley y se apropie para sí mismo, por la fuerza de esa misma cosa, lo que él mismo ha reconocido y confesado anteriormente que no le pertenece".

Después de declarar que la demanda de un área de terreno tan grande es irregular, aunque se haga a nombre de Inglaterra, el escritor continúa:

"El gobierno de San Salvador es demasiado débil para hacer frente a una gran nación. ¿Seguirá con un silencio vergonzoso y criminal? Levantará la voz; sí, la levantará con prontitud y con firmeza en contra de la injusticia hecha y pronunciará los males de Centroamérica en protesta solemne; se los explicará justamente al mundo; proclamará sus agravios hasta que lleguen a los oídos de los gobiernos poderosos y justos de América y Europa".

Carta Del Sr. Chatfield Para El Gobierno De Honduras
[Traducción]
Para el ministro de relaciones de la República de Honduras, legación de Comayagua de H. B. M.

Guatemala, 5 de diciembre de 1850.

El abajo firmante, cónsul de H. B. M. en Centroamérica, tiene el honor de demostrarle al Supremo Gobierno de Honduras que la frontera general del país de Mosquitos está fijada desde el Cabo de Honduras, longitud 86, saliendo de la ciudad de Trujillo a unas millas al oeste, y siguiendo por este meridiano, los límites en el este en las orillas del Soruaguera; desde allí continúa por las montañas que están hacia el norte del distrito de Tegucigalpa, en donde dicho distrito se une al Estado de Nueva Segovia.

La condición es que dicho límite sea el indicado para dividir cada estado, y que el gobierno de Su Majestad se ha resuelto a apoyar por cualquier medio al rey de los mosquitos, sin permitirle hacer negocios con el gobierno de Honduras.

(Firmado) – Frederick Chatfield

Este reclamo cubre la mitad del Estado de Honduras, es hecho por Inglaterra, no por voluntad propia, sino a nombre de otra potencia, que no tiene y nunca ha tenido una existencia independiente, simplemente con el propósito de provocar un conflicto, que Inglaterra puede perfeccionar mediante una conquista, bajo un título que no tiene ningún otro fundamento aparte del fraude.

Afortunadamente, las personas de Honduras ya son conscientes de que la única esperanza que les queda a los estados centroamericanos de mantener su existencia nacional separada es unirse entre ellos mismos en contra de los agresores foráneos. Debido a esto han emitido una proclamación, cuya copia encontramos en el *Traveller* y presentamos a continuación, y la cual creemos que resultará en una unión defensiva general de los estados centroamericanos.

Proclamación
El presidente de Honduras a las personas del Estado, y a otros en Centroamérica

El gobierno toma como su deber el publicar las razones que lo han inducido a proporcionar la ayuda solicitada por el Estado de San Salvador, para darles protección y seguridad a ambos estados en el futuro.

El gobierno de Honduras, deseoso de ponerle fin a la guerra desastrosa que ha atormentado a Guatemala, hace dos años le envió a ese gobierno dos comisionados para ofrecer mediación, pero el mismo gobierno, al haber realizado tratados con el General Vicente Cruz, con el mismo fracaso que antes, resultó en que la oferta no se hiciera, y los comisionados regresaron de Chiquimula, el lugar al que habían llegado. También se intentó una mediación armada, que tampoco fue exitosa.

Aun así, después, y en varias ocasiones, este gobierno le ofreció a Guatemala cualquier ayuda que pudiera ofrecer para terminar con esta misma guerra civil, cuyos males ya se habían sentido en este estado, pero siempre rechazaron aceptarla, incluso durante circunstancias extremas. El corregidor de Chiquimula, en ese tiempo el Sr. Paredes, actual gobernador de Guatemala, solicitó ayuda, la cual, sin embargo, este gobierno no pudo otorgar, ya que la solicitud no vino desde la autoridad suprema, lo que era una condición necesaria.

La continuación de la guerra intestinal, que incluso ahora afecta a Guatemala, prueba lo conveniente que hubiera sido la ayuda rechazada, además de las buenas intenciones que motivaron la oferta; pero ese gobierno desconfiado ha prolongado sus propios infortunios y ha creado un sentimiento de inseguridad y malestar en sus relaciones amistosas con sus vecinos, quienes se sienten obligados a evitar esta condición infeliz en el futuro sin poder ser capaces de mantener una fuerza permanente para este efecto, y que ahora tienen que depender de medios que lo harán realidad de una manera radical y permanente.

Entonces, la necesidad de proveerles seguridad a las personas, y el deber de ayudar a un amigo y aliado, el Estado de San Salvador, bajo las amenazas de Guatemala, han hecho que este gobierno decida darle la ayuda solicitada y que se debe tanto por tratados en vigencia como por la gratitud que este gobierno le debe.

Podríamos añadir otras bases de querella que tiene el gobierno de Honduras, pero nos parece inoportuno publicarlas en estos momentos, si las que hemos presentado son suficientes como base justa para la ayuda prestada a San Salvador, esperando que este estado obtenga la satisfacción exigida por la cual Honduras obtendrá la seguridad que desea.

El presidente de San Salvador se pone a sí mismo a la cabeza del ejército, impulsado por los mejores sentimientos de humanidad y filantropía. Estoy muy seguro de que él no disparará ni un solo mosquete hasta no haber agotado todos los medios de reconciliación honorable.

No deseamos imponer ninguna ley sobre los guatemaltecos ni favorecer el éxito de ninguno de los viejos partidos que han destruido a la República. Tan solo deseamos la reconciliación de los habitantes de Guatemala, y perfeccionar la seguridad de estos estados y la independencia de la República.

Juan Lindo
Ocotepeque, 6 de enero de 1851.

Fuente: New York Evening Post

1851-marzo-29

Se ha desatado la guerra en Centroamérica. Una batalla entre los ejércitos de Guatemala y de El Salvador y Honduras tomó lugar el 21 de enero en una villa llamada San José, a unas tres leguas de

Chiquimula. Continuó desde las 9 en punto en la mañana hasta las 3 de la tarde, cuando las fuerzas de El Salvador y Honduras fueron totalmente derrotadas.

Fuente: The Economist

1851-octubre-10

LO MÁS RECIENTE DE HONDURAS

Desde el N.O. Picayune, 1 de octubre

Con el arribo ayer de la goleta G. B. Mathew, de Belice, Honduras, hemos recibido archivos de *The Honduras Watchman* hasta el 6 del mes pasado.

De estos periódicos hemos tenido conocimiento de que la determinación del gobierno inglés de tomar posesión de Roatán y otras islas a lo largo de la costa ya no está oculta. Se ha llevado a cabo una reunión entre los residentes británicos de Roatán, durante la cual se presentó un plan de gobierno para la isla. Este plan tiene el siguiente encabezado: "Propuestas para el establecimiento de un sistema de gobierno para las islas de Roatán, Guanaja y otras a las que posteriormente se les llamará Islas de la Bahía, acordadas en asamblea general celebrada en Roatán el día sábado 9 de agosto de 1851". El plan establece que el gobierno quedará compuesto por el Superintendente, u otro representante de la Corona en Honduras, una Asamblea Legislativa, y un Magistrado Asalariado. Los artículos 31, 32 y 33 establecen lo siguiente:

31. Todas las personas que actualmente ocupen terrenos recibirán subsidios de parte de la Corona por los mismos, libre de pago, siempre y cuando las partes registren sus aplicaciones para tales subsidios en un periodo de seis meses después de la llegada del Magistrado, y siempre y cuando tales partes paguen por la inspección y preparación y registro de tal subsidio.

32. Todos los terrenos para los que no se haya registrado una aplicación en un periodo de seis meses después de la llegada del Magistrado, serán considerados como propiedad de la Corona.

33. Todos los terrenos que sean propiedad de la Corona se pondrán a la venta por medio de subasta, en grupos, y a un precio de dos y medio dólares por acre.

Dos personas condenadas por piratería, Idelfonso y Francisco Domínguez, han sido liberados de acuerdo con las órdenes de Inglaterra.

Ocurrió un incendio en Belice, que resultó en varios edificios destruidos. Se sintió el leve estremecimiento de un temblor en todo el pueblo el lunes pasado. Su duración fue muy breve. Desde entonces el calor ha sido muy fuerte y casi insoportable, con solo algunas brisas que llegan desde el sur y el oeste.

La goleta americana *George L. Walton*, mientras iba por el paso de Chagres a Belice, naufragó el 26 de septiembre en el arrecife principal cerca de Kay Cocker.

Fuente: The New York Times

1852-junio-24

CRÓNICA DE LOS EVENTOS DEL AÑO 1851
(Preparado cuidadosamente para la publicación vespertina)
Enero

Proclamación emitida por Juan Lindo, presidente de Honduras, llamando a los estados de Centroamérica a resistir las agresiones de los ingleses en sus territorios.

Las fechas de Centroamérica son hasta el 14 de mayo. El país en ese momento estaba perfectamente tranquilo. Honduras había completado su elección de presidente por los siguientes cuatro años, y el señor Trinidad Cabañas ha sido debidamente instalado en ese cargo. Se estaban haciendo esfuerzos para establecer un Gobierno Federal, pero los Estados de El Salvador y Nicaragua no favorecen el proyecto; y, por lo tanto, puede ser presumido que este nuevo intento, como todos los otros que lo preceden, terminará en decepción.

Importante desde Honduras y Guatemala

Hemos escuchado de fuentes confiables que en las últimas tres semanas los habitantes de la isla de Roatán y las cinco otras islas dependientes, que forman un grupo en la Bahía de Honduras, han tenido un malentendido con las autoridades inglesas de Belice, que estaban en el proceso de establecer el dominio inglés sobre estas islas. El resultado ha sido que los isleños se han declarado ya no bajo autoridad británica y han declarado estar bajo la protección del gobierno del Estado de Honduras, lo que ya se ha acordado. Al conocer esto, el Superintendente británico en Belice envió instrucciones para deshacerse de la casa erigida para el Gobernador inglés que llegaría de Europa. La casa fue vendida con un gran sacrificio. En consecuencia, la "protección británica", como se le ha conocido hasta ahora, se ha retirado. Las fechas de Honduras son al 2 de este mes. El comercio fue sombrío. Se estima que unos doce millones de pies de caoba se enviarán al mercado y están listos para exportarse este año. La publicación del *Watchman* de Honduras ha quedado suspendida.

Las fechas de Guatemala son hasta el 18 de mayo. No hay noticias de importancia sobre política. La caída informada en el cultivo de la cochinilla queda confirmada. La reducción se estima en por lo menos dos tercios del cultivo habitual. — *New-Orleans Picayune*.
Fuente: The New York Times

1852-julio-10

Se afirma en una carta de Honduras que los habitantes de Roatán han pedido la protección de Honduras en contra de las autoridades británicas. Prevaleció un gran desorden.
Fuente: The Economist

6 de enero de 1853

EL SR. CLAYTON Y LA CUESTIÓN DE HONDURAS

La respuesta Ejecutiva a la resolución de investigación del Sr. Cass resultó en dos documentos insignificantes y nada más. Uno de estos es el siguiente memorándum del Secretario de Estado en referencia al tratado de Washington de abril de 1850:

La declaración interna de Sir H. Bulwer fue recibida por mí el día 29 de junio de 1850. En respuesta, le escribí mi nota el día 4 de julio, reconociendo mi conocimiento de que Honduras Británica no fue adoptada en el tratado del día 19 de abril, pero al mismo tiempo rechazando cuidadosamente confirmar o negar el título británico en su acuerdo, o sus supuestas dependencias. Después de firmar mi nota anoche se la entregué a Sir Henry, e inmediatamente procedimos, sin ninguna otra acción, para intercambiar la ratificación de dicho tratado. El consentimiento del Senado para la declaración no fue requerido, y el tratado fue ratificado como tal cuando estaba en el interior. JOHN M. CLAYTON.

N.B. – Los derechos de Gran Bretaña a cualquier Estado de Centroamérica no han sido comprometidos por el tratado ni por ninguna otra parte de las negociaciones.

La otra es una carta del Secretario de Estado a Sir Henry Bulwer, en la que aparecen estas palabras: "El Presidente del comité de relaciones exteriores, Sr. King, me informa que el senado entiende perfectamente que el tratado no incluyó a Honduras Británica. Solo incluyó a los Estados Centroamericanos con sus dependencias justas.

La falta de sorpresa que ocasionaron estos documentos es en sí misma sorpresiva. Nada se entendió mejor al momento de la negociación que el que las posesiones actuales y legales de Gran Bretaña en Centroamérica no eran parte del tratado. Una comunicación del Sr. Clayton, que publicamos en toda su extensión en otras columnas, establece el terreno claramente; tan claramente como lo tenemos en el sorprendente transporte de viento del Senador de Michigan. Y, como si se empeñase en prevenir cada uno de los golpes políticos del General, el manifiesto del Sr. Clayton cita las instrucciones dadas algún tiempo antes al agente americano en el Istmo, en donde la doctrina de la no intervención y la no extensión se establecen en los términos más amplios. Confiamos en que el documento que proporcionamos de manera oportuna puede tener el efecto de disipar una parte del asombro, con el que se han recibido los otros *morceaux*.

La verdad es que hay algunos en el Senado y en la Cámara cuyo humor está en el condenar la política diplomática de los Whigs en toda ocasión. No es suficiente el encontrar fallas, como lo pueden hacer de forma apropiada, en el curso de la presente Administración. Su celo es retroactivo; y el estatuto de limitación nunca se admite como un obstáculo para la censura más virulenta. En consecuencia, es agradable encontrar en la presente instancia, mientras la indignación ya aparece en los ojos de estos caballeros, que todo el peso de la ofensa cae sobre sus propios errores partidistas. El Sr. Clayton descubrió que el título de Gran Bretaña de cierta porción de Honduras había sido descuidadamente reconocido por la Administración del Sr. Polk. El Sr. Hempstead fue nombrado cónsul de Belice en 1847. En vez de solicitar su exequatur al gobierno de Honduras, o más bien al Gobierno Federal de Centroamérica, se hizo la solicitud por medio del Sr. Bancroft a Lord Palmerston, quien gustosamente aprovechó la oportunidad de poner en los archivos tal reconocimiento de reclamos británicos. Este reconocimiento estuvo directamente enfrente del Sr. Clayton, si hubiera estado dispuesto a levantar la cuestión. No se sentía en libertad de ignorarlo; y como era igualmente reacio a prestar una sanción adicional y más explícita a la pretensión, registró cuidadosamente sus dudas, y eso de una manera tan formal como una vez más para hacer que la cuestión fuera abierta para una futura negociación. Una mirada a la correspondencia, y a la importante adición hecha en nuestras columnas, mostrará que este era el objetivo del Sr. Clayton, y que realizó su objetivo con admirable destreza.

Es, tal vez de lamentar, que el Sr. Clayton no se sintió justificado para presionar el asunto en ese momento. Había una certeza razonable de que, mientras Inglaterra mantuviera un punto de apoyo en ese punto tan importante de la tierra, los problemas serían frecuentes y nuestras negociaciones con los Estados de los Istmos quedarían expuestas a interferencia irritante y vergüenza. No estamos seguros de poder percibir con claridad una razón por la cual Inglaterra debía ser admitida como parte en el tratado, si su título de las posesiones locales en las inmediaciones de la región del canal era cuestionable. Pero estos no son los problemas mencionados por los censores de las cartas recientemente encontradas. Existen razones para pensar que la política del Sr. Clayton habría sido diferente si no hubiera sido disuadido por el error de sus predecesores; y posiblemente el título de Gran Bretaña sobre cualquier territorio continental debajo de Canadá habría sido completamente extinguido antes de esto.

Para el resto, la carta del Sr. Clayton, que presentamos, proporciona un resumen sucinto y eminentemente útil sobre la política de Centroamérica. Mientras el negocio crece en importancia y se genera una nueva atención sobre el tema general de la posesión extranjera de suelo americano, dichos documentos tan completos no pueden considerarse de forma tan amplia ni conservarse con mucho cuidado como referencia.

Fuente: The New York Times

1853-enero-8

LA CUESTIÓN DE HONDURAS

La posición del General Cass en la cuestión de Centroamérica puede llevar a un resultado mucho más extenso de lo que desea lograr. Él se opone a limitar la operación del Tratado de Clayton a la "confederación" propia de Centroamérica. Si el término "Centroamérica" no se interpreta como una restricción a la operación del Tratado, como ya se sugirió, a la división política del país, entonces, ¿no debería considerarse como aplicable a todo el país abarcado bajo el nombre geográfico?

El Sr. Chase, durante algunos comentarios hechos por él en el Senado el jueves pasado en los que denunció con términos contundentes la conducta del Sr. Clayton en relación a la negociación del Tratado de Centroamérica, leyó la siguiente definición del *Johnston's Gazetteer*, publicado en Londres en 1851, y que probablemente es la más grande autoridad en geografía inglesa:

Centroamérica es la región extensa y comparativamente angosta entre latitud 7° 22' Norte, y longitud 78° 94' Oeste, que conecta los continentes de América del Norte y del Sur, y que comprende, aparte de la Confederación Centroamericana, Yucatán, partes de México y Nueva Granada, Poyais, la Costa de Mosquitos y Honduras Británica.

El Sr. Chase citó esta definición para mostrar que la autoridad británica excluye a Inglaterra de tal interpretación del Tratado como lo afirma. Es una cuestión a considerar si no prueba demasiado y si nos obliga a extender nuestro Tratado a una extensión considerable del país al que ninguna de las partes pretendía aplicarlo.

Fuente: The New York Times

1853-febrero-8

HONDURAS BRITÁNICA—LO MÁS RECIENTE DE JAMAICA—EL FERROCARRIL DE BALTIMORE Y OHIO

Baltimore, lunes 7 de febrero

El Correo Sureño nos trae periódicos de Nueva Orleans del 1º de este mes.

El *Delta* contiene una carta desde Honduras Británica que confirma el informe de que el Estado de Honduras ha tomado posesión del asentamiento inglés en Limas. Han nombrado a un comandante y han declarado que el Estado de Honduras seguirá, a toda costa y sacrificio, manteniendo su posición sobre el territorio.

El buque de vapor con Correo Británico *Conway* que arribó en Savannah, trae el Kingston, Jamaica, con fechas del 31 del mes pasado. Los periódicos comentan sobre los desastres de la cólera y no dan indicios de su disminución. Fuertes lluvias se han mantenido sobre el país.

El mercado de productos estuvo sombrío. El azúcar se vendía en Jamaica a 18s. @ 20s. por cwt.

Se han presentado resoluciones en ambas Cámaras de la Legislatura de Virginia para investigar sobre el decomiso de su permiso legal por la Compañía del Ferrocarril de Baltimore y Ohio.

En la Cámara Baja, se ha nombrado un Comité para examinar los cargos en contra de la compañía.

Fuente: The New York Times

1853-marzo-21

DIFICULTADES EN HONDURAS

Belice, Honduras, 24 de febrero de 1853.

En mi último escrito les informé que las autoridades del Estado de Honduras habían tomado posesión de Limas. Ahora les puedo informar que el buque de guerra de su Majestad *Devastation* vino hasta este lugar, y después de tomar a bordo al Superintendente y a su Secretario, procedió hacia el pueblo de Trujillo, en donde finalmente le ofrecieron al gobierno de ese pueblo, por el Estado de Honduras y como ultimátum, que decidieran en dos horas, ya sea *entregar el territorio a las partes de quienes lo había tomado*, o aceptar las consecuencias; *que a vista* de los hondureños era proyectiles calientes y balas de cañón.

Así que decidieron rendirse ante una fuerza superior; pero al mismo tiempo protestaron por la conducta del Superintendente de su Majestad, el oficial del *Devastation*, y el gobierno de Inglaterra, afirmando su derecho inalienable sobre ese país, y declarando que solo se rindieron ante una fuerza superior bajo coacción; que solo prometieron no interferir con los ciudadanos británicos al no ser capaces de poder repelerlos. Y, finalmente, apelaron al Dios Todopoderoso para que fuera testigo del atropello y castigara a la nación que, a punta de cañón, los despojó de su territorio.

También deseo informarles que el derecho original para cortar caoba en esa parte del país fue otorgado por el Estado de Honduras a ARCHIBALD MONTGOMERY, y que durante el tiempo en que usó ese privilegio siempre reconoció ese derecho y le pagó al Estado por los árboles, entró y recibió autorización para sus embarcaciones en Trujillo, y de toda forma cumplió con las leyes y requerimientos del Estado de Honduras.

En 1848, el Sr. MONTGOMERY le vendió todos sus intereses en Honduras a JOHN CARMICHAEL & Co., quien estableció una sociedad en este lugar bajo el nombre y firma de ANTO, MATHER & Co. Por un tiempo, esa sociedad también cumplió con las leyes de Honduras; pero finalmente hicieron un mejor trato con el "Rey de los Mosquitos" e izó su bandera, se negó a pagarle a Honduras por los árboles de caoba, a entrar y autorizar sus embarcaciones por Trujillo, y, en una palabra, repudió por completo a Honduras. Estos son los hechos reales del caso. — *True Delta*, 10º.

Fuente: The New York Times

1853-marzo-21

EL PROBLEMA EN HONDURAS

Boston, sábado 19 de marzo.

Gracias al bergantín *Helen Jane*, de Trujillo, Honduras, del 27 de febrero y que llegó aquí esta mañana, tenemos el siguiente relato del problema en la Costa de los Mosquitos:

Hace unos cuatro meses, el comandante de Trujillo envió tropas a Limas, en el Río Romaní, para detener la tala de caoba de los ingleses, quienes se rehusaron a pagar los impuestos exigidos por Honduras con la justificación de que el lugar le pertenecía al Rey Mosquito; algo que Honduras siempre ha negado. Los taladores ingleses fueron expulsados, la bandera inglesa bajada, y las tropas hondureñas se estacionaron allí permanentemente. La misión del buque británico *Devastation* en Trujillo fue demandar el retiro inmediato de las tropas en Limas, con la advertencia de que, si no se cumplía con esta demanda para las 12 en punto, el comandante inglés procedería a expulsarlos por la fuerza.

El comandante también dijo que se presentaría un reclamo por los daños a los ciudadanos ingleses por haber sido expulsados en primer lugar. Además, exigió que de ahora en adelante no se interfiriera con los ciudadanos ingleses. El comandante de Trujillo acató la demanda, bajo protesta, y las tropas en Limas fueron retiradas.

Las personas de Honduras insisten en que Limas es indiscutiblemente un puerto de Honduras, y rechazan el derecho de los ingleses de cortar la valiosa caoba sin tener que pagar los impuestos habituales.

Fuente: The New York Times

1853-marzo-26

ESTADOS UNIDOS

Según los últimos informes, el nuevo gabinete ha quedado completamente formado y ha sido confirmado por el Senado en sesión ejecutiva el lunes. Fueron: W. L. Marcy, de Nueva York, Secretario de Estado; James Guthrie, de Kentucky, Secretario del Tesoro; Robert Mc'Clelland, de Michigan, Secretario del Interior; Jefferson Davis, de Mississippi, Secretario de Guerra; James C. Dobbin, de Carolina del Norte, Secretario de la Marina; James Campbell, de Pennsylvania, Director General de Correos; Caleb Cushing, de Massachussets, Procurador General. Aquellos de nuestros lectores interesados en la política estadounidense, podrán, al examinar la siguiente lista del antiguo gabinete, ver a simple vista la diferencia de los gabinetes de los Whigs y el demócrata: Edward Everett, Massachussets, Secretario de Estado; Thomas Corwin, Ohio, Secretario del Tesoro, John B. Kennedy, Maryland, Secretario de la Marina, Charles M. Conrad, Luisiana, Secretario de Guerra, A. H. H. Stuart, Virginia, Secretario del Interior, T. D. Hubbard, New Hampshire, Director General de Correos; J. J. Crittenden, Kentucky, Procurador General.

Tanto el Sr. Buchanan como el Sr. George Bancroft son considerados para ministro de Inglaterra. El Sr. Soulé irá a España. Pero tal vez estas y otras declaraciones similares son prematuras.

El día 7 en el Senado, el Sr. Clayton ofreció las siguientes resoluciones pidiendo copias de los documentos relacionados con los asuntos de Nicaragua: '"Que se le solicite respetuosamente al presidente, en caso de ser compatible con su opinión sobre el interés público, comunicarle al Senado las proposiciones mencionadas en la carta al Secretario de Estado, que acompaña al mensaje ejecutivo al Senado del pasado 18 de febrero, después del acuerdo al que llegaron el Departamento de Estado, el ministro británico y el Estado de Costa Rica el día 3 de abril de 1852, con el objetivo de arreglar las controversias constantes entre los Estados y los gobiernos que rodean al río San Juan'. 'Que se le solicite al Secretario de Estado comunicarle al Senado la información que sea útil para el funcionamiento de su departamento en el caso de los reclamos entre Gran Bretaña y el Estado de Honduras, y sus respectivas cartas a las islas de Roatán, Benicia, Utilla, Barbarat, Elena y Morat, en o cercas de la Bahía de Honduras'".

El siguiente día se desarrolló un debate sobre las resoluciones, pero la Cámara suspendió la sesión sin llegar a una decisión.

El día 2 de este mes, 18,000 pacas de algodón fueron destruidas en un incendio en Nueva Orleans. Las flamas surgieron en la parte superior de la prensa Alabama Cotton y destruyó casi todos los contenidos, aparte de unos montones de algodón apilados en las calles. Se dice que varios negros murieron en las llamas. Se informa que las oficinas de la aseguradora Liverpool and Royal de ese lugar tuvo que pagar una cantidad de 90,000 dólares.

Varias personas han muerto en la vía ferroviaria de Pennsylvania debido a un choque entre dos trenes.

Fuente: The Economist

1853-abril-02

ESTADOS UNIDOS

Se entiende que el comité del Senado de Relaciones Exteriores está comprometido en una discusión sobre un tratado internacional de derechos de autor. Se ha ratificado un tratado con Inglaterra para la rápida indemnización de reclamos estadounidenses contra los reclamos ingleses contra el gobierno de los Estados Unidos.

Se ha celebrado un Consejo de Gabinete en relación con Centroamérica, donde se dice que se acordó que el Secretario de Estado debería exigir una explicación del gobierno de Gran Bretaña con respecto a las noticias de Honduras y la intervención inglesa sobre el rey mosquito; también que el Secretario de la Marina debe informar inmediatamente al ejecutivo la fuerza efectiva a su disposición para las operaciones activas. Esto se considera muy bélico.

Fuente: The Economist

1853-julio-18

Desde Guatemala tenemos noticias hasta el 1 de mayo. El Gral. Carrera emitió una proclamación que contiene el acuerdo arreglado entre los gobiernos de Guatemala y Honduras. Los siguientes son los términos del convenio:

"Los firmantes Don Juan Lindo, Gral. Don José Antonio Milla y Don Justo J. Rodas, comisionados por el Gobierno Supremo de Honduras, y el clérigo Don Jesús María Gutiérrez, por el de Guatemala, siendo nombrados para regular las dificultades que han surgido en ambos lados, estando completamente autorizados de acuerdo a los poderes que ellos han presentado mutuamente, han acordado los siguientes artículos:

Art. 1. El gobierno de Guatemala, sin haber intentado ofender a Honduras de cualquier manera, se compromete a indemnizar las pérdidas causadas a los pacíficos e inocentes vecinos de Copán y Coapa.

Art. 2. El gobierno de Guatemala también se compromete inmediatamente a poner en libertad a los ciudadanos de Honduras que han sido tomados de su territorio, con excepción de aquellos que han cometido crímenes comunes en Guatemala.

Art. 3. Cada una de las partes contratantes respetará, de ahora en adelante, el territorio de la otra, y si ocurre alguna dificultad, será arreglada de manera amistosa y en conformidad con las leyes internacionales.

Art. 4. Ambos gobiernos, anhelando dar testimonio mutuo de su deseo por preservar la paz y de cultivar las relaciones más francas y fraternales, dejan de lado cualquier otro reclamo que pudiera haber surgido de las dificultades actuales y se obligan a concluir, por consiguiente, un tratado de amistad y comercio, que también va a regular los respectivos límites de sus territorios.

Art. 5. El gobierno de Honduras se hará cargo de los emigrantes que han influido en los disturbios de Guatemala, dependiendo la regulación del tratado de amistad de su regreso a su hogar, o dependiendo de lo que ambos gobiernos puedan acordar.

Art. 6. El presente convenio será ratificado dentro de un periodo de seis días, e intercambiado dentro de los siguientes seis, contando desde hoy.

En testimonio de lo cual nosotros, los respectivos comisionados, firmamos esto en la ciudad de Esquipulas el 19 de abril de 1853, a 32 años de la independencia de Centroamérica.

J. Lindo
J. A. Milla
Justo J. Rodas"

Fuente: The London Times

1853-septiembre-15

La Gaceta de Guatemala contiene la noticia de la persecución de las tropas de Honduras que han invadido Guatemala. Los invasores fueron perseguidos por el Gral. Vicente Rena el 8 de julio. Varios enfrentamientos se llevaron a cabo, en los que las tropas de Honduras fueron derrotadas. Los guatemaltecos concentraban todas sus fuerzas con el propósito de hacer una demostración decisiva, y antes de esto, sin duda, el presidente Cabañas fue expulsado de Guatemala.

Fuente: The London Times

Parte 2

Filibusteros y consolidación territorial

1854-60

NUEVA COLONIA ESTADOUNIDENSE

En relación con el ejercicio del dominio, notado en el mensaje del presidente sobre Gray Town, su asunción de jurisdicción sobre una parte de Centroamérica y su reclamo de asegurar las "avenidas" por el istmo como las únicas rutas "entre los estados del Atlántico y el Pacífico de todo peligro de interrupción", debe notarse un proyecto para establecer una colonia de los Estados Unidos en el territorio de los mosquitos. El *New York Courier and Enquirer* dice que se intenta formar una nueva república centroamericana, y "tomar medidas para una convención de las repúblicas de Nicaragua, Honduras, San Salvador, Costa Rica, Veragua y Nueva Granada, con el fin de adoptar una constitución federal y de establecer un gobierno análogo al de la unión norteamericana". La empresa es, de hecho, privada, aunque tiene grandes objetivos. Una compañía de unos treinta caballeros, incluyendo al senador Cooper, de Pensilvania, y a William Cost Johnson, de Maryland, son sus promotores activos. El coronel Kinney va como agente y representante de esta compañía. Se espera que la "lección de la prosperidad de Texas y el impulso muy marcado dado a la mejora de Centroamérica por la afluencia de una población estadounidense como consecuencia de la apertura de las diversas rutas a través del istmo hayan roto por completo el viejo prejuicio contra el carácter y la influencia estadounidenses, y se calcula que la colonia o república estadounidense adquirirá rápidamente una fuerza moral que aportará nueva vida y energía a cada Estado de la Federación". La compañía ha adquirido, en conformidad con las leyes de los Estados, posesión de una subvención de la mayor parte del territorio Mosquito hecha hace muchos años por el rey de los mosquitos a Samuel Shepherd y dos asociados, por una consideración pecuniaria, alcanzando la cantidad de 30,000£. Se extiende a 30,000,000 de acres, o casi tan extenso como Inglaterra, y diez veces el largo del estado de Nueva York. Se describe como "cadenas montañosas, picos volcánicos aislados, mesetas elevadas, valles profundos, amplias llanuras fértiles y extensos aluviones, aliviados por grandes y hermosos lagos y majestuosos ríos, todo repleto de vida animal y vegetal, y posee todas las variedades de clima, rico en minas y con abundantes recursos agrícolas. Con puertos en el Atlántico y el Pacífico que se abren a Europa y África, por un lado, y a Asia, Polinesia y Australia, por el otro, ningún país puede estar más favorablemente situado para el comercio". Una colonia de los Estados Unidos reclamando y ocupando este país, en caso de tener éxito —y los proyectores son optimistas— abre un nuevo prospecto de la extensión de poder de los Estados y de comercio y población. Tal unión federal como la que se propone, puesta en pie por personas de los Estados en alianza cercana con ellos, difícilmente podría dejar de incluir al país interviniente de México y poner a todos estos países en una relación común, si acaso no los uniera a todos bajo un gobierno o los hiciera constituir un solo Estado. Cuando recordamos el corto período, en relación con nuestra propia existencia o la existencia de cualquier Estado de Europa, en que los Estados Unidos ha sido conocido y los vemos ahora extendiéndose de Canadá a México, de océano a océano, y los vemos exponiendo al llegar a Centroamérica y al enviar sus barcos de vapor a la Amazonía y al corazón de Paraguay para obtener una base en ambos países, nos asombra la rapidez del crecimiento gigantesco y nos preguntamos dónde terminará. Dondequiera que vayan las estrellas y las rayas, si llevan consigo algunos de los vicios de la vieja Europa, también llevan todas sus artes y algunas nuevas propias. Los estadounidenses, como los ingleses, poseen para mejorar, no para desolar —ellos ocupan para cultivar y adornar—, establecen el uso de ferrocarriles, máquinas de vapor, telégrafos, periódicos; y la naturaleza de su civilización, en contraste con la de Europa de la edad media, no es menos extraordinaria que su crecimiento maravilloso.

Un informe posterior de los Estados Unidos que el que trajo la información anterior establece que el gobierno de Nicaragua no acepta la colonización propuesta del territorio de los mosquitos por la compañía bajo el coronel Kinney, y probablemente interpondrá una protesta más enérgica no solo con el gobierno estadounidense, sino también con los representantes de las potencias extranjeras en general. Hay dos motivos para su oposición. Primero, nunca ha reconocido, y nunca lo hará, la soberanía del rey de los mosquitos o su jurisdicción en cualquier sentido, y, en consecuencia, no les adjudica valor alguno a los títulos derivados de esa autoridad bajo los cuales la "Compañía minera y de tierra estadounidense" ahora reclama posesión. Y, en segundo lugar, imputa a la expedición un propósito hostil y filibustero, una intención de establecer en su propio territorio una jurisdicción independiente de la suya. "Por lo tanto", dice el periódico estadounidense, "el estado inestable en el que nuestros diplomáticos han dejado tanto tiempo los asuntos de Centroamérica está provocando nuevos males".

Fuente: The Economist

1856-enero-19

Sin embargo, se hizo evidente en un día no mucho después de entrar en el desempeño de mis funciones actuales que Gran Bretaña todavía continuó en el ejercicio de la afirmación de una gran autoridad en toda esa parte de Centroamérica comúnmente llamada Costa Mosquito, y cubriendo toda la extensión del estado de Nicaragua y una parte de Costa Rica; que tenía a Belice como su absoluto dominio, y estaba extendiendo gradualmente sus límites a expensas del Estado de Honduras; y que había colonizado formalmente un grupo insular considerable conocido como las Islas de la Bahía, y que pertenecía, por derecho, a ese Estado.

Fuente: The Economist

24 de enero de 1856

NOTICIAS IMPORTANTES DESDE HONDURAS.
Supuestos informes de una invasión norteamericana — Los descubrimientos de oro — El General Walker

Desde el Boston Evening Traveller, 22 de enero.

El bergantín *Helen Jane*, del capitán F. Nickerson, arribó a este puerto el día de ayer desde los puertos de Omoa y Trujillo, Honduras, después de salir de este último puerto el día 29 de diciembre. El capitán Nickerson se ha dedicado al comercio por muchos años entre este puerto y los puertos en Honduras, y ha tenido conexiones de negocios con muchos de los principales comerciantes de ese país. Por supuesto, el tema de mayor interés durante su estancia en ese lugar fue la invasión de Walker en la adjunta Provincia de Nicaragua, y la probabilidad de que esto sería seguido por un cambio similar en el gobierno de Honduras.

En un corto espacio de tiempo, Honduras ha pasado por uno de esos repentinos cambios de gobernantes tan comunes en los gobiernos republicanos de Centro y Suramérica. El presidente electo legalmente el pasado octubre, Cabañas, después de una batalla en Massaguana con las fuerzas revolucionarias bajo el Gral. Guardiola, huyó después de ser derrotado, primero a San Salvador y después se unió a Walker en Nicaragua. Una carta desde la capital de Honduras, Comayagua, con fecha del 12 de diciembre, menciona los supuestos informes de que Cabañas estaba en la frontera de Honduras a la cabeza de 400 fusileros norteamericanos y 1,000 tropas nativas. La carta además dice que Guardiola se niega a pelear contra los yanquis, ya que son, como dice él, irresistibles; y declara su intención de abandonar el Estado de Honduras si entran los norteamericanos.

El sentimiento prevalente entre los principales nativos de Trujillo, y especialmente entre los que tienen asuntos comerciales, es el de neutralidad en el asunto de un cambio de gobierno del país. Si Walker llega y logra establecerse, dicen que están dispuestos a darle una oportunidad. Por tanto tiempo han sufrido con gobiernos cambiantes y débiles, que cualquier gobierno que tenga el elemento de estabilidad, siempre y cuando se respete la propiedad de los habitantes, es bienvenido.

El capitán Nickerson dice que los informes se debían a que el ejército de Walker estaba aumentando, y que se esperaba que pronto estuviera encabezando a unos dos mil hombres. Según las disposiciones de la constitución, ya se aproximaba el tiempo para la elección de presidente para la República de Honduras. Ese oficial es seleccionado por los votos de las dos cámaras, la cámara del senado y la cámara legislativa, cada una compuesta de catorce miembros. El partido anti-Cabañas y anti-Walker, de apariencia presente, no intentará elegir a su candidato, especialmente si la informada invasión de Cabañas y sus aliados norteamericanos se vuelve una realidad.

Esta provincia, por cuya posesión aparentemente pronto habrá una lucha, contiene 68,680 millas cuadradas de territorio y una población de 308,000. El territorio está atravesado por varias cordilleras, cuyos valles son numerosos y fértiles. El Harper Gazetteer dice que su riqueza mineral es considerable, compuesta de oro, plata, plomo y cobre; también ópalos, esmeraldas, amianto y cinabrio. En el interior el clima es saludable, pero en la costa norte y en las costas del Pacífico el calor alcanza hasta los 120°, lo que produce muchos insectos molestos. Existen extensos bosques que abundan en caoba, cedro y mora (una especie de fustic). También abunda el ganado de buena raza. Los habitantes están dispuestos a que los colonizadores tomen toda la tierra que deseen, y Walker les ha prometido concesiones a sus soldados. Nicaragua, en donde Walker ahora tiene el mando, tiene 49,000 millas cuadradas de territorio y una población de 247,000. Es un hecho singular el que en este país las mujeres superan por mucho a los hombres en número.

El capitán Nickerson dice que el supuesto descubrimiento de minas ricas en oro en la provincia de Olancho, Honduras, estaba creando una gran excitación en Trujillo. Después de ver muestras del oro, un minero californiano declaró que se debe de tratar de una excavación muy rica y salió para una inspección en persona. Muchos otros norteamericanos también se han ido a las minas.

Una carta recibida en Trujillo hace algunas declaraciones relacionadas con la captura, por parte de Walker, del pueblo de Granada, Nicaragua (del que se dice ser el lugar más fortificado del país con una población de diez mil), algo que no hemos visto antes. Cuando Walker entró al lugar encabezando a unos cincuenta norteamericanos, encontró a Chamorro, el presidente de la república, junto con sus oficiales en un salón de baile.

Al entrar a la habitación, Walker ondeó su espada en el aire y gritó "Hurra por la democracia", y entonces tomó a todos los presentes como prisioneros. Antes de salir de la habitación, Chamorro fue obligado a firmar artículos de capitulación; pero, después de descubrir lo pequeña que era la fuerza ante la que se había rendido, envió órdenes escritas al oficial a cargo para que no entregara el lugar. Esta carta, de alguna forma, llegó a manos de Walker mientras entraba en una iglesia junto con Chamorro. Leyó la carta y la puso en su bolsillo, y cuando el servicio religioso terminó, le preguntó a Chamorro si él la había escrito, y este último no lo negó. Entonces se invocó una corte marcial improvisada, por cuya sentencia Chamorro y quince de sus oficiales fueron fusilados.

Fuente: The New York Times

1856-febrero-16

EL FERROCARRIL INTEROCEÁNICO

Este es el título de un ferrocarril proyectado del Atlántico al Pacífico a través de Honduras, del cual se dan detalles en un nuevo documento del Sr. E. G. Squier recientemente publicado. No tenemos la intención, al exponerlo, de expresar alguna opinión sobre el proyecto o sobre la diferencia política entre Inglaterra y los Estados Unidos en referencia a Centroamérica, a lo que dicho proyecto le da una importancia adicional. Nos referimos a él porque todas las personas, pero particularmente los estadounidenses, y los ingleses con sus colonias, están muy interesados en la comunicación entre los dos océanos. Para acortar el viaje a la mitad entre Europa y Australia y traer ese gran continente que ahora sabemos que está repleto de oro y que ofrece al pueblo encerrado del viejo mundo los vastos campos para cultivar dentro de un viaje agradable de un mes — ni un tercio tan distante como Estados Unidos cuando recibió a los europeos por primera vez, y mucho menos cerca que en la actualidad — promete beneficiar e interesar a toda clase de personas.

Últimamente ha sido nuestro deber poner continuamente en conocimiento de nuestros lectores el grado en que la abundancia, y en consecuencia el precio, de los artículos más comunes de uso diario o de necesidad diaria — pan, azúcar, té, café, algodón, seda, dinero, etc. — dependen de la producción y el consumo de las personas que viven en cada esquina del mundo. Por ejemplo, el fallo del cultivo de azúcar en Luisiana ha elevado el precio del azúcar mascabado de Jamaica en nuestros mercados. La demanda de plata en India y China resulta en mantener a nuestro país sin oro. La aplicación de la industria y del capital en cada país se convierte, por lo tanto, como el comercio es extendido, en un tema de interés para todos; y no podemos, o al menos no debemos, mirar con indiferencia el empleo propuesto de 2,000,000£, que puede considerarse equivalente a dirigir o desviar de manera útil 8,000,000 de días de trabajo, en cualquier proyecto en cualquier parte del mundo. De hecho, hay un lugar donde no se considera con indiferencia tal proyecto. En casi ningún proyecto en ninguna parte del mundo se podría proponer ahora gastar un capital de 2,000,000£ con miras a ganancias futuras sin venir a Londres por una parte de los medios. Para los préstamos sardos y turcos y para los ferrocarriles italianos, españoles y estadounidenses, el dinero, en parte, ha sido recaudado aquí; y los capitalistas ingleses, los ingenieros ingleses y los trabajadores ingleses de uno u otro tipo se asegurarán de participar en todos los proyectos posibles para facilitar la comunicación, que se realizará solo con un gran desembolso, entre los dos océanos. Ninguna otra gente puede o vive tanto por y para el futuro como los ingleses, y por su providencia, así como por su ejemplo, los medios han sido y serán provistos para muchas mejoras materiales y mundiales.

No puede ser obstáculo para el ferrocarril propuesto que sea sugerido por un estadounidense y que servirá para los propósitos de los estadounidenses; ya que sus intereses reales y substanciales y los nuestros son casi idénticos. Los dos se alimentan de los productos de los mismos campos, se visten con los mismos telares, visten los mismos algodones, lanas y sedas, y los mismos barcos transportan la riqueza de cada uno para su beneficio mutuo. Usan el mismo instrumento de intercambio, y ambos dependen estrechamente de las producciones de las mismas minas, así como de las producciones de los mismos campos, y sus mercados monetarios suben y bajan juntos o en íntima simpatía. Sus mentes se nutren de la misma corriente de observación; sus artes son mejoradas por los mismos inventos; su conocimiento es aún más común que sus campos, sus barcos y su dinero; y, tanto espiritualmente como materialmente, ellos mutua y recíprocamente se agrandan el uno al otro.

Sin importar las diferencias desafortunadas que existan entre los dos gobiernos, las dos poblaciones tienen intereses comunes y están inseparablemente unidos en busca de un bien común. Independientemente, por lo tanto, de las ventajas peculiares que podríamos derivar de acercar nuestras colonias australianas a la mitad del tiempo prácticamente más cerca de nosotros, estamos seguros de participar en gran medida y plenamente en todas las ventajas que la gente de los Estados puede obtener de esta nueva comunicación. Sería difícil, de hecho, decir en la actualidad, cuando nuestra gente se alimenta en parte de harina, maíz, queso, puerco, etc., importados de América, si ellos o los estadounidenses son los más beneficiados por esas grandes y rápidas autorizaciones en el lejano oeste, con los ferrocarriles para llevar sus productos al este, que se encuentran entre las glorias de la empresa individual y las maravillas de la sociedad moderna. Observamos el proyecto sin desaprobación porque está expresamente destinado a servir a los propósitos de los estadounidenses y porque es promovido por un caballero que se ha distinguido como político por sus intentos de excitar los celos de uno de los dos grupos. Lo publicitamos como un plan factible para facilitar la mejora social general.

En el océano Atlántico (simplemente para resumir la declaración del Sr. Squier), en latitud 15 49 N., hay una bahía espaciosa y segura de fácil acceso en el territorio de la república de Honduras, llamada Puerto Caballos. En el territorio de la misma república, en el océano Pacífico, en latitud 13 21 N. al sur de

Puerto Caballos, hay otro maravilloso puerto de más capacidad llamado Bahía de Fonseca. Entre estos dos excelentes anclajes, desde cinco brazas de agua por un lado hasta cinco brazas por el otro, la distancia es de 148 millas geográficas, o 160 millas terrestres. El país interviniente ha sido cuidadosamente examinado, y en ninguna parte presenta dificultades de ingeniería de importancia. Los gradientes de la línea propuesta serán para las primeras 50 millas, comenzando en el Atlántico, 17 pies a la milla; para las siguientes 40 millas, 25 pies 2 pulgadas a la milla; para cruzar la cumbre 15 millas, 55 pies a la milla; y de allí al Pacífico, el máximo no excederá los 45 pies por milla. El total de asensos y descensos es de 4,700 pies, un promedio de un poco más de 28 pies a la milla. Algunas de las vías ya construidas tienen pendientes más pronunciadas. De Baltimore y Ohio, las pendientes son 116 pies por milla, de las de Baltimore y Susquehanna 90, de la carretera propuesta de Tehuantepec 64, y de la carretera de Panamá, pendiente del Pacífico, 60. Hay en la mera elevación, por lo tanto, apenas dificultades que superar, y mucho menos obstáculos insuperables.

No hay pantanos en la vía, y el terreno puede ser comparativamente fácil de trabajar. Maderas de todo tipo y piedras de la más útil descripción son abundantes por casi todo el curso. En el país hay grandes grupos de trabajadores, bien entrenados y organizados en cuadrillas, acostumbrados al trabajo duro, a árboles que caen, y hábiles en la construcción de caminos. El clima, con excepción de un cinturón en la costa norte, es saludable y comparativamente fresco. Hay bastantes bueyes, tanto de carga como para alimento. Entre los dos puntos hay varias ciudades tolerablemente grandes y una población considerable en la línea, asegurando en todas partes en un país fértil los medios de subsistencia, mientras que los productos naturales del país, tanto vegetales como minerales, suministran materiales para un comercio muy grande y para la rápida acumulación de riqueza. Los ríos en el interior son generalmente navegables y serían accesorios para la comunicación con las diferentes partes del país. El gobierno de Honduras es comparativamente estable, y se ha obtenido de él una carta para la construcción del camino y, adjunto, está combinada la compañía de navegación y barcos a vapor de Honduras, a la que se le otorga entrada y salida de los puertos libres de impuestos y cargos. Los puertos espaciosos a ambos lados de la línea constituyen una ventaja que ninguna otra línea proyectada por el istmo posee. El costo total de la construcción y equipamiento está estimado en 7,000,000 de dólares, o menos de la mitad de la suma por milla que el ferrocarril de Panamá, de 49 millas de longitud, costó. Los ingresos se reducen a 2.000.000 de dólares por año durante los primeros cuatro años de su funcionamiento, y los puertos en cada extremo están mucho más cerca de los Estados Unidos que la ruta por Panamá. Esta línea acortará el viaje entre Nueva York y San Francisco siete días en comparación con las rutas existentes. En el libro del Sr. Squier se dan numerosos detalles, numerosas comparativas son instituidas, y se afirman muchos hechos con aparente justicia para habilitar a los capitalistas a formarse ideas correctas de las ventajas y dificultades del gran plan. No los copiaremos, con la intención de darles a nuestros lectores este breve resumen del proyecto.

Para Inglaterra, las ventajas, en lo que respecta a acortar la comunicación con nuestras colonias hacia el sur, podrían no ser tan grandes como el camino más corto por Panamá, pero conduciría a través de un clima más saludable, tendría mejores puertos en cada extremo, y deberíamos tener nuestra parte de las ventajas que los Estados y otros países podrían derivar de una comunicación más rápida y segura entre los países del Atlántico y el Pacífico. Sin embargo, el proyecto no se debe considerar, en ningún grado, como político; es comercial y social, y se lleva a cabo para obtener ganancias. Esta es la prueba más segura y única de su utilidad general, y no debe iniciarse ni continuarse a menos que sea probable que genere ingresos. Todo el istmo ha sido parcialmente explorado; aún se pueden descubrir mejores líneas de comunicación; por lo tanto, pueden requerirse una, dos o tres o más que las que se han planeado; pero todavía se puede esperar poco más que el tráfico de pasajeros por ferrocarril a través del istmo, y será solo cuando las grandes ciudades crezcan en las costas de ambos océanos y a medida que toda Centroamérica se vuelva poblada, creando una importación considerable y comercio de exportación, que pueda existir un tráfico de mercancías de tránsito grande y ventajoso. Hasta entonces, el mero gasto de descargar y

reenviar cargas evitará que muchas mercancías pesadas se envíen a través del istmo en lugar de alrededor de Cabo de Hornos. Sin embargo, mientras más rutas se puedan construir con éxito para transportar pasajeros y mercancías livianas con una ganancia, más pronto se hará realidad el sueño de siglos de una gran carretera para el comercio entre las partes más remotas del mundo a través del istmo estadounidense.
Fuente: The Economist

1856-marzo-29

NOTAS ACERCA DE CENTROAMÉRICA
Por E. G. Squier, antiguo encargado de asuntos de los estados unidos para las repúblicas de Centroamérica. Sampson Low e hijo.

Los detalles de la condición actual, social, política y material de los Estados de Centroamérica, antiguamente colonizados por España, que se da en este volumen, se merecerá, creemos, la atención de nuestros lectores. De hecho, se escribe desde una perspectiva enteramente estadounidense y para un público transatlántico; pero la información que contiene es interesante; y, si el Sr. Squier ha hecho buen uso de sus oportunidades de observación que su posición le otorga, se puede suponer que son suficientemente confiables. A partir de avisos incidentales en diferentes pasajes, parece haber viajado por una gran parte de los países sobre los que escribe, y ha aprovechado todos los medios para corregir la información muy imperfecta obtenible de las declaraciones formales o documentos oficiales de estos países medio poblados. Por los esfuerzos que ha realizado, nos inclinamos a creer que es probable que sus cálculos resulten al menos tan confiables como cualquier información estadística que se pueda obtener actualmente sobre los Estados centroamericanos. Sus características físicas y geográficas, su posición comercial, recursos materiales y capacidades industriales, su condición política y su futuro probable, son más o menos tratadas cuidadosamente. Casi la mitad del volumen está dedicada a la "República de Honduras", a la cual el Sr. Squier, evidentemente, ha dirigido principalmente su atención. Los recursos naturales de este estado, aunque desarrollados de manera imperfecta, le prometen una carrera de alta prosperidad siempre que su gente pueda aprovechar los tesoros latentes de su país. Los detalles de nuestro autor sobre los cortadores de caoba son interesantes, ya que muestran el modo en el que los "leñadores" trabajan en Honduras. Los cortadores son principalmente caribes, quienes son más fuertes y más activos que los negros, y están divididos en grupos de veinte a cincuenta, cada grupo con su propio capitán y cazador, cuya labor es encontrar los árboles que serán cortados. Los cortadores viven, de agosto a abril, en cabañas erigidas en el bosque.

"Cuando el cortador ha elegido el valle de algún río como campo de sus operaciones, hace un depósito para guardar provisiones y para asegurar y embarcar la madera. Allí mantiene una pequeña flota de canoas para llevar suministros y mantener relaciones con el "trabajo" propiamente dicho, siendo estos sitios determinados principalmente por la abundancia de árboles, su accesibilidad y los medios que existen para alimentar al ganado que es necesario para 'transportar' la madera. Para estos puntos, a menudo es necesario conducir a los bueyes a través de bosques gruesos y sin caminos y transportar las cadenas y camiones por medio de pequeñas embarcaciones, contra fuertes corrientes, o sobre aguas poco profundas y rápidos que solo son superados con trabajo infinito. Una vez que se establece el sitio, el siguiente paso es erigir viviendas temporales para los hombres, una tarea de poca dificultad, pues el único requisito es protección del sol y las lluvias, que se efectúa por un techo tejido con hierba larga de los pantanos o con hojas de palma o con palos de la palma de paja. Una hamaca se balancea entre dos postes, dos piedras para sostener su tetera, y la cabaña del cortador está terminada y amueblada".

Más grande que la labor de cortar la madera es la de construir los caminos — generalmente una carretera principal con muchas ramas — desde los lugares donde yace la caoba hasta el río. El "transporte" de la madera por estos caminos hacia el agua se hace generalmente en abril y mayo, antes de que llegue la temporada de lluvias que suspende las operaciones por completo; al final, la madera se lleva flotando por los arroyos ahora inundados hacia la costa y se prepara para el envío. Los salarios de los cortadores varían de 12 a 15 dólares por mes. Se les suministran herramientas y raciones, y reciben su salario parcialmente en bienes y parcialmente en dinero.

En cuanto a la condición social de los estados centroamericanos, la opinión del Sr. Squier no es favorable. Sus poblaciones están creciendo con considerable rapidez, por lo que se puede recolectar de sus tablas estadísticas inciertas e insatisfactorias que él ha colectado. Sin embargo, él deduce la siguiente conclusión de estas estadísticas. El área del territorio que compone la llamada Centroamérica es de unas 155,664 millas cuadradas. Se estima que la población es de unos 2,000,000, o de 13 por milla cuadrada; San Salvador, la más densamente poblada, nos da 41, mientras que Nicaragua, con el territorio más grande de estas repúblicas, es la menos poblada, teniendo una población de 6 por milla cuadrada. La desproporción entre el número de sexos es tan grande que apenas se explica por la prevalencia de borrachos entre los hombres, a lo que el Sr. Squier parece inclinado a atribuirla. En los nacimientos, hay una ligera preponderancia de mujeres; en las muertes, por otra parte, el número de hombres es considerablemente mayor, y tanto los observadores casuales como las investigaciones estadísticas están de acuerdo en los informes de la preponderancia de mujeres en la población. En un departamento de Nicaragua esta diferencia era casi de dos a uno; un hecho atribuido parcialmente a las largas guerras que últimamente han desolado el distrito. Otro distrito reportó en 1849, entre los adultos, alrededor de 8 hombres por 9 mujeres; entre los niños, alrededor de 7 niñas por 8 niños. Por lo tanto, en este caso, la desproporción se debe enteramente a la mayor mortalidad entre el sexo masculino.

Un asunto más interesante es la investigación hacia las proporciones relativas de las diferentes razas en la población de Centroamérica; una investigación, sin embargo, que se ve obstaculizada por la falta de datos estadísticos confiables relacionados con la cuestión. Los siguientes son los estimados respectivamente de Peláez, obispo de Guatemala, del coronel Galindo, un irlandés al servicio de la federación centroamericana, y del Sr. Squier: —

q	Galindo, 1837		Peláez, 1841		Squier, 1855
Blancos...	475,000	...	89,979	...	100,000
Mixtos...	740,000	...	619,167	...	800,000
Indios...	685,000	...	681,367	...	1,119,000
Total...	1,900,000		1,390,513		2,019,000

Se observará que mientras que las dos últimas autoridades coinciden tolerablemente en cuanto a las proporciones relativas de los elementos componentes de la población, y difieren solamente en cuanto a sus números absolutos, la primera cuenta es totalmente irreconciliable con la de ellos; y el Sr. Squier pronuncia decididamente que el coronel Galindo sobreestimó enormemente la proporción de blancos. Estos últimos parecen, de hecho, estar disminuyendo gradualmente en número, relativamente si no absolutamente, y según nuestro autor "el elemento exótico o europeo no solo está disminuyendo relativamente, sino que de hecho está disminuyendo; y la tendencia directa de las cosas es su rápida absorción en las razas indígenas o aborígenes". Él considera justamente este hecho como un mal augurio para la prosperidad futura del país. Él sostiene que:

"La ciencia antropológica ha determinado la existencia de dos leyes de vital importancia en sus aplicaciones a los hombres y a las naciones:

Primero. Que en todos los casos en que se produce una amalgamación gratuita entre dos acciones diferentes, sin restricciones por lo que a veces se llama prejuicio, pero que, de hecho, es un instinto natural, el resultado es la absorción final y absoluta de uno en el otro. Esta absorción es más rápida a medida que las razas o familias así puestas en contacto se aproximan en tipo, y en proporción como uno u otro prepondera en números; es decir, la naturaleza no perpetúa híbridos humanos, como, por ejemplo, una raza permanente de mulatos.

Segundo. Que todas las violaciones de las distinciones naturales de la raza, o de aquellos instintos que fueron diseñados para perpetuar las razas superiores en su pureza, conllevan invariablemente los resultados más deplorables, que afectan los cuerpos, los intelectos y las percepciones morales de las naciones que por lo tanto están ciegas a los sabios diseños de la naturaleza, y sin pensar en sus leyes. En otras palabras, las descendencias de tales combinaciones o amalgamaciones no solo son generalmente deficientes en su constitución física, en intelecto, y en su restricción moral, sino en un grado que a menudo contrasta desfavorablemente con cualquiera de las acciones originales".

A esta unión de razas mal variada, y a la absorción gradual del superior por el inferior, el Sr. Squier atribuye la desmoralización del pueblo y la condición anárquica de los Estados de Hispanoamérica. Él cree que la raza india es naturalmente incapaz de aceptar o apreciar las instituciones europeas y la civilización europea, y carecen de esas cualidades que podrían habilitar el funcionamiento de un gobierno popular de manera pacífica y exitosa. Y desprecia en el lenguaje más fuerte cualquier intento de colocar a las razas aborígenes en una posición de igualdad con los descendientes de sus conquistadores. Él dice:

"En Guatemala, como en Yucatán, ha provocado una guerra de castas sangrienta y cruel, y en el antiguo Estado ha dado lugar a colocar al frente de los asuntos a un mestizo traidor y sin escrúpulos, que gobierna sobre un país desolado con irresponsable influencia. No menos desastroso ha sido el resultado en México, mientras que en Jamaica la naturaleza salvaje está retomando su dominio rápidamente sobre plantíos abandonados, y los bosques se empiezan a llenar de negros semidesnudos viviendo de los frutos indígenas del suelo y apenas a un grado alejado de su barbarie original en África.

Para la comprensión de los hombres inteligentes y reflexivos, que son superiores a las cuestiones partidistas y seccionales de la hora, estas consideraciones no pueden dejar de apelar con la fuerza de control; porque si los Estados Unidos, en comparación con las repúblicas hispanoamericanas, han logrado un avance inconmensurable en todos los elementos de grandeza, ese resultado se debe eminentemente a la negativa rígida e inexorable de la población teutónica a degradar su sangre, perjudicar su intelecto, bajar su nivel moral, o poner en peligro sus instituciones al mezclarse con las razas inferiores y subordinadas del hombre. En obediencia a la ordenanza del Cielo, ha rescatado a medio continente de bestias salvajes y hombres aún más salvajes, cuyo período de existencia ha terminado, y que deben dar lugar a organizaciones superiores y una vida superior. La filantropía miope puede lamentarse y la simpatía dejar caer una lágrima mientras espera la desaparición total de las formas inferiores de la humanidad, pero las leyes de la naturaleza son irreversibles. ¡Es la voluntad de Dios!"

Un espacio considerable es dedicado al asunto de la comunicación interoceánica, un asunto al que el Sr. Squier ha prestado gran atención y sobre el cual él tiene una muy decidida opinión propia. De las rutas aquí propuestas, él señala graves objeciones a la adopción de alguna. Él considera claramente demostrado por estudios recientes de las únicas rutas prácticas que un canal entre el Atlántico y el Pacífico no se puede hacer sin una enorme mano de obra y un gasto tan grande como para impedir la esperanza de un retorno adecuado, excepto por el Atrato, que aún no ha sido explorado, y a lo que se opone a causa de su extrema latitud sur, lo que le da un valor relativamente pequeño como medio de tránsito entre los Estados orientales de la Unión y sus confederados en el Pacífico. Todo el asunto es tratado desde un punto de vista estadounidense: —

"De hecho, en lo que respecta a los Estados Unidos, el gran desiderátum es una ruta lo más al norte posible; y, ya sea por ferrocarril o por agua, puertos adecuados en ambos océanos son requisitos indispensables. Sin estos, no puede haber facilidad ni seguridad de comunicación; y a cada milla hacia el sur de la latitud de Nueva Orleans en la que se puede encontrar cualquier ruta, se suman dos millas a la distancia agregada entre los Estados del Atlántico y California, Oregón, las Islas Sándwich y los grandes centros de comercio oriental que ahora se están abriendo a nuestra empresa.

Por lo tanto, cualquier ruta que se ajuste mejor a estas condiciones, a saber, una gran latitud y buenos puertos, no solo tiene el primer reclamo de atención y apoyo público, sino que, al final, reemplazará a todas las demás.

Y aquí se puede observar que cuando el proyecto de apertura y comunicación interoceánica en el istmo centroamericano comenzó a atraer la atención del mundo, los barcos de vapor y los ferrocarriles eran desconocidos. En consecuencia, no se indicaron líneas, excepto aquellas que se suponía que tenían adaptabilidad para los canales; y, por lo tanto, también dio lugar a esa predilección, casi equivalente a prejuicio, con la que se han seguido considerando ciertas líneas particulares, incluso desde que el descubrimiento moderno ha alterado toda la naturaleza de la cuestión. Los españoles designaron el istmo de Panamá y Tehuantepec como los únicos lugares probables para la excavación de un canal. Fue gobernado en esta selección completamente por la consideración que he nombrado, y a la cual todas las demás consideraciones estaban necesariamente subordinadas. Si se hubiera familiarizado con el vapor en su aplicación al transporte terrestre y a la navegación, nunca habría dado un segundo pensamiento a esos istmos, sino que habría seleccionado otras líneas que deberían combinar las excelentes e indispensables condiciones para una ruta de tránsito buena y permanente, a saber, buenos puertos, clima saludable y posición comercial ventajosa.

Pero ahora, por deseable que se pueda estimar una comunicación acuática entre los mares, es bien sabido que muchos de los requisitos del comercio, y todos los de los viajes y la transmisión de inteligencia, pueden satisfacerse mejor con los ferrocarriles que con los canales. Su mejor adaptación a las condiciones naturales, facilidad para superar obstáculos físicos, y una construcción más barata, los hacen más adecuados para la atención práctica".

Actualmente hay un ferrocarril a través del istmo de Panamá. Sobre esta ruta se dan las siguientes objeciones. Primero, hace el viaje de Nueva York a San Francisco de 5,254 millas, siendo la más larga de cualquiera de las rutas propuestas. En segundo lugar, tiene malos puertos en ambos mares. En el Atlántico, su puerto es insalubre e inadecuado; mientras que, en la bahía de Panamá, en el Pacífico, las embarcaciones son llevadas a muchas millas de la costa. El siguiente en orden es el proyecto para un canal a través del istmo de Nicaragua, que se declara impracticable. En tercer lugar, un ferrocarril es propuesto desde el Río Coatzacoalcos, que fluye hacia el Atlántico, a la Bahía de Tehuantepec, en el Pacífico. No podemos seguir al Sr. Squier por todas estas elaboradas objeciones a esta ruta: la barra en la desembocadura del río mencionado, que debe evitar la entrada de embarcaciones de cualquier tamaño considerable; la necesidad de un desvío por Veracruz; la falta de un puerto suficiente en el Pacífico, que debe ser abastecido por la construcción de un rompeolas de dos mil pies de largo. Descubrimos que tiene un proyecto propio, un ferrocarril desde Puerto Caballos, en la Bahía de Honduras, hasta la Bahía de Fonseca, en el Pacífico. Él alega, hasta cierto punto, a favor de esta ruta. Tiene, según su punto de vista, la ventaja de poseer dos de los mejores puertos de Centroamérica; tanto Puerto Caballos como la Bahía de Fonseca son notables por su seguridad y conveniencia. La línea del camino pasa a través de "un gran valle transversal que se extiende de mar a mar, cortando completamente la cadena de las Cordilleras", y apenas se desviará de un curso directo en ninguna parte. El gradiente más pesado en el camino no será superior a 55 pies por milla, o 1 en 96. El país suministrará mano de obra y materiales en abundancia. El clima es saludable; los pantanos — la gran dificultad del ferrocarril de Panamá — apenas se conocen; los recursos agrícolas de los distritos por los que el camino debe pasar son amplios y variados; la plata abunda en el interior, y todo debe esperarse del estímulo que la apertura de tal medio de comunicación brindará a la empresa y la industria de Honduras, y el capital y la inteligencia que serán atraídos por todas partes por la riqueza de la oportunidad. Una compañía fue formada en 1853 para llevar a cabo este plan, y su carta fue ratificada por la legislatura de Honduras en 1854. La compañía recibe los términos más liberales y se eleva casi al rango de un poder independiente. *Un imperio dentro de un imperio.* Están libres de impuestos, tiene grandes concesiones gratuitas de tierra, o a un simple precio nominal, y, finalmente, "el gobierno otorga una generosidad de 50 acres de tierra a cada trabajador soltero y de 75 acres a cada trabajador casado que venga a Honduras a trabajar en el camino y que declare su intención de convertirse en ciudadano". El costo de la construcción del ferrocarril propuesto se estima en una cifra muy moderada. El costo del camino de Panamá, excluyendo los gastos colaterales, es de aproximadamente 4,500,000 dólares o 91,000 dólares por milla. Pero en este tramo de carretera, 23 millas fueron a través de un pantano casi continuo, donde debe construirse sobre pilotes, y a un costo terrible tanto de dinero como de vida; y los suministros de alimentos necesarios para los trabajadores empleados y los materiales para el trabajo, en su mayor parte debían importarse de los Estados Unidos. En todos los aspectos, la situación de Honduras es totalmente diferente, y el Sr. Squier anticipa que el camino propuesto puede construirse por alrededor de 7,000,000 de dólares, o alrededor de 44,000 dólares por milla. El Sr. Squier estima las ganancias a una tasa muy alta. Argumenta mucho de la siguiente manera: De los pasajeros de Nueva York hacia California y viceversa, cerca del 50 por ciento viaja por la ruta nicaragüense, siendo la más corta, aunque ciertamente no la más fácil o cómoda. Todos estos preferirían la ruta de Honduras por la misma razón; y, como esta ruta será la más segura y conveniente, probablemente aumentara todo este tráfico. Una vez más, un informe del ferrocarril de Panamá, cuando solo 30 millas estaban abiertas, da un recibo bruto de aproximadamente 50,000 dólares por mes, aunque esta ruta no es, como hemos visto, el camino más frecuentado en todo el continente americano. A partir de estos, y sospechamos de otros datos que él no produce, el autor calcula los ingresos brutos probables del ferrocarril de Honduras, cuando se complete, de 1.750.000 a 2.000.000 de dólares, dando un rendimiento neto del 18 al 20 por ciento en el capital empleado. Él concluye de la siguiente manera:

"Soy perfectamente consciente de que hay muchos cuyos intereses y prejuicios los llevarán a denunciar todas estas estimaciones como afirmaciones audaces e infundadas. Pero, tarde o temprano, se construirá el camino a través de Honduras, y estoy dispuesto a arriesgar mi juicio sobre el tema práctico, a saber: que su construcción se efectuará a un costo que no exceda los 7,000,000 de dólares; que sus ingresos promedio durante los primeros cuatro años no serán inferiores a 2,000,000 de dólares; y, finalmente, que tendrá un ahorro promedio de tiempo sobre las rutas existentes de no menos de siete días en el viaje entre Nueva York y California ".

Se adjunta al volumen una larga nota sobre la ocupación británica de las Islas de la Bahía, otra sobre los viajes de Colón y una tercera sobre el territorio mosquito. Su sesgo y ánimo en el tratamiento de "la cuestión centroamericana" son muy evidentes y no muy satisfactorios; pero su tono es más calmado y menos abusivo que el de otros que han escrito sobre el asunto; y se limita, en su mayor parte, a lo que considera los hechos del caso, que cuenta a su manera, y con la intención evidente de hacer el peor caso posible para Inglaterra, incluso condescendiente a burlarse de la inmoralidad que acusa a nuestros agentes de fomentar entre la gente de Mosquitia. Tememos que estas porciones de la obra estén dictadas por un sentimiento que de ninguna manera es digno del carácter del autor, y son las únicas partes con las que tenemos defectos que encontrar.

Fuente: The Economist

1856-mayo-12

NOTICIAS INTERESANTES DESDE HONDURAS
Cambio del sentimiento público en contra de Walker — La liga en su contra — Norteamericanos en Honduras.

Desde el Boston Traveller, 9 de mayo.

El bergantín *Helen Jane*, del capitán Nickerson, desde Omoa, Honduras, 18 de abril, arribó a este puerto esta mañana. El capitán Nickerson, en su último arribo desde Honduras, informó que los habitantes principales de ese país parecían tener una buena disposición hacia el Gral. Walker, y esperaban que mediante él pudieran disfrutar de un gobierno estable. Sin embargo, cuando el capitán N. regresó a

Honduras, se encontró con un destacado cambio en el sentimiento público. El sentimiento ahora era de oposición debido a las historias que se contaban sobre la conducta de sus hombres en Nicaragua y los tributos que ha impuesto sobre la gente de ese país.

Nuestros últimos relatos directos desde Honduras cuentan que Cabañas, el antiguo presidente de esa provincia y un federalista, había sido expulsado por una repentina revolución liderada por el Gral. Guardiola, quien ahora es nombrado presidente. Cabañas huyó hacia el Gral. Walker y, con la ayuda de varios cientos de sus hombres y unos mil quinientos de sus propios compatriotas, marchó hacia Honduras. Al llegar a la frontera se detuvo, expresó su disgusto por la conducta de sus propios aliados y, en un gesto patriótico, dijo que no sería instrumento en traer tal miseria sobre su país, y entonces se fue y ahora está en San Salvador.

La cuestión de si Honduras se unirá a la liga en contra de Walker no se ha definido. El presidente y su gabinete están a favor de esta medida. En caso de unirse, tal vez podrían enviar al campo unos 1,500 hombres. Con excepción de esto, la provincia de Honduras ha estado mucho más tranquila que en varios años. Los norteamericanos, que solían ser grandes favoritos en esa provincia, ahora son objetos de mucha sospecha y se les observa con cuidado para ver si traen con ellos municiones o armas de guerra. Se dice en Honduras que Guatemala está consiguiendo armas para enfrentarse a Walker, y probablemente enviará una gran fuerza al campo de batalla.

Recientemente, varios norteamericanos se han visto atraídos hacia la provincia de Olancho, Honduras, por los informes de minas de oro; y sí se ha encontrado oro, pero no lo suficiente para satisfacer por completo, y varios de ellos han llegado a Omoa en su regreso. Sin embargo, varios norteamericanos habían empezado con el desvío de un río en donde había un remolino con la esperanza de encontrar allí un gran depósito de oro. Si fracasan, todos regresarán a este país.

Fuente: The New York Times

1856-mayo-24

LA CUESTIÓN CENTROAMERICANA

Aquellos que hayan tenido el valor de leer la voluminosa correspondencia diplomática recientemente presentada ante el parlamento no tendrán dificultad en percibir que la "cuestión centroamericana" se divide en dos partes, que pueden denominarse respectivamente, la dificultad centroamericana y la disputa centroamericana; la primera siendo una fuente de intranquilidad permanente, y la última siendo el asunto bajo discusión inmediata entre este gobierno y el de los Estados Unidos. Cuando se despoja de toda verborrea y se despeja de todas las irrelevancias, la posición real de ambos asuntos puede expresarse de manera tal que sea conocida por cualquier lector que nos preste atención durante diez minutos.

La "dificultad" centroamericana surge de las siguientes circunstancias: Que cierta porción de la costa de la antigua provincia española de Guatemala, ahora incluida en Centroamérica, está inhabitada y en posesión de una tribu de indios llamados los mosquitos; que con esta tribu hemos tenido relaciones amistosas por dos siglos, y hemos ejercido sobre ellos una clase de protectorado que, aunque de ningún valor ahora para nosotros, no podemos abandonar honorable o humanamente; que la frontera Mosquito (en Greytown en el Río San Juan) está junto a otros dos estados centroamericanos, Nicaragua y Costa Rica, cuyos gobiernos son débiles, inestables y, a menudo, hostiles, y cuya debilidad ha tentado la violencia y la propensión a la invasión libre de aventureros de California y Estados Unidos; De ahí surgen disputas perpetuas, en las que nuestro gobierno y el de Washington inevitablemente se ven involucrados; el nuestro, a causa de nuestro acuerdo contiguo de Honduras y nuestro protectorado de los mosquitos; el de los Estados Unidos, a causa de sus súbditos que se han asentado en ese distrito debido a su celos extremos de cualquier transacción que pueda interferir con sus planes finales y pretensiones de supremacía universal sobre la parte norte del continente de América; y ambos, debido a su interés común en el canal neutral de barcos que atraviesa el istmo y une los mares. Ahora, el gobierno británico ha estado consciente, por mucho tiempo, de los riesgos de disputa con los Estados Unidos debido a su protectorado de los indios mosquitos; ellos están deseosos de terminar con este protectorado mediante arreglos mutuos y amigables que les aseguren a estos indios sus justos derechos y sus posesiones actuales, o algún equivalente y dinero de compra en lugar de ellos; y han instado repetidamente al gobierno de los Estados Unidos a la conveniencia de decidir rápidamente sobre algún arreglo de esta cuestión delicada y peligrosa, pero hasta ahora sin éxito. Así, tan pronto como el 18 de febrero de 1850, Sir Henry Bulwer le escribe a Lord Palmerston:

"Aunque creo que es imposible para nosotros ahora entregar el país reclamado por los mosquitos a los nicaragüenses con cualquier pretexto o de cualquier manera, o *abandonar a este pueblo por cualquier objeto, o bajo el aspecto de cualquier peligro, al exterminio o a la hostilidad de cualquier clase de enemigos*... sin embargo, no debería disimular de su señoría que esta pregunta se está volviendo, cuanto más tiempo permanezca en suspenso, intrincada y desconcertante; y que contiene en su interior, si no las semillas de la guerra real, las semillas de una emoción tan hostil y furiosa que hace posible la guerra y muy a menudo produce muchos de los males de la guerra, incluso cuando la guerra misma no se produce".

Impresionados por este peligro y sinceramente ansiosos por evitar toda causa de animosidad o disputa, tres sucesivos secretarios de estado británicos se han esforzado por llegar a un acuerdo con el gobierno de los Estados Unidos y con los de Centroamérica respetando el protectorado de mosquitos. El 28 de mayo de 1850, Lord Palmerston escribe:

"El gobierno de Su Majestad siente que el estado actual de las cosas con respecto al territorio Mosquito es, en muchos aspectos, inconveniente. El gobierno británico está atado por honor a proteger a los mosquitos, pero tiene la opinión de que esa protección se le puede otorgar a esa nación de otra manera efectiva"; esta es, como él sugiere, mediante un tratado entre Honduras, Costa Rica y Nicaragua, definiendo las fronteras de Mosquitia, removiendo a los indios mosquitos de Greytown, y dándoles compensación por el territorio cedido. Esta propuesta fue recibida de manera amistosa por el Sr. Webster (comunicado No. 58), pero parece ser que no se ha hecho nada.

La misma ansiedad por un acuerdo honorable fue manifestada por Lord Granville en 1852 (comunicado No. 105):

"El deseo del gobierno de Su Majestad es, como ya he mencionado, que la cuestión de los mosquitos sea resuelta; y, *más especialmente, que debe resolverse de tal manera que se asegure el asentimiento cordial y la buena voluntad de los Estados Unidos. Y no deberíamos estar dispuestos a crear dificultades con respecto a ningún plan de acuerdo* que sea compatible con el honor y el carácter de este país. Pero esta última condición debe considerarse como una *sine qua non*".

Finalmente, el 22 de julio de 1853, Lord Clarendon le escribe oficialmente al Sr. Crampton:

"El gobierno de Su Majestad, *de nuevo*, y *de la manera más cordial*, invita al gobierno de los Estados Unidos *a unírseles* ideando y llevando a cabo un acuerdo *con respecto al país Mosquito y a Centroamérica en general, ya que puede tender a remover cualquier oportunidad de malentendidos futuros entre dos grandes y relacionados países*".

No se necesitan más pruebas de que, si la "dificultad" centroamericana sigue existiendo, su continuidad no es atribuible a ninguna falta de voluntad o celo por parte de nuestro gobierno. Bajo ningún motivo deseamos insinuar que los Estados Unidos han lanzado impedimentos internacionales o vejatorios en el camino de un acuerdo. Pero es innegable que hemos demostrado y declarado de la manera más clara nuestro sincero deseo de salir del protectorado de los mosquitos y la participación centroamericana si podemos hacerlo sin abandonar nuestro deber, sacrificar nuestro carácter y abandonar a los débiles que confían en nuestra protección.

El tema y la posición de la "disputa" realmente pendiente con respecto a los asuntos de Centroamérica entre el gobierno de Su Majestad y el de los Estados Unidos se pueden exponer aún más brevemente. En el año de 1850, con el propósito inmediato de facilitar la formación de un canal para barcos por el istmo a través de Nicaragua, se negoció el tratado "Clayton-Bulwer", como es llamado, entre los dos países. Este tratado contenía las siguientes cláusulas:

"Art. 1. Los gobiernos de Gran Bretaña y Estados Unidos declaran por la presente que ninguno de los dos obtendrá ni mantendrá para sí mismo ningún control exclusivo sobre dicho canal de navegación; acordando que ninguno de los dos erigirá o mantendrá ninguna fortificación comandando el mismo, o en la vecindad del mismo, *ni ocupará, fortificará, colonizará, ejercerá o asumirá ningún dominio sobre Nicaragua, Costa Rica, la costa de los mosquitos o cualquier parte de Centroamérica*; ni utilizará ninguna protección que brinde o pueda brindar, ni ninguna alianza que tenga o pueda tener, con cualquier Estado o pueblo, con el propósito de erigir o mantener tales fortificaciones, o de ocupar, fortificar, o colonizar Nicaragua, Costa Rica, la costa de los mosquitos *o cualquier parte de Centroamérica, o asumir o ejercer dominio sobre la misma*".

Tal es el lenguaje claro y expresó del tratado; y, con el fin de hacer su intención aún más clara, fue acordado entre las partes, primero, que *"Centroamérica"* signifique y debe significar los cinco estados que constituyeron la república de Centroamérica, es decir, Honduras, Guatemala, El Salvador, Nicaragua y Costa Rica, y, *segundo*, que el lenguaje del primer artículo (recién citado) "no debe entenderse que incluye el asentamiento británico en Honduras (comúnmente llamado Honduras británica, a diferencia del estado de Honduras), *ni las islas pequeñas en el vecindario de ese asentamiento que pueden conocerse como sus dependencias*". Este fue el lenguaje del propio Sr. Clayton: (Comunicado 49). El negociador estadounidense continúa: "Para este acuerdo y estas islas, ninguno de nosotros tenía la intención de aplicar el tratado que negociamos. El título para ellos es ahora, y ha sido mi intención a lo largo de toda la negociación, dejarlo como el tratado lo deja, sin negar, afirmar o entrometerse de ninguna manera en el mismo, tal como estaba anteriormente". El Senado de los Estados Unidos ratificó el tratado en este sentido y con estas definiciones, como se ha demostrado de manera concluyente, y ahora está totalmente admitido.

Ahora, el 17 de julio de 1852, las autoridades británicas en Belice (u Honduras británica) emitieron una proclamación anunciando que "Su más agraciada Majestad se había complacido en constituir y hacer a las islas de Roatán, Bonacca, Utilla, Barbuda, Helena y Morat" (en la bahía de Honduras) *"una colonia*, conocida y designada como 'colonia de las islas de la bahía'". El gobierno estadounidense declara que este acto de nuestro gobierno es una violación directa a la cláusula en el tratado que nos prohíbe a *"ocupar, fortificar o colonizar"* cualquier parte de Centroamérica. Nuestro gobierno responde que estas islas son precisamente aquellas "pequeñas islas y dependencias" de la Honduras británica que están *expresamente exceptuadas* de la operación de dicho tratado. Aún más, Estados Unidos argumenta que nuestro continuo ejercicio del protectorado sobre los indios mosquitos es otra clara violación del mismo tratado, que nos prohíbe "asumir o ejercer dominio sobre la costa mosquito o cualquier parte de Centroamérica". A esto nuestro gobierno responde que: el "protectorado" no es un "dominio"; que las cláusulas citadas reconoce e implica la existencia de nuestro protectorado, mientras que limita su uso futuro; que por el obvio significado e intención del tratado *no renunciamos a nada* de lo que teníamos; solo nos limitamos a no hacer nada *nuevo*, como colonizar, ocupar, o fortificar en la costa mosquito, en virtud de ese protectorado; y en confirmación de esta comprensión nos referimos a la totalidad de nuestra correspondencia con los estados durante los últimos siete años, en la que constantemente (como se ha visto) expresamos un deseo de deshacernos de ese protectorado mediante un acuerdo diplomático, si pudiéramos ser habilitados honorablemente para hacerlo.

Estas son las simples cuestiones en disputa; y Lord Clarendon y el Sr. Buchanan las discuten con considerable extensión y gran habilidad en los comunicados 175, 176 y 178 de nuestro libro azul. No estamos a punto de entrar en la discusión; a nuestro juicio, existe un motivo incuestionable para una honesta diferencia de opinión al respecto. En cuanto a la costa mosquito, de hecho, creemos que el Sr. Buchanan está claramente confundiendo "protección" con "soberanía" o "dominio". En cuanto a la colonización de las Islas de la Bahía, la mera cuestión es: "¿Se pretendía que estas islas fueran designadas por las palabras "islas pequeñas y dependencias" del asentamiento de Belice, o no?". El caso es dudoso, y de ninguna manera estamos seguros de que el diplomático estadounidense no tenga razón. Pero con esto no tenemos nada qué hacer, y por esta razón. Lord Clarendon le dice a Estados Unidos: "Diferimos en cuanto a la interpretación de un tratado y en cuanto a nuestro reclamo de ciertas posesiones; bueno, el asunto puede admitir un argumento, aunque estamos seguros de que nuestra visión del caso es correcta; por lo tanto, permítanos someterlo a arbitraje de un tercero y acordamos acatar su decisión". Esto es lo que los caballeros y los hombres justos siempre hacen en estos casos. Pero lo que dice el Sr. Buchanan: "¡No! No hay nada que someter a arbitraje: obviamente *nosotros* estamos en lo correcto; *ustedes* están equivocados; nosotros somos los mejores y más justos jueces en nuestro caso; no permitiremos que nuestro juicio sea influido por sus intereses; y no referiremos la cuestión hacia un árbitro imparcial". (Véanse las *incrustaciones* en el número 187, pág. 300).

Pero el libro azul entrega una prueba más decisiva de al menos la argumentación de esa interpretación del tratado que el Sr. Buchanan trata con tal superioridad poco diplomática. "Será en el recuerdo de su señoría (escribe el Sr. Crampton a Lord Clarendon, comunicado 189) que el Sr. Clayton fue informado por Sir Henry Bulwer antes de la firma del tratado de 1850, que Roatán era de hecho y por derecho una posesión británica; y el Sr. Clayton ha declarado en varias ocasiones, en conversaciones conmigo, que *consideraba a Roatán como una posesión británica tanto como Jamaica* o cualquier otra isla británica de las Indias Occidentales".

Ahora, para no insistir en la simple interferencia que se generará cuando una de las partes en una disputa ofrece, y la otra se niega, a acatar la decisión de un árbitro, solo tenemos que observar que el senado de los Estados Unidos (aunque coincidió, como era natural, en la opinión del Sr. Buchanan sobre el caso) de ninguna manera consideró el asunto tan completamente claro y más allá del argumento que él; después de una larga discusión, su comité de relaciones exteriores llegó a la siguiente conclusión (Libro azul, p. 234):

"En general, por lo tanto, el comité informa como su opinión al senado:

Que las islas, etc., etc., cerca de la bahía de Honduras constituyen parte del territorio de la república de Honduras, y, por lo tanto, forman parte de Centroamérica; y, en consecuencia, que cualquier ocupación o colonización de estas islas por parte de Gran Bretaña sería una violación del tratado de 1850.

El comité, *a partir de la información que tiene ante sí, mantiene una opinión decidida* de que los asentamientos británicos en Belice, según lo definido por los tratados con España, se encuentran dentro del territorio de Guatemala y, por lo tanto, constituyen una parte de Centroamérica, etc., etc.

Y, en el caso de que se determine, de aquí en adelante, que estos asentamientos británicos en la bahía de Honduras, en su totalidad o en parte, se encuentran al norte y al oeste de los límites apropiados de Centroamérica y, *por lo tanto, no dentro de los compromisos estrictos del tratado*, sin embargo, que cualquier colonia u otros establecimientos permanentes allí por Gran Bretaña o cualquier potencia europea *deben necesariamente despertar la preocupación más ansiosa de este gobierno, etc., etc.*"

Los únicos otros hechos necesarios para permitirnos formar una opinión sobre el dictamen del Sr. Buchanan de que "el caso era demasiado claro para dejar algo sobre lo qué arbitrar", son que el gobierno de los Estados Unidos había reconocido *formalmente* (en 1847) a nuestro gobierno en Honduras (o Belice) enviando un cónsul para residir allí, y eso, tanto en ese momento como cuando, por las excepciones adjuntas al tratado Clayton-Bulwer, Honduras británica fue nuevamente reconocida por los Estados Unidos, Roatán (la isla ahora más especialmente disputada) estaba en posesión de los ingleses *como una dependencia de ese acuerdo, y fue admitido por el comandante de Trujillo* en la república centroamericana de Honduras.

Finalmente, rogamos a nuestros lectores a observar distintivamente que los asuntos *ahora en disputa* entre los dos gobiernos, no es si nuestra interpretación o la interpretación estadounidense del tratado de 1850 es correcta, sino si (habiendo surgido una diferencia de opinión en cuanto a esta interpretación entre nosotros) esa diferencia debe ser referida a árbitros imparciales o debe ser decidida por una apelación a las armas. No deseamos nada más que lo que una tercera parte sin prejuicios otorgue como justa y honorable; y no podemos creer que el pueblo estadounidense, al rechazar una referencia, declare su deseo de algo más, independientemente de lo que puedan hacer sus ministros temporales.
Fuentes: The Economist

1856-junio-28

LA DIFICULTAD CENTROAMERICANA

La impresión general prevalente en este país en cuanto a la posición actual de esta cuestión es que el gobierno estadounidense ha empoderado al Sr. Dallas a arreglarlo de una manera pronta y amigable con este gobierno mediante negociación directa si él puede, y si no, referirla a arbitraje de un tercero imparcial. Se entiende que al recibir en este país la información de que el Sr. Crampton y los tres cónsules impugnados han sido despedidos de los Estados Unidos, el Sr. Dallas favoreció expresamente la idea de que se le diera total autoridad para arreglar los otros asuntos en disputa, y que su gobierno tuviera el más sincero deseo de traer la disputa a una rápida y amistosa terminación. También se suponía, y no dudamos con buena razón, que la creencia en esta disposición pacífica y en la existencia de esta autorización plenipotenciaria tuvo gran peso con el gobierno de Su Majestad al inducirlos a consentir sin represalias en el despido del Sr. Crampton, y a continuar las relaciones diplomáticas con un ministro que supuestamente poseía intenciones tan excelentes y credenciales tan amplias.

Hemos examinado repetidamente con mucho cuidado el mensaje del Sr. Marcy al Sr. Dallas que contiene sus instrucciones en cuanto a esta negociación espinosa, y que él ha comunicado a nuestro ministerio de asuntos exteriores; y lamentamos decir que no podemos encontrar en ese mensaje la transmisión de los supuestos poderes o la manifestación de la supuesta disposición. Es terriblemente prolijo y complicado, tanto que a veces es muy difícil determinar el significado preciso y la inclinación del escritor; pero donde hemos podido condensar su lenguaje en un significado preciso, nos parece que, lejos de consentir en referir el asunto en disputa a arbitraje, se niega claramente a hacerlo; y, lejos de mostrar sincero interés en arreglar el asunto mediante negociación directa y amigable, levanta problemas y presenta pretensiones que hacen casi imposible el arreglo pronto y amigable.

En el umbral, el Sr. Marcy hace la pregunta muy pertinente: "¿Qué se someterá a arbitraje?" No, dice positivamente el presidente, el significado de la convención Clayton-Bulwer, la decisión de si se considerará retrospectiva o meramente prospectiva en su funcionamiento (que, como se recuerda, es el elemento principal en la controversia). Esto, él argumenta, es tan claro para él que no puede consentir ningún acto que directa o indirectamente indique la más mínima duda sobre el asunto. Además, tampoco aceptará por un momento remitir a un tercero la decisión sobre el alcance de nuestros derechos debidos en virtud del protectorado mosquito (cuyo hecho no se niega). En lugar de tomar la opinión de un árbitro — que posiblemente podría ser hostil — en tal punto, preferirá recomendar al Senado la abrogación completa del tratado. Los únicos puntos que está dispuesto a someter a arbitraje son los límites del asentamiento británico en Belice; la extensión y el límite adecuado del país conocido como "la Costa Mosquito"; y la cuestión de si Roatán, etc., pertenece o no a la república centroamericana de Honduras. Incluso estos asuntos, siendo puramente cuestiones de "geografía política", el Sr. Pierce prefiere someterlos a un "hombre de ciencia", en vez de a un príncipe soberano. Tal es la tenencia real y la restricción de la concesión imaginada.

El Sr. Marcy procede (en nombre del presidente) a argumentar con gran amplitud que una referencia de la construcción adecuada del tratado Clayton-Bulwer a un árbitro sería totalmente inútil e inadmisible. Porque, dice él, si el árbitro decidiera en el sentido estadounidense, los ingleses tendrían que renunciar a todas sus posesiones, ocupaciones y protectorados en Centroamérica de una vez. Si, por otra parte, algo tan inconcebible ocurriera como que el árbitro decidiera en el sentido británico, el resultado práctico sería precisamente el mismo, porque Gran Bretaña no tiene ninguna posesión legítima, ocupación, o protectorados en Centroamérica, y no puede tener la intención de retener alguna injusta. Tal es realmente, de hecho y en palabras — lo que sería lo suficientemente claro si fuera menos —, el argumento principal del Sr. Marcy. De modo que, cualquiera que fuera la decisión de un tercero, el presidente y su gobierno estaban igualmente seguros, y la posición que asumió el Sr. Dallas en su negociación con nosotros era igualmente inexpugnable. En un caso, íbamos a renunciar a todo, porque el tratado nos obligaba a hacerlo; en el otro caso íbamos a renunciar a todo porque no teníamos nada a que renunciar.

Al continuar con esta parte de su argumento, el Sr. Marcy toma tres posiciones distintas. Primero, él sostiene que reclamar una tribu errante de indios bajo nuestra protección soberana territorial sobre una vasta extensión de país, es en efecto reclamar esa soberanía para nosotros, en la medida en que en todos los casos similares la raza civilizada simplemente usa y actúa en nombre de y en nombre de la raza salvaje; y sostiene que hemos renunciado expresamente a todas esas pretensiones avanzadas, o supuestamente avanzadas, en virtud de nuestro protectorado. Admitimos esto completamente; pero ¿dónde estaba la necesidad de discutirlo, o dónde la sinceridad de instarlo, cuando el Sr. Marcy sabe que el gobierno británico ha expresado repetidamente su deseo de deshacerse del protectorado de estos indios si Estados Unidos entra en un compromiso digno y decente para permitirlo? Y cuando, además, es algunos años después de que renunciamos voluntariamente a Greytown, que creemos que forma parte del territorio mosquito, a la administración y al gobierno de los colonos en el mismo.

El segundo punto es en cuanto a las islas de la bahía. Está claro que están en posesión de Gran Bretaña, y han estado así por muchos años. Está igualmente claro que ningún otro Estado ha poseído u ocupado esas islas, aunque están cerca de la república de Honduras, y el gobierno de los Estados Unidos las reclama para ese país indefinido. Ahora, incluso si esas islas alguna vez formaron parte de Centroamérica (lo cual negamos), aún son nuestras, si nuestra interpretación del acuerdo Clayton-Bulwer es correcta, ya que las poseemos antes de que ese acuerdo fuera firmado; por lo tanto, contrariamente al dictamen del Sr. Marcy, nuestra posición se verá afectada materialmente por la decisión del árbitro sobre esta interpretación. Si la construcción estadounidense del tratado en disputa es correcta, aún queda por demostrar que estas islas no son (como sostenemos), "las islas pequeñas" expresamente exceptuadas de la operación de ese tratado, ya que son "dependencias de Belice ". Y, si dicho tratado se deroga, o nunca se ha hecho, es seguro que no podemos tener controversia con los Estados Unidos sobre el tema, ya que, sean quienes sean los legítimos propietarios, el gobierno de Washington no tiene derecho ni título para interferir en la discusión. Pero la verdad es que la soberanía de las islas inestables que se encuentran cerca de estados poco civilizados e indefinidos, rara vez descansa sobre una base totalmente inaceptable. Lord Clarendon sintió esto, y por lo tanto de inmediato y desde hace mucho tiempo consintió en referir la cuestión de la propiedad de estas islas a la decisión de un árbitro justo; pero, por supuesto, se negó a entregar el territorio — nuestro por ocupación real y prolongada, y nuestro, como creemos a la perfección, en el mero dogmático 'así lo quiero, así lo mando' de un gobernante extranjero — quien aún se siente tan dudoso en cuanto a la precisión de su propia construcción que no se atreve a someterlo a la opinión de una mente imparcial.

Pero queremos dirigir especial atención al tercer punto del argumento del Sr. Marcy. Allí, por primera vez, creemos, en la historia diplomática, levantó una cuestión en cuanto a nuestro título mismo de Belice. Ciertamente esta es una rara peculiaridad en las instrucciones que supuestamente debían ser conciliatorias, cordiales y sinceramente pacíficas. ¿Podría haberse presentado un indicio de disputa futura si se hubiera firmado verdaderamente un acuerdo amistoso y rápido de nuestras diferencias actuales? La posición del Sr. Marcy es que las Islas de la Bahía no nos pueden pertenecer como dependencias de Belice ya que Belice no nos pertenece. En su opinión, quienquiera que sucedió a España en su soberanía rendida de Belice, no éramos nosotros. Éramos, y somos, simples colonos que cortan madera allí en virtud de los acuerdos celebrados en 1717, 1783 y 1786. Las siguientes son sus palabras: "No puede haber escapado a la atención del gobierno de Su Majestad que la condición política de Belice, según lo establecido por el tratado, *no es en sí misma de soberanía territorial.* Por lo tanto, Gran Bretaña nunca pudo haber adquirido, por derecho de Belice y las supuestas dependencias de este, la soberanía territorial de las Islas de la Bahía". No tenemos duda de que este pasaje notable llamará la atención de nuestros ministros. Nos alegraremos de que se nos asegure que los malinterpretamos. Pero, hasta que se nos aconseje mejor, no podemos dejar de considerar que significa y dice: "Concede las Islas de la Bahía y la costa de los Mosquitos ahora; y tan pronto como nuestra próxima crisis doméstica haga deseable una disputa, te pediremos que entregues Belice".

Es imposible examinar los excelentes mapas que han presentado esta semana el Sr. Wyld y el Sr. Stanford (que hemos notado en otra parte de nuestro periódico), sin una seria inquietud ante la gran "cosecha de preguntas sin resolver" que puede y debe surgir entre algunas personas ajenos a la condición de los Estados centroamericanos. *Apenas se establece una línea de frontera.* La frontera entre Belice y Guatemala es totalmente ambigua. México reclama una gran parte de Guatemala, o al menos de un espacio desconocido entre Guatemala y Belice, llamado Vera Paz. Honduras reclama una parte de Mosquitia, y Nicaragua otra. Tanto Nicaragua como Costa Rica y Mosquitia reclaman Greytown. Nicaragua reclama una gran parte de Costa Rica, y Costa Rica hace lo mismo con Nueva Granada. Además de estos varios reclamos conflictivos, aparecen en el mapa varios compromisos propuestos que añaden a la confusión y peligro. Un presidente realmente justo y amable en Washington, sinceramente ansioso por llegar a un acuerdo y evitar futuras disputas, podría completar fácilmente un entendimiento con nuestro gobierno, que no tiene objetivos ambiciosos y solo desea un ajuste honorable. Pero ¿cuándo tendremos a tal presidente? ¿El Sr. Buchanan hará esto?

Esperamos que la mayoría de nuestros lectores hayan visto un artículo muy templado y capaz que apareció en el *Times* del 21 de junio, y que parecía haber salido de una pluma semioficial. Agregamos los párrafos finales: —

Tal es el estado real de la cuestión centroamericana en este momento. Si se pregunta qué interés tenemos en esos derechos que defendemos, y si es suficiente para llevarnos a la guerra en apoyo de ellos, se debe admitir francamente que nuestro único gran interés es la preservación de nuestro honor. Belice puede ser entregada sin dañar seriamente a nuestro imperio, y también las Islas de la Bahía. No tenemos otro interés en proteger a los indios de Mosquitia que el de actuar con fidelidad y humanidad y reivindicar ese carácter nacional del que nos hemos jactado en cada tratado que hemos hecho para reprimir la trata de esclavos. Pero el honor, el carácter de la justicia y la tenacidad de sus derechos justos constituyen la mejor propiedad de una nación. No se puede entregar sin degradación, y si la pérdida del imperio o la pérdida de cualquier otra cosa degrada a una nación, es una cuestión de indiferencia; la nación se hunde degradada. Además, mediante una política constante de concesión, un estado alimenta una política constante de agresión en otros estados. Sería mejor conceder todo lo que se puede conceder de una vez que conceder tales cosas gradualmente y por partes; ya que tal política no conoce la paz. Por lo tanto, no podemos conceder a los Estados Unidos lo que no pueden exigir justamente; y el espíritu en el que se han hecho sus demandas no hace nada más que invitar a tal concesión.

¿Qué podemos hacer, por lo tanto, para ponerles fin a estas disputas problemáticas de un modo u otro? Abrogar el tratado de 1850 no las disminuiría, como algunos suponen, solo aumentaría nuestras dificultades; antes del tratado teníamos pretensiones más extensas y disputadas con mayor vehemencia por parte de los Estados Unidos que las que nos dejó el tratado. Nuestro curso simple y directo es este: Desechar toda la correspondencia pasada y hacer una propuesta amistosa a los Estados Unidos, consistente con todo lo que hemos hecho y declarado hasta ahora, pero tan consistente como podemos hacerlo con los intereses estadounidenses. Para ser claros: debemos proponer, primero, hacer del pueblo ahora llamado Greytown, en la desembocadura del río San Juan, un pueblo libre e independiente; segundo, asignar una extensión legítima de territorio a los indios mosquitos y colocarlos bajo nuestra protección y la de los Estados Unidos; o, si la forma en que Estados Unidos persiste en ver a los indios no es compatible con la nuestra, dejar que Estados Unidos señale cualquier otro modo de proteger debidamente a estos indios que no otorgue ningún derecho o privilegio exclusivo a Gran Bretaña. En tercer lugar, dejemos la verdadera condición y posición de las Islas de la Bahía a los árbitros. Cuarto, declaremos que no extendemos nuestras posesiones en Honduras británica más allá de sus límites en 1850, y reclamemos a los Estados Unidos un reconocimiento de esas posesiones tal como existían en 1850. Una propuesta de este tipo probablemente terminaría las negociaciones. Si no fue así, Estados Unidos debe desear una disputa con nosotros; y debemos enfrentar esa disputa, ya que sería igualmente ignominioso e inútil intentar escapar de ella.

Fuente: The Economist

1856-julio-12

LA CUESTIÓN CENTROAMERICANA

El siguiente memorándum, elaborado por los representantes de Honduras, será presentado a los representantes de las diferentes potencias europeas acreditadas por Su Majestad como explicación de la política de Honduras en el único tema que puede ser de interés general o europeo:

"La posición geográfica de Centroamérica, entre los océanos Atlántico y Pacífico, le da a ese país un interés especial en los ojos de las naciones comerciales.

"El establecimiento de líneas adecuadas de comunicación interoceánicas por sus territorios mediante ferrocarriles o canales, o ambos, es objeto de mucha importancia.

"Gran Bretaña y Estados Unidos, reconociendo su importancia, lo han hecho objeto de un convenio especial, concluido en el año 1850, estableciéndolo en el artículo VIII como 'principio general', y acuerdan 'extender su protección, por estipulaciones de tratados' a todas las 'comunicaciones practicables, ya sea por canal o ferrocarril, a través del istmo que conecta Norte y Sudamérica'.

"También declaran que tales comunicaciones 'estando abiertas a los súbditos y ciudadanos de Gran Bretaña y los Estados Unidos, en términos iguales, también deberían estar abiertas a los súbditos y ciudadanos de cada otro Estado que esté dispuesto a otorgarles la protección que Gran Bretaña y los Estados Unidos se comprometen a otorgar.

"Ahora, aunque varias líneas de comunicación interoceánica han sido designadas, teniendo cada una sus partidarios sinceros, es la opinión de jueces competentes que la vía recientemente propuesta a través del Estado de Honduras, desde Puerto de Caballos hasta la Bahía de Fonseca, posee ventajas claras sobre cualquier otra propuesta de ferrocarril que se haya sugerido.

"La comisión a la que se le confió su examinación reportó que 'las condiciones naturales del país, su salubridad general y su abundancia de recursos, no menos que su espacio, seguridad y en general puertos excepcionales en ambos extremos, distinguen esta vía al combinar los obvios y principales requisitos para una permanente y adecuada comunicación interoceánica'. Y el capitán FitzRoy, R.N., en su informe al Lord Clarendon con respecto al tema, después de una revisión general de las diferentes rutas, concluye 'que esta línea recientemente propuesta a través de Honduras le es más prometedora, como un trabajo permanente, que cualquier otro ferrocarril propuesto por el istmo'.

"Para facilitar la construcción de un trabajo que promete grandes ventajas, el gobierno de Honduras ha otorgado una carta de la naturaleza más liberal a los grupos con los que el mundo está en deuda por el descubrimiento y la exploración de la ruta. Esta carta reconoce en su máxima extensión los principios puestos en el convenio entre Gran Bretaña y los Estados Unidos. Esta ofrece facilidades equitativas para todo el mundo, y no está gravado por estipulaciones que podrían restringir la utilidad del trabajo o dar a una nación la más mínima ventaja sobre otra.

"Esta carta, que fue ratificada por la Cámara Legislativa de Honduras y proclamada como una ley de Estado el 28 de abril de 1854, establece (Art. 5, sección 6) que el gobierno de Honduras debe abrir negociaciones con los distintos gobiernos con los que pueda tener relaciones 'para su reconocimiento de neutralidad y para la protección de la ruta'; y 'para prevenir cualquier malentendido o envidia', además, 'establece que las estipulaciones del tratado con todos y cada uno de los gobiernos con respecto a dicha ruta serán las mismas'.

En deferencia a estas indicaciones, los representantes de Honduras acreditados ante Gran Bretaña, Francia y Estados Unidos han redactado un artículo que creen que podría adjuntarse adecuadamente a todos los tratados de amistad y comercio que Honduras pueda tener la suerte de hacer con las grandes potencias marítimas de Europa y América. Al enmarcarlo, han cumplido el sincero deseo de su gobierno de conceder todos los privilegios útiles relacionados con el tránsito propuesto a todas las naciones en igualdad de condiciones: el reconocimiento de la soberanía indiscutible de Honduras sobre la vía del camino, la garantía de su neutralidad y su protección contra la violencia y la interrupción. El gobierno de Honduras no anticipa que surjan circunstancias que requieran que alguna de las potencias que entren en estas estipulaciones den uso práctico de sus garantías; pero no se debe dudar que el hecho de su existencia dé a Honduras un gran apoyo moral, y contribuyan a hacer la ruta de tránsito propuesta útil y segura.

"Artículo propuesto.

"En la medida en que el gobierno de Honduras y una compañía titulada Honduras Interoceanic Railway Company celebraron un contrato con el propósito de construir una vía ferroviaria desde el Atlántico hasta el Océano Pacífico, a través de los territorios de Honduras, cuyo contrato fue ratificado por los poderes constitucionales del Estado y proclamado como ley el 28 de abril de 1854; y dado que, según los términos del artículo 5 sección 6 de dicho contrato, 'el gobierno de Honduras, con el objetivo de asegurar la ruta aquí contemplada de toda interrupción y disturbio de cualquier causa, o bajo cualquier circunstancia, se compromete a abrir negociaciones con los distintos gobiernos con los que pudiera tener relaciones para su reconocimiento separado de perpetua neutralidad, y para la protección de la ruta mencionada'; por lo tanto, para cumplir con las obligaciones así incurridas:

1. El gobierno de Honduras acuerda que el derecho de vía o tránsito sobre tal ruta o camino, o cualquier otra que pueda ser construida dentro de sus territorios, de mar a mar, deberá estar en todo momento abierta y gratuita para el gobierno y súbditos de Gran Bretaña, para cualquier propósito legal, y no se deben imponer peajes, impuestos o cargos de ningún tipo en el tránsito de propiedad perteneciente al gobierno de Gran Bretaña o sobre el correo público enviado bajo la autoridad del mismo, ni sobre los ciudadanos de la corona británica; y todo producto legal, manufacturas, mercancía u otra propiedad perteneciente a los ciudadanos de Gran Bretaña que pase de un océano a otro, en cualquier dirección, no deberá ser sujeto a impuestos de importación o exportación alguno, y deberán estar asegurados y protegidos de toda interrupción o detención de parte del Estado; y, por último, como prueba de su disposición a otorgar a los viajes y el comercio del mundo todas las ventajas derivadas de su posición con respecto a los dos grandes océanos, Honduras, de su propia buena voluntad, se compromete a establecer los puertos en las extremidades del camino contemplado como puertos gratuitos para todos los propósitos de comercio e intercambio.

2. En consideración de estas concesiones, con el fin de asegurar la construcción y permanencia de la ruta o camino aquí contemplado y también para asegurar, para el beneficio de toda la humanidad, las ventajas ininterrumpidas de tal comunicación de mar a mar, Gran Bretaña reconoce los derechos de soberanía y propiedad de Honduras sobre la vía de dicho camino, y por las mismas razones garantiza positiva y eficazmente la entera neutralidad de la misma mientras que Gran Bretaña disfrute de los privilegios concedidos en la sección precedente de este artículo. Y, cuando se complete el propuesto

camino, Gran Bretaña se compromete igualmente, junto con Honduras, a proteger la misma de interrupciones, capturas o confiscaciones injustas de cualquier parte que proceda el intento".
Fuente: The London Times

1856-julio-26

AMÉRICA E INGLATERRA EL VERDADERO PROBLEMA

Debido principalmente a los incesantes esfuerzos de la prensa periódica — ya que el Parlamento se ha negado deliberada y quizás sabiamente a iluminarnos mediante cualquier discusión sobre el asunto – – el país está comenzando a comprender los méritos reales y la orientación de la controversia centroamericana; y, como de costumbre, cuando las preguntas se analizan de manera justa y completa, el problema se estrecha y los derechos del caso se aclaran. La correspondencia presentada ante ambas Cámaras ha proporcionado al mundo los materiales sobre los cuales encontrar un juicio tanto en cuanto a los puntos en disputa como en cuanto al temperamento de los disputantes; y dos artículos extremadamente lúcidos, templados y estadistas en el *Edinburgh* y el *Quarterly Review* han presentado el argumento para basarse en estos materiales ante el público en una forma digerida e inteligible. Todos los asuntos irrelevantes han sido despejados; los principales hechos del caso están más allá de cualquier disputa, y son, de hecho, disputados por polémicos no respetables; e incluso las diferencias de partido parecen silenciarse ante una cuestión tan clara, ya que los conservadores y liberales, de casi todos los tonos, parecen tener sus respectivos órganos para mantener puntos de vista casi idénticos.

No cansaremos a nuestros lectores yendo sobre terreno pisado. Hace unas dos o tres semanas esbozamos brevemente la historia y la posición actual de la controversia. Todo lo que se necesita hacer ahora es presentar ante ellos, de la forma más sucinta, las conclusiones que más conocimiento y estudio han ido madurando gradualmente en la mente de la nación, y a las que los políticos de distintas opiniones han llegado casi por unanimidad. Ahora se entiende claramente y de forma probada que el abandono de nuestro protectorado en Mosquito es simplemente imposible hasta que alguna seguridad adecuada sea provista a esa raza de indios por distintos tratados y arreglos territoriales justos. Tan claro es esto, que todos los estadistas estadounidenses, ante el Sr. Pierce, lo sintieron y lo admitieron de manera declarada o implícita. Hasta que se instaló el actual presidente, nadie soñaba siquiera con proponer a Gran Bretaña una concesión que todos los hombres de honor sintieron instintivamente que el honor hacía imposible. La manera en la que se podría obtener seguridad para los mosquitos — la manera, es decir, por la cual Gran Bretaña podría ser capaz de renunciar honorable y justamente a un protectorado del que ella siempre ha expresado su deseo de ser relevada — ha sido en varias ocasiones objeto de consultas ansiosas y amistosas entre nuestros diplomáticos y los de los Estados Unidos. Estaba reservado para el presidente Pierce — en su búsqueda temeraria de una popularidad baja y transitoria — pedirnos que entregáramos, sin salvaguardas ni condiciones, a un pueblo sobre el que hemos extendido durante mucho tiempo la tutela de nuestro poder, a enemigos que codician notoriamente su territorio y a una nación que siempre ha negado o ignorado las reclamaciones de todas las razas de color a cualquier derecho o tierra. La demanda estaba de acuerdo con esa serie de insultos estudiados con los que el Sr. Pierce, desde que obtuvo su "mala eminencia", ha tratado de provocar a este país y deshonrar al suyo.

Ahora está claramente entendido, también, por qué no podemos renunciar al protectorado mosquito sin insistir en condiciones adecuadas. El público británico, que hasta ahora solo tenía la más mínima noción de la naturaleza y el origen de nuestra conexión con esa tribu de indios, ahora ha aprendido que esa conexión comenzó en los servicios que nos prestaron, fue continuada por una larga y fiel alianza con nosotros durante nuestras frecuentes guerras con España, y ha sido ratificada por muchos actos y promesas recientes de nuestra parte, y los Estados Unidos siempre lo han conocido y nunca lo han disputado hasta ahora. Estos indios eran una raza guerrera y enérgica que nunca se sometió al yugo de

España. En 1720, el gobernador de Jamaica usó al "rey" de los mosquitos para ayudarle a reducir una rebelión de los negros que había surgido en esa isla. Subsecuentemente, ellos pelearon de nuestro lado en contra de los españoles y fueron nuestros aliados estables hasta la paz de 1783, mediante la cual aceptamos retirarnos de esa costa. Sin embargo, en nuestra siguiente guerra con España, nuestra conexión fue renovada, y continuó hasta la pacificación general en 1815. En ese entonces, por petición de ellos, nuestra protección fue formalmente declarada, y después el "rey" fue coronado en Belice. Se ha llevado a cabo una ceremonia similar dos veces desde entonces; nos hemos esforzado por difundir la civilización entre la gente y hemos educado a sus jóvenes príncipes en nuestras dependencias. Pudo haber sido poco sabio haber "protegido" a estos indios, o haberlos utilizado, o haber formado una alianza con ellos. Pero ya es muy tarde para discutir eso. Los hemos usado, fraternizado con ellos, peleado a su lado, y los hemos prometido y otorgado nuestra protección; siempre han sido leales y consistentes en su fidelidad hacia nosotros; es obvio para cada inglés y para la mayoría de los estadounidenses que abandonarlos ahora — bajo la demanda de un tercero — sería bajo, pusilánime y deshonroso, y, como mencionamos al principio, simplemente imposible. Ningún hombre — ni siquiera un irlandés — podría aventurarse a sugerir tal cosa en la Cámara de los Comunes; y el Sr. Pierce debe ser informado de inmediato que en ese punto no escucharemos ninguna discusión.

Pero hay otras dos razones por las cuales cualquier abandono de los mosquitos es un tema que ni siquiera se puede soñar. En primer lugar, los nicaragüenses y la gente de Honduras codician el territorio de estos infelices indios; y la línea fronteriza de ninguno de los estados centroamericanos está auténticamente determinada o claramente definida. Sería imposible para los mosquitos defenderse ante tales vecinos tan avariciosos y usurpadores por sí mismos; ellos serían tratados como los españoles y sus descendientes trataron a los aborígenes; la renuncia de nuestro protectorado sería la señal para su exterminación. El resultado sería el mismo o incluso peor si los Estados Unidos, o filibusteros de allí, se convirtieran virtualmente u ostensiblemente en maestros de Centroamérica. Los estadounidenses nunca han reconocido los derechos de los indios; ellos siempre han negado sus reclamos a cualquier soberanía territorial; han tomado sus tierras cuando y dondequiera que ellos deseen; y han deportado a las pobres criaturas a costas más distantes e inhóspitas. Calculan sobre su extinción y la aceleran sistemáticamente. ¿Es para tal gente que incluso el Sr. Bright o el Sr. Disraeli podrían proponer la rendición incondicional de una tribu débil e inofensiva que ha confiado en nuestra protección y ha hecho todo lo posible para merecerla?

Hay otra razón más en contra de ese abandono tan cruel. Durante muchos años, y en todas nuestras comunicaciones con el gobierno en Washington, constantemente y con urgencia hemos instado a nuestro deseo de ser relevados de este oneroso deber de proteger a los indios mosquito. Repetidamente hemos expresado nuestro sincero deseo de que se nos permita (por así decirlo) retirarnos de Centroamérica, a lo que nuestro único vínculo real fue la obligación contraída con un dependiente débil y muy amenazado. Casi hemos rogado a los Estados Unidos que se unan a nosotros en un acuerdo decente y confiable mediante el cual estos indios puedan estar asegurados al menos en una amplia porción de sus posesiones antiguas y hereditarias. Más de una vez han acordado hacer esto, y han ido tan lejos como proponer los términos de tal arreglo a Nicaragua y Costa Rica. El Sr. Pierce sabe bien que estamos tan deseosos de renunciar a este protectorado como él lo está a que renunciemos a él. Él sabe que estamos tan ansiosos como él de que salgamos de Centroamérica. Al hacer la provisión de garantía que requieren nuestras obligaciones de honor para el rey mosquito, él podría sacarnos mañana; él podría habernos sacado hace mucho tiempo. ¿Cuál es la inferencia irresistible? Que su objetivo no es el interés estadounidense, sino la desgracia británica, no para sacarnos de Centroamérica, sino para sacarnos en condiciones deshonrosas.

Por lo tanto, el problema no es como se ha presentado, uno pequeño, sino uno muy grande, el más grande, en realidad, que se le puede presentar a una nación. No es una cuestión de territorio sin valor, sino de honor invaluable. Por lo tanto, nuestra respuesta al presidente Price sobre la cuestión del "protectorado" debería ser muy breve. "Únase a nosotros en procurar seguridad adecuada para estos indios dentro de una frontera definida, y nosotros renunciaremos mañana al protectorado con alegría. Rechace esto, y entenderemos su objetivo; y, en ese caso, nunca renunciaremos, sino que lo retendremos y actuaremos prontamente a sus obligaciones, aunque nos cueste veinte años de guerra y veinte millones de tesoro anual".

—

Con respecto al otro punto de controversia — la posesión de Roatán — el caso se ha vuelto casi igualmente claro, aunque diferente en conjunto. Esto es simplemente un asunto para concesión, para compromiso o para arbitraje. Un título que se basa en el saqueo de documentos antiguos, en una serie de procedimientos violentos autorizados o no autorizados, en las declaraciones de los viajeros, en los pasajes oscuros de cronistas oscuros, puede ser muy bueno para que discutan diplomáticos, pero es muy malo para que las naciones sean rígidas sobre esto. El "derecho" a Roatán parece estar basado en todas las partes en el hecho de "tomar posesión" y en la fijación de banderas. Tanto Gran Bretaña como Honduras, en diferentes momentos, han tomado posesión, izado sus propias banderas y derribado las banderas del otro. Por supuesto, Gran Bretaña, al ser la más poderosa, mantuvo la posesión. No podemos decir realmente si tiene "derecho" o no; no tenemos opinión sobre el asunto. Si no es una dependencia de Belice, entonces, por el tratado de 1850, nos inclinamos a pensar que debemos renunciar a ella. Si realmente está en Centroamérica, entonces le pertenece a Honduras. De cualquier manera, el reclamo de ambas partes es dudoso; y no debemos objetar, a primera vista, verla entregada a Honduras. Un agente de dicha república está ahora en Londres (el Sr. Víctor Herrán), creemos, con el propósito de pedir por su restitución y de entrar en un tratado de neutralidad y libre tránsito para todos los súbditos británicos a través de su territorio.

La única dificultad en el camino de tal arreglo está aquí. Roatán, aunque sin valor como una colonia, es más importante como estación militar. Tiene buenos puertos, está situado en una posición de mando y puede volverse casi inexpugnable. En caso de hostilidades con Estados Unidos, y especialmente en caso de cualquier esfuerzo por parte de los Estados Unidos para privarnos de Belice, la posesión de Roatán sería la mayor consecuencia posible. Ahora, desafortunadamente, la conducta del gobierno de los Estados Unidos y el lenguaje de sus órganos oficiales han sido en varias ocasiones tan hostiles e irracionales; han manifestado una disposición tan fuerte para entablar disputas con fines partidarios; y, aunque sin intención de guerra, imprudentemente o por cálculo han presentado tantas pretensiones que, si no se retiran o ceden, es probable que garanticen la guerra tarde o temprano; que no deberíamos estar justificados en renunciar a un puesto militar tan importante como Roatán hasta que veamos razones para creer que no se querrá, y hasta que tengamos una seguridad racional de que, si la abandonamos, no pueda ser tomada o comprada por mucho tiempo por los mismos estadounidenses. En sus instrucciones al Sr. Dallas, el Sr. Marcy ha insinuado claramente la intención de su gabinete, de en algún momento, disputar nuestro título por Belice; ¿cómo, frente a esa intimidación, se puede esperar que entreguemos una isla esencial para la protección de Belice? Está demás decir que nosotros la debemos entregar a Honduras y no a los Estados Unidos. En primer lugar, es posible que lo necesitemos como garantía contra los diseños y las pretensiones íntimas de los Estados Unidos. En segundo lugar, sabemos que Honduras sería completamente impotente para resistir las intrigas, la violencia o los sobornos del gobierno en Washington, y no podría retener a Roatán por una hora si ese gobierno decidiera apoderarse de ella mediante cualquier artilugio. Eventos recientes en Centroamérica nos han dado suficiente advertencia. ¿Qué improbabilidad existe al asumir que dentro de un año de nuestra cesión a Honduras, los ciudadanos estadounidenses no se habrán establecido en Roatán; que en otro año no habrán inaugurado alguna disputa con la débil República a la que está anexada; que los filibusteros no se congregarán por cientos; que el gobierno de Honduras no será desafiado, tal vez incluso incautado como el de Nicaragua por algún nuevo Walker, y que no será reconocido como su legítimo gobernante algún sucesor del presidente Pierce?

Con esta perspectiva ante nosotros, nuestro curso parece claro; y no tenemos duda, ahora que la nación británica ha comenzado a tomar conciencia de los hechos reales del caso, de que respaldará a su gobierno en tomar ese rumbo como el único a la vez seguro, honorable, sabio y verdaderamente pacífico; la concesión a demandas irrazonables e insultantes, sea observado, nunca es una política pacífica en sus resultados, aunque a menudo se persigue bajo esa esperanza equivocada. Debemos decir a los Estados Unidos: "Si realmente quieren sacarnos de Centroamérica, conocen el modo: provean seguridad, equivalente a nuestra protección, para los indios a los que estamos dedicados a proteger; comprométanse a nunca, bajo ningún pretexto simulado, convertirse en dueños de Roatán; reconozcan por un tratado solemne nuestra título entero y soberano de Belice con límites establecidos y dependencias enumeradas; y estaremos dispuestos a llegar a términos mañana. Así resueltas las cuestiones, entonces estaremos en condiciones de tratar amigablemente los cambios futuros y las relaciones futuras; y encontrarán que no tenemos ambición alguna que interfiera con ninguno de sus planes que sean decentes y respetables. Si rechazan estas bases para un arreglo, sabremos sus intenciones y sus deseos; deliberadamente, y de manera intencional, habrán hecho imposible la concesión y la amistad, y las consecuencias estarán a sus puertas".

Fuente: The Economist

1856-agosto-14

TRATADOS RATIFICADOS POR EL SENADO — EL AGENTE COMERCIAL EN HONDURAS

Washington, miércoles 13 de agosto.

El Senado estuvo en sesión ejecutiva más de tres horas el día de hoy, y ratificó los tratados con Austria y Baden para la extradición de criminales. Además, se ratificaron tratados con Dos Sicilias y Nicaragua; este último realizado con el gobierno anterior. Se consideró un tratado con las islas Sándwich, pero finalmente no se llevó a cabo.

Documentos oficiales muestran que Honduras se ha negado a recibir al Agente Comercial de los Estados Unidos hasta que quede demostrada sin ninguna duda la autenticidad de su comisión, pero se le ha permitido quedarse siempre y cuando su conducta no genere quejas relativas a la cuestión que ahora aqueja a esa parte de Centroamérica debido a los filibusteros que han tomado Nicaragua de forma violenta.

Fuente: The New York Times

1856-septiembre-06

CENTROAMÉRICA

Una de las últimas embarcaciones que zarparon hacia América llevaba comunicaciones muy importantes. La noche del jueves, los caballeros que representaron al Estado de Honduras en las conferencias entre los representantes de Su Majestad y los de los Estados Unidos de América dejaron este país, para regresar, creemos, a sus respectivos puestos; M. Herrán, siendo el enviado del Estado de Honduras acreditado al gobierno de Su Majestad el emperador de los franceses, y M. Alvarado llevando credenciales dirigidas al gobierno de los Estados Unidos de América. No es ningún secreto que esos caballeros parten en un estado de ánimo altamente gratificado, habiendo logrado el objetivo de su misión. Ese objetivo era, de hecho, uno de considerable interés para Estados mayores que la pequeña pero independiente y soberana provincia de Honduras. Nuestros lectores recordarán que los Estados de Centroamérica ocupan lo que parece destinado a ser la gran carretera por el globo desde la Europa

Occidental hasta el oriente extremo. Su poder político es pequeño y su habilidad para controlar el curso de los asuntos es insuficiente. En una mirada superficial, Gran Bretaña y los Estados Unidos tenían interés rival en obtener la garantía para el tránsito por esa parte del continente, un tránsito que deseablemente une la costa oriental y occidental de la Gran República, y le da a Inglaterra una ruta directa para sus mercados y colonias en el lejano oriente. Resolvieron no contender, sino combinar, y de ahí el tratado Clayton-Bulwer. Ese documento, sin embargo, como suele suceder en la búsqueda de estipulaciones definitivas, no comprendió todas las condiciones esenciales para una comprensión completa con respecto a cada rama de la complicada cuestión centroamericana. La disputa parecía estar en un punto muerto, en la cual los litigantes eran los únicos jueces. Una referencia a una tercera parte implicaba el riesgo de más complicaciones, como hemos visto ejemplificado en las mediaciones previas entre los dos países. Fue bajo estas circunstancias que el pequeño Estado de Honduras, con un ojo inteligente para la oportunidad, presentó, en el tono más modesto, un reclamo por una porción de territorio que estaba en disputa. Estados Unidos insinuó que el tratado Clayton-Bulwer impedía a Gran Bretaña continuar la ocupación de la isla de Roatán y de las demás Islas de la Bahía; Gran Bretaña se basó en los hechos anteriores al tratado de Clayton-Bulwer. Parecía un punto muerto, cuando Honduras, mediante sus representantes, ingeniosamente presentó su reclamo a dependencias que están geográficamente anexadas a sus costas. Este reclamo, proferido con gran inteligencia, no fue rechazado; pero, después de una negociación amistosa, los plenipotenciarios de Honduras han efectuado un tratado que, por una parte, ceden las islas en cuestión al Estado de Honduras, y por otra parte dan ciertas garantías para la neutralidad y seguridad de tránsito en todo el territorio de "Centroamérica" mientras caen bajo el control del gobierno de Honduras. De hecho, los intereses de Honduras la comprometen a mantener la neutralidad y el libre tránsito, y entendemos que la conclusión de este arreglo ha dado un impulso decidido al plan de establecer un tránsito realmente eficiente por el istmo. El acuerdo con Honduras tuvo más efectos beneficiosos. Al ver el progreso así hecho hacia la colocación del territorio centroamericano bajo una garantía neutral, el gobierno de Estados Unidos hizo proposiciones con la intención de facilitar un acuerdo más general de las otras ramas en cuestión. Ahora no es ningún secreto que estas proposiciones recientes fueron recibidas con un espíritu correspondiente; y el ministro estadounidense en esta corte ha sido habilitado para reenviar un comunicado que se cree será satisfactorio para su gobierno. Por supuesto, tal comunicación espera la consideración del senado, y no tenemos la libertad para anticipar el resultado de las últimas formalidades. No obstante, no podemos evitar compartir la esperanza de que estas comunicaciones arreglarán toda esta clase de cuestiones, consistente con la dignidad de ambas potencias. El simple hecho de un acuerdo beneficiará directamente los intereses materiales, y probablemente el bienestar social y político, de los Estados más pequeños cuyos territorios disfrutaran del tránsito. Abrirá un nuevo camino en el cual Inglaterra y Estados Unidos pueden, de ahora en adelante, buscar más extensión de ese vasto comercio que ya está otorgando muchos beneficios tangibles y morales sobre el mundo.

Fuente: The London Times

1856-septiembre-24

EL TRATADO CON HONDURAS

El *Liverpool Albion* publica la copia de una carta de Don León Alvarado al gobernador de la República de Honduras, avisándole de la conclusión de las negociaciones con Inglaterra y especificando los términos del tratado. La carta está fechada "Legación de Honduras, Londres, 15 de septiembre de 1856, 35 aniversario de la independencia", e indica que las negociaciones con Inglaterra han concluido. Aunque reclamando las Islas de la Bahía, Honduras estaba dispuesta a dejarlas libres a las empresas del mundo, con la condición de que su soberanía fuera reconocida y que se le devolviera el territorio Mosquito. Estados Unidos aceptó estas condiciones, e Inglaterra vio en ellas un medio para salir de una cuestión desagradable. El embajador después anuncia que los tratados concluyeron de la siguiente manera:

"1. La restitución de los derechos de soberanía de Honduras sobre las islas de Roatán, Bonacca, etc., y la declaración de ellas como 'territorio libre', gobernadas por su propia municipalidad.

"2. Reconoce los límites territoriales de Honduras marcados en el mapa por el honorable G. Squier, dígase desde el Río Wanx o Segovia hasta el Río Negro.

"Un tribunal de referencia, compuesto de un ciudadano de Honduras y uno británico, y, si es necesario, un tercero imparcial de cualquier nación, establecerán los límites e indemnizarán a los indios Mosquito por las pérdidas que sufrieron y arreglarán todo reclamo.

3. "Memorándum de la base de las negociaciones:

'Señor ministro, la verdadera sabiduría enseña que una nación debe marchar con las circunstancias del día. Honduras entra a una nueva vida política; por lo tanto, sus pasos deben ser declarados:

1. Que no conoce enemigos o partidos, y perdona todas las pasadas ofensas.

2. Cultiva relaciones amistosas con todos aquellos que las acepten.

   3. Evitar todo compromiso, ligas ofensivas o defensivas, tan comunes en Estados Unidos, y tan desastrosas.

4. No formar ninguna liga, asamblea o confederación.

   5. Invita a todos sus vecinos a regular los límites territoriales y a examinar los reclamos hechos por Copán en la parte de Florida, y que en seis u ocho meses los títulos deberán ser mostrados.

6. Prohíbe toda política de la prensa pública, da regulaciones para la educación, etc.'"

Al anunciar este tratado, Don León Alvarado expresa su gratitud al Sr. Marcy, al Lord Clarendon, al Sr. Dallas, al Sr. William Brown, M. P., al Sr. Squier, etc., por sus muchos esfuerzos para efectuar este tratado.

Fuente: The London Times

1856-septiembre-27

HONDURAS

Se ha recibido un mensaje de Don León Alvarado hacia el gobernador de la República de Honduras avisándole de la conclusión de las negociaciones con Inglaterra y especificando los términos del tratado. La carta está fechada "Legación de Honduras, Londres, 15 de septiembre de 1856, 35 aniversario de la independencia", y sugiere que las negociaciones con Inglaterra están terminadas. El embajador anuncia que los tratados concluyen de la siguiente manera: —"1. La restitución de los derechos soberanos de Honduras sobre las islas de Roatán, Bonacca, etc., y las declara 'territorio libre', gobernadas por sus propias municipalidades. 2. Reconoce los límites territoriales de Honduras señalados en el mapa por el honorable G. Squier, dígase: del Río Wans o Segovia al Río Negro. Un tribunal de referencia, compuesto por un ciudadano de Honduras y uno británico, y, de ser necesario, un tercero imparcial de cualquier nación, arreglará el límite, indemnizará a los indios mosquitos por las pérdidas que ellos sufren, y ajustará cualquier reclamo. 3. Memorándum de las bases de las negociaciones: —'Señor ministro, la verdadera sabiduría enseña que una nación debe marchar con las circunstancias del día. Honduras entra a una nueva vida política; por lo tanto, sus pasos deberían ser declarar: —1. Que no conoce enemigos o partidos, y perdona todas las ofensas pasadas. 2. Cultivar relaciones amistosas con todos aquellos que las acepten. 3. Evitar todos los compromisos, ligas ofensivas o defensivas, tan comunes en Estados Unidos y tan desastrosas. 4. No formar ninguna liga, asamblea o confederación. 5. Invita a todos sus vecinos a regular los límites territoriales y a examinar los reclamos hechos por Copán por parte de Florida, y que en seis u ocho meses los títulos deben ser exhibidos. 6. Prohíbe o elimina de la prensa pública toda lo político, da regulaciones para la educación, etc.'".

Fuente: The Economist

LA CUESTIÓN CENTROAMERICANA

El siguiente relato de un artículo separado en el tratado recientemente concluido entre Gran Bretaña y Honduras es extraído de un número reciente del *Journal of the Society of Arts*:

"En adición a este 'tratado de amistad, comercio y navegación' hay un artículo separado en referencia al ferrocarril interoceánico a través del Estado de Honduras, proyectado por el Sr. Squier, difunto encargado de los asuntos de los Estados Unidos para las Repúblicas de Centroamérica. Tal articulo tendrá la misma fuerza y validez como si fuese insertado palabra por palabra en el mismo tratado. Este artículo es de gran importancia para el mundo comercial, en caso de que el compromiso del Sr. Squier se efectúe con éxito. Se dice que un artículo similar será concluido entre la República de Honduras y Estados Unidos, y también entre ese Estado y Francia. Mediante ese artículo, el gobierno de Honduras acepta que el derecho de vía sobre tal camino (el ferrocarril interoceánico), o cualquier otro que pueda ser construido sobre sus territorios, de mar a mar, deberá estar abierto en todo momento y ser gratuito para el gobierno y súbditos de Gran Bretaña, para cualquier propósito legal. También acepta no imponer peajes, impuestos o cargos de ningún tipo en el tránsito de propiedades pertenecientes al gobierno de Gran Bretaña, o en el correo público enviado bajo la autoridad del mismo, ni a los súbditos de la corona británica, y también que todo producto legal, manufacturas, mercancías u otras propiedades pertenecientes a los súbditos de Gran Bretaña, yendo de un océano a otro en cualquier dirección, no deberá ser sometido a impuestos de importación o exportación alguno, o a algún peaje discriminatorio o cargo por transporte en ningún camino, y deberá ser seguro y protegido de cualquier interrupción y detención por parte de dicho Estado. Acepta, además, que cualquier otro privilegio y ventaja, comercial o de otro tipo, que es o pueda ser otorgado a los súbditos o ciudadanos de cualquier otro país, con respecto a cualquier camino, también deberá ser extendido a los súbditos británicos; así mismo, se compromete a establecer los puertos en las extremidades del camino contemplado como puertos libres para todo propósito de comercio. En consideración de estas concesiones, con el fin de asegurar la construcción y permanencia del camino contemplado y para asegurar, para beneficio de la humanidad, las ventajas ininterrumpidas de tal comunicación de mar a mar, Gran Bretaña reconoce los derechos de soberanía y propiedad de Honduras sobre la vía de dicho camino, y garantiza de manera positiva y eficaz toda la neutralidad de la misma, siempre y cuando disfrute de los privilegios que se le conceden. Y, cuando se complete el camino propuesto, Gran Bretaña también se compromete, junto con Honduras, a proteger el mismo de interrupciones, capturas o confiscaciones injustas, de donde sea que procedan los intentos. Sin embargo, Gran Bretaña, al acordar su protección para dicho camino y garantizando su neutralidad y seguridad cuando se complete, entiende que esta protección y garantía son otorgadas condicionalmente, y pueden ser retirados por ella si considera que las personas o compañía efectuando o manejando el mismo adoptan o establecen regulaciones concernientes al tráfico contrarias a la naturaleza e intenciones de este artículo, ya sea por hacer discriminaciones injustas en favor del comercio de cualquier nación o naciones, o por imponer exacciones o peajes irrazonables sobre pasajeros, embarcaciones, bienes, mercancías u otros artículos. Dicha protección, sin embargo, no debe ser retirada sin antes dar un aviso de seis meses a la República de Honduras".

Fuente: The London Times

CONVENIO CON HONDURAS
Del New York Herald

El siguiente convenio entre Su Majestad y la República de Honduras con relación a los indios mosquitos y a los derechos y reclamaciones de súbditos británicos fue firmado en Londres el 27 de agosto de 1856:

"Su Majestad la Reina del Reino Unido de Gran Bretaña e Irlanda, y la República de Honduras, estando deseosos de arreglar por medio de un convenio ciertos puntos relacionados a arreglos territoriales que son temas de otro convenio, han realizado un convenio entre ellos en este día, y han nombrado como plenipotenciarios para ese propósito a los siguientes:

"Su Majestad la Reina del Reino Unido de Gran Bretaña e Irlanda, el honorable George William Frederick, Earl de Clarendon, el barón Hyde de Hindon, súbdito del Reino Unido, miembro del Consejo Privado Honorabilísimo de Su Majestad Británica, caballero de la Nobilísima Orden de la Jarreta, Caballero Gran Cruz de la Honorabilísima Orden del Baño, Secretario Principal del Estado de Su Majestad Británica para Relaciones Exteriores;

"Y su Excelencia el presidente de la República de Honduras, el Sr. Dr. Juan Víctor Herrán, ministro plenipotenciario de la República para Su Majestad Británica;

"Quienes, después de haberse comunicado el uno al otro sus respectivos puestos, han acordado de común acuerdo los siguientes artículos:

"Artículo 1. La República de Honduras acuerda no perturbar a los súbditos de Su Majestad Británica en el disfrute de cualquier propiedad de las cuales podrían estar en posesión en las islas de Roatán, Bonacca, Elena, Utila, Barbareta y Morat, situadas en la Bahía de Honduras.

"Artículo 2. Su Majestad Británica acuerda reconocer el canal medio del río Wanx o Segovia, que cae al Mar Caribe en Cabo Gracias a Dios, como la frontera entre la República de Honduras y el territorio de los indios mosquitos; esto, sin embargo, sin perjudicar ninguna cuestión de fronteras entre las Repúblicas de Honduras y Nicaragua.

"Y aunque los indios mosquitos hasta este momento han tenido posesión y han tenido derechos en y sobre los territorios ubicados entre el río Wanx o Segovia y el río Román, Su Majestad Británica acordó recomendarles a los indios mosquitos renunciar a tales derechos a favor de la República de Honduras, con la condición de recibir de la República alguna cantidad considerable por medio de una pensión por periodo limitado, que se pagará de forma semestral, como indemnización y compensación por la pérdida y extinción de sus intereses en dicho territorio. Cuando tal arreglo haya sido aceptado por los indios mosquitos, Su Majestad Británica acuerda reconocer la soberanía sobre dicho territorio como perteneciente a la República de Honduras; y Su Majestad Británica y la República nombrarán, antes de que pase un periodo de 12 meses, a dos delegados, uno nombrado por cada parte, que tendrán el propósito de determinar la cantidad, el periodo de duración, la fecha, lugar y modo de pago de la pensión que se les pagará a los indios mosquitos como indemnización y compensación.

"Y aunque los súbditos británicos han obtenido, mediante concesión, arrendamiento u otro medio, intereses en varios terrenos de los indios mosquitos situados dentro del territorio ya descrito, entre el río Wanx o Segovia y el río Román, la República de Honduras acuerda respetar y permitir tales intereses. Y también se acuerda que los delegados mencionados en este artículo investigarán los reclamos de los súbditos británicos que se presenten debido a tales concesiones, arrendamientos u otros; y todos los reclamos de los súbditos británicos que se proclamen como con fundamento y válidos por parte de los delegados serán resueltos en la posesión de sus respectivos intereses en dichas tierras.

"Artículo 3. La República de Honduras también acuerda llevar a cabo cualquier acuerdo ya establecido y ahora en curso para la satisfacción de reclamos británicos; y las partes contrayentes aceptan que los delegados mencionados en el artículo anterior también examinarán y decidirán sobre cualquier reclamo británico sobre el gobierno de Honduras que se presente ante ellos y que sea diferente a los especificados en el artículo anterior y que no esté ya en curso de solución.

"Artículo 4. Los delegados mencionados en los artículos anteriores se reunirán en Trujillo a la mayor brevedad posible después de haber sido respectivamente nombrados, y deberán, antes de trabajar en cualquier asunto, realizar y firmar una declaración solemne que examinarán y sobre la que decidirán de manera imparcial y cuidadosa, según su mejor juicio y de acuerdo a justicia y equidad, sin temor, favor o afecto hacia sus propios países, para todos los asuntos referidos a ellos para que tomen una decisión; y tal declaración debe introducirse en el registro de sus procedimientos.

"Entonces, y antes de pasar a cualquier otro asunto, los delegados deberán nombrar a una tercera persona para que actúe como árbitro en cualquier caso o casos en los que ellos tengan una diferencia de opinión. La persona elegida como árbitro deberá, antes de empezar a actuar como tal, realizar y firmar una declaración solemne de manera similar a la que ya han realizado y firmado los delegados, y que también deberá introducirse en el registro de los procedimientos. En el caso de muerte, ausencia o incapacidad de tal persona, o debido a que omita, se niegue o deje de fungir como árbitro, otra persona deberá ser nombrada de la forma ya descrita para fungir como árbitro en su lugar y deberá realizar y firmar la declaración ya mencionada.

"Su Majestad Británica y la República de Honduras acuerdan considerar la decisión de los delegados en conjunto, o del árbitro, según sea el caso, como final y completa sobre los asuntos a los que se haya referido la decisión; y además se comprometen a dar efecto pleno a la misma.

"Artículo 5. Los delegados y el árbitro deberán llevar un registro preciso y actas o notas correctas de todos los procedimientos, junto con las fechas, y deberán nombrar y emplear a un oficinista u a otras personas para que les ayuden en las transacciones de negocios que se presenten. El salario de los delegados lo pagará su respectivo gobierno. Los gastos contingentes de la delegación, lo que incluye el salario del árbitro y el o los oficinistas, serán sufragados en igualdad de condiciones por los dos gobiernos.

"Artículo 6. El presente convenio será ratificado y la ratificación se intercambiará en Londres tan pronto como sea posible dentro de un periodo de 12 meses desde esta fecha.

"En fe de esto, los respectivos plenipotenciarios han firmado y han colocado aquí sus respectivos sellos.

"Realizado en Londres el día 27 de agosto en el año de nuestro Señor 1856.

"Clarendon.
"Vr. Herrán".

Fuente: The London Times

1857-febrero-07

Su Majestad nos ordena informarles que ella se ha comprometido en negociaciones con el gobierno de los Estados Unidos, y también con el gobierno de Honduras, las cuales, ella confía, serán exitosas en remover toda causa de malentendidos con respecto a Centroamérica.
Fuente: The Economist

1857-marzo-05

LOS TRATADOS CENTROAMERICANOS
Para el editor del Times

Señor, parece existir gran confusión en la mente de una cantidad considerable del público con respecto a los recientemente concluidos tratados centroamericanos, al haber una confusión del convenio con Honduras con el tratado con los Estados Unidos. Hubo una confusión similar en la mente de Lord Derby, como se evidenció en sus comentarios en el discurso de la Reina hasta que Lord Clarendon lo corrigió al decir:

"Los señores encontrarán que todos los acuerdos a los que nos hemos comprometido se mantendrán, mientras que todos los derechos que Honduras posee se le asegurarán a ese Estado. Los dos tratados no están de ninguna forma relacionados entre sí. El que se ha llevado a cabo con los Estados Unidos simplemente hace referencia a la cuestión con respecto a la protección del territorio mosquito. En Roatán, que se suponía pertenecía a Honduras, hemos tenido presencia con el propósito de incrementar las facilidades para la construcción de unas vías férreas que, creo yo, será el mejor modo de establecer comunicación entre los dos océanos. En ambos lados del istmo hay dos puertos magníficos, y, sin duda, todas las potencias que podrían aprovechar esta comunicación tomarían como anomalía cualquier arreglo por el que una isla casi a la entrada de este lugar debiera dejarse en manos de cualquier potencia. Ha quedado bajo la soberanía de Honduras, y este país no tiene el poder de entregarla a cualquier otro gobierno. Por lo tanto, creo que estos tratados proporcionarán respuesta completa sobre los propósitos que los gobiernos de Inglaterra y los Estados Unidos tenían en mente, y que estos evitarán cualquier malentendido futuro sobre esta cuestión. Sobre este punto solo agregaré que estoy de acuerdo con el noble Earl de que no tenemos interés en Centroamérica aparte de obtener un tránsito libre a través del istmo, y no puedo ver ninguna razón para que sobre tal cuestión se presenten dificultades en el futuro entre nosotros y los Estados Unidos".

La cláusula "sobre la esclavitud", que muchos suponen fue una de las objeciones presentadas por el senado de los Estados Unidos en contra del Tratado Clarendon-Dallas, no forma parte de ese documento y de ninguna forma es legítimo para la consideración de ese cuerpo. Constituye parte de un convenio con Honduras, y es en conjunto un asunto entre esa República soberana y el gobierno de Su Majestad, y es de la siguiente manera:

"La República también acuerda no erigir ni permitir que sea erigida ninguna fortificación en dichas islas ni en ninguna otra isla de la Bahía de Honduras, ni ceder ninguna de estas ni pasar el derecho de soberanía ni ninguna parte de esa soberanía a otra nación o Estado.

"Y aunque la esclavitud no ha existido en dichas islas, la República de Honduras se compromete a no permitir que exista la esclavitud en ningún momento en el futuro".

Lo más que se puede decir sobre esta cláusula es que su introducción fue innecesaria, ya que la esclavitud no existe en Honduras y no hay ni la más mínima probabilidad de que llegue a existir. Se puede cuestionar qué tan necesario o político fue introducir esta cláusula, y por tanto levantar prejuicios que de otra forma habrían permanecido inactivos. Por otro lado, el derecho y capacidad de Honduras y Gran Bretaña de realizar un tratado sobre este o cualquier otro asunto es innegable; tampoco es una acción que deba ser sujeta a revisión por el senado de los Estados Unidos. Los propagandistas de la esclavitud en ese grupo probablemente tendrán trabajo suficiente para evitar que se introduzcan cláusulas similares en las constituciones de todos los Estados nuevos que soliciten admisión en la Unión, sin tener que extender sus preocupaciones paternales a relaciones que establezcan gobiernos foráneos e independientes.

El público inglés puede estar seguro de una cosa, que ninguna oposición en los Estados Unidos en contra del ajuste centroamericano ganará fuerza en el senado o en el país al hacer alusión al "asunto de la esclavitud" relacionado a este; y que si el Tratado Clarendon-Dallas falla, se deberá a razones diferentes que no tienen nada que ver con esta cláusula en el convenio con Honduras.

Un Ciudadano Estadounidense.

Fuente: The London Times

Las negociaciones en las cuales Su Majestad ha estado involucrada con el gobierno de los Estados Unidos y con el gobierno de Honduras, con respecto a los asuntos de Centroamérica, no han concluido.

Fuente: The Economist

1857-mayo-12

CENTROAMÉRICA
Para el editor del Times

Señor, al considerar su artículo editorial de este día como una exposición justa e imparcial de la opinión verdadera de este país sobre las relaciones propias con los Estados Unidos, las siguientes noticias importantes procedentes del *Arab,* como se presentaron en el *New York Herald* del día 27 del mes pasado, requieren una explicación:

"Nuestro corresponsal en Belice, Honduras, que escribe el día primero de este mes, nos envía noticias muy importantes de Centroamérica, que se encontrarán en su carta publicada en otra parte. El Sr. Stevenson, superintendente británico en Belice, se había ido algunos días antes. El Sr. Seymour, su sucesor, llegó en el bergantín de guerra británico *Arab* el día 30 del mes pasado, y el siguiente día tomó juramento con mucha ceremonia para aceptar el puesto. El siguiente día el *Arab* lo llevó hasta Roatán, en donde tomó juramento a nombre de la reina Victoria como 'Gobernador Lugarteniente de Su Majestad en las Islas de la Bahía'. Este hecho ocasionó mucha exaltación, ya que se creía que Inglaterra no tenía intenciones reales de cederle la colonia a Honduras. Es, ciertamente, un hecho muy curioso cuando tomamos en consideración la política recientemente declarada de Lord Clarendon, como se detalló en nuestra carta de Londres en otra columna, y además la retrocesión de las Islas de la Bahía a Honduras por el tratado realizado el invierno pasado".

Usted está consciente de lo que no ha sido generalmente revelado al público, es decir, que el retraso de seis meses en el que se ratificaría el tratado Dallas-Clarendon expiró el 16 del mes pasado, y que en ese día el tratado, después de ser enmendado por el senado de los Estados Unidos, fue rechazado y regresado al Sr. Dallas.

Se recordará que el verano pasado negociamos un tratado cediendo las Islas de la Bahía a Honduras con el Sr. Herrán, el ministro de esa República.

En el tratado Dallas-Clarendon propuesto se recitó la negociación con Honduras, y se le pidió a Estados Unidos que llevara a cabo un arreglo similar con Honduras y que se nos uniera para obtener el asentimiento de las otras cuatro repúblicas de Centroamérica para ese plan.

Insertamos en nuestro acuerdo con Honduras una cláusula sobre la existencia de la esclavitud en las Islas de la Bahía.

Nuestro derecho a insistir en esta cláusula fue cuestionable, al tomar en consideración que el hecho de nuestra cesión a Honduras aceptaba, en realidad, la alegación de que habíamos tomado esas islas de manera injusta.

La política de la cláusula fue, no dudo en decirlo, mala, incluso desde el punto de vista anti-esclavitud.

El senado de los Estados Unidos, quien tiene el poder para realizar tratados, objetó a la cláusula de la esclavitud y la omitió. Parecen no haber estado conscientes de que Honduras nunca había ratificado el tratado con nosotros, y que solo fue un desperdicio de papel. Hasta ahora queda claro que Lord Clarendon tenía, en un sentido diplomático, la razón. Pero ahora parece que el 31 de marzo establecimos a un gobernador en Roatán, aunque no le informamos al Sr. Dallas que Honduras nunca había ratificado nuestra cesión de esta hasta el 16 de abril. Si esto es cierto, y temo que lo es, tenemos que jactarnos de uno de los actos más agudos de los que jamás se haya escuchado.

Espero que algún miembro de la Cámara de los Comunes le pregunte a Lord Palmerston si podemos declarar ser un poco "las personas más inteligentes de la creación".

Quedo, señor, a su entera disposición.

Voyageur.

Fuente: The London Times

1857-junio-04

LOS TRATADOS CON HONDURAS

Ha sido de nuestro conocimiento que se ha recibido información en Londres del ajuste parcial de las complicaciones con respecto a las negociaciones con Honduras. El presidente de esa República, el Gral. Don Santos Guardiola, ha, según se nos dice, ratificado el tratado firmado por su ministro, el Sr. Víctor Herrán, con Lord Clarendon, en Londres, el año pasado, siendo un tratado de comercio y amistad del tipo ordinario, junto con el "artículo adicional" importante que garantiza la neutralidad de las vías férreas a través del istmo de Honduras. Pero, por razones con las que al parecer aún no están familiarizados los agentes de Honduras en este país, el presidente no ha ratificado el convenio que, firmado al mismo tiempo que el tratado ya mencionado y por los mismos funcionarios, proporciona la transferencia, bajo ciertas condiciones, de las Islas de la Bahía a Honduras y la cesión de ciertos derechos de soberanía británica sobre el territorio Mosquito. El plenipotenciario hondureño acreditado a Inglaterra y Francia, el Sr. Herrán, que ahora reside en París, ha recibido información del Conde Walewski de que el gobierno de Francia ratificará de inmediato un tratado con Honduras, similar en todos los aspectos al que se acaba de realizar entre Gran Bretaña y Honduras, incluyendo el "artículo adicional" sobre la neutralidad del Ferrocarril Interoceánico de Honduras. Esta vía, que irá desde Puerto de Caballos en el Atlántico y hasta la Bahía de Fonseca en el Pacífico, con ambas terminales en el Estado de Honduras, está ahora en inspección, con la aprobación del gobierno de Su Majestad, por un grupo grande de ingenieros que recientemente salieron de Nueva York con ese propósito. Fueron acompañados desde ese punto por el Sr. Alvarado, ministro hondureño en Washington, en donde acababa de firmar un tratado con el gobierno de los Estados Unidos, siendo este idéntico al tratado anglo-hondureño y conteniendo también el "artículo adicional" que garantiza el uso libre del ferrocarril propuesto en interés del comercio y civilización de todas las naciones.

Fuente: The London Times

1857-septiembre-03

El TRATADO CON HONDURAS

Se acaba de imprimir un tratado de comercio y navegación entre Su Majestad y la República de Honduras, firmado el 27 de agosto de 1856. Este durará siete años a partir de su fecha de ratificación. El artículo más importante es uno adicional relativo al derecho de tránsito por la ruta interoceánica, con el que el gobierno de Honduras acordó que el derecho de tránsito por dicha ruta, de mar a mar, estará abierto y libre para el gobierno y súbditos de Gran Bretaña "para todos los fines legales", y que no se impondrán peajes ni cuotas por el tránsito de propiedad o correspondencia pública de Gran Bretaña. La República también se compromete a establecer puertos gratuitos en los extremos de la ruta contemplada. A cambio de estas concesiones, Inglaterra reconoce los derechos de soberanía y propiedad de Honduras en y sobre la vía del camino principal, y garantiza la completa neutralidad de la misma, con la prevención de que su garantía y protección pueden retirarse si la compañía que maneje la vía adopta regulaciones contrarias a la intención y esencia de este artículo del tratado.

Fuente: The London Times

LOS INFORMES MÁS RECIENTES
Mediante telégrafo con el N. Y. Daily Times
Oficinas de Magnetic Telegraph Co. — 43 Wall St. and 181 Broadway
Desde Washington
Tratado entre Honduras y Francia — Las compañías de Tehuantepec — The Wagon Roads — Nuestras relaciones exteriores.
Mensaje especial hacia el New-York Daily Times

Washington, lunes 20 de agosto de 1857.

Honduras ha llevado a cabo un tratado con Francia para garantizar una ruta de vía férrea.

La exploración del movimiento de la New-Orleans Tehuantepec Company muestra que los intereses de Sloss están cubiertos en favor de Falconer, que la La Sere Company ha comprado las hipotecas, y que los intereses de La Sere y Hargous están fusionados.

El Sr. Campbell, jefe del Wagon-Road Bureau, no tiene cargos en contra de la acción justificadora de Nobles. Nobles no será despedido. Por el presente, es probable que ambas vías terminen en fracaso.

El breve artículo editorial en el *Intelligencer* de esta mañana, sobre el tema de relaciones exteriores, presenta precisamente los mismos puntos de vista que el presidente y el Gral. Cass admiten y reconocen. El gobierno ejecutivo muy recientemente ha visto renovadas las garantías de intenciones amigables de parte del gobierno británico.

Fuente: The New York Times

RECEPCIÓN DEL REPRESENTANTE DE HONDURAS POR LA REINA

Londres, noche del viernes 28 de agosto de 1857.

La recepción del Sr. Herrán fue de lo más atenta y halagadora en todos los sentidos. No se trató ningún otro asunto que no estuviera relacionado con su representación. Él resultó ser el partidario más prudente, discreto y energético de las negociaciones que se le han confiado, y tiene el derecho de sentirse perfectamente satisfecho con el éxito que han conseguido sus labores hasta el momento. El gobierno, cuyas labores él cumplió a cabalidad, escasamente puede darle el reconocimiento debido por sus servicios. Conversó con algunos de los miembros menores de la familia real después de la audiencia, y no se omitió nada que le pudiera haber dado más importancia a la ocasión. Parecía como si se aprovechara la oportunidad para marcar el borrado de todas las reminiscencias desagradables con respecto a los acontecimientos recientes que no necesitan ser nombrados; pues, aunque el tratado no considera los puntos a debatir sobre Roatán y otras dificultades relacionadas, su ratificación sirve como vehículo para transmitir sentimientos amistosos sobre todas las personas involucradas. Al menos esta es la interpretación que se da acerca de este procedimiento en la localidad. Se espera que el sentimiento sea recíproco en su parte del mundo y que, por mucho tiempo, "Centroamérica" pueda pronunciarse en cualquier orilla del Atlántico sin implicar necesariamente un deseo de involucrar a cualquier parte en

dificultades. El tratado, según lo ratificado, se puso sobre la mesa de la Cámara de los Comunes el día de hoy, siendo este además el único asunto tratado que no fuera totalmente de carácter doméstico.
Fuente: The New York Times

1859-febrero-12

Honduras, como el sitio propuesto para la ruta de ferrocarril del Pacífico, ocupa la primera y mayor parte del aviso de nuestro autor. Es el Estado más diversificado y el más adecuado para propósitos migratorios: "Amplio aluvial, valles fértiles, planicies amplias y elevadas, y montañas adosadas con sus cumbres, que colectivamente ofrecen casi todas las variedades posibles de clima, suelo y producción". A esto debemos añadir minas ricas de plata, hierro y cobre; y extensos lavados de oro, de los cuales se afirma audazmente que "no cabe duda de que los lavados de oro de los ríos Guayape y Mangualil y sus afluentes tienen el mismo valor que los de California, y pronto deben llegar a atraer una gran cantidad de atención tanto en los Estados Unidos como en Europa". Actualmente los lavados solo son efectuados por mujeres indias, quienes "dedican unas cuantas horas los domingos por la mañana al trabajo, viviendo el resto de la semana de los resultados". Se estima que la población es de 350,000 en un área de 39,600 millas cuadradas (cerca del área de Portugal), o alrededor de nueve por milla cuadrada. La constitución de Honduras es más liberal con respecto a los colonizadores y a las diferencias religiosas que cualquier otro Estado. Ha resaltado por su adherencia a la república federal; y aún no ha asumido el nombre de una república separada, llamándose a sí mismo "Estados" y a sus funcionarios más altos "jefes o directores". Los artículos más importantes de comercio, además de los metales preciosos y la caoba, son teca, palo de rosa, palo tinto, zarzaparrilla, tabaco y una pequeña cantidad de índigo; estos, con ganado y pieles, forman sus exportaciones totales. Suman, por una estimación aproximada, a 176,000£ anuales; las importaciones a 150,000£, principalmente de Gran Bretaña. Esta cantidad muy limitada de comercio es capaz de una extensión indefinida, piensa el Sr. Squier, cuando los grandes productos básicos de los trópicos —el algodón, el azúcar y el café— se cultiven libremente. La tierra es muy adecuada para su producción. La cochinilla, también, cuyo cultivo está ahora casi confinado a Guatemala, se encuentra aquí en estado salvaje y en gran abundancia. El Sr. Squier da detalles interesantes de la vida salvaje de los cortadores de caoba en los densos bosques de los valles fluviales; son principalmente indios caribes, una raza resistente, fuerte y trabajadora, de la cual dice: "Los caribes ciertamente han mostrado gran capacidad de mejora, y su tasa actual de aumento siempre debe poder satisfacer todas las demandas industriales que puedan crearse en la costa norte, donde el clima es menos favorable para la introducción de mano de obra extranjera".
Fuente: The Economist

1859-febrero-28

GUATEMALA Y HONDURAS

No existe ni el más mínimo fundamento para la historia de que los filibusteros que fueron arrojados a tierra en Omoa tuvieran partidarios o amigos en Honduras. Por el contrario, cada hombre, mujer y niño del país se hubieran opuesto con todo su poder disponible a su avance en el territorio si hubieran sido capaces de seguir con su intento.

Guatemala ha mantenido un silencio político. Los gastos gubernamentales para el año 1858 se han elaborado e informado. Los recibos de todas las fuentes sumaron la cantidad de $682,798.69; y los gastos fueron $878,108.77.

La ley relativa a la exportación de plata en monedas y barras desde Guatemala ha sido derogada, y ahora se permite la exportación.

El día 11 de enero, dos sirvientes mexicanos asesinaron en sus camas a tres hijos del Sr. Edward Klee, de edades dieciocho, once y nueve años respectivamente. El Sr. K. se encontraba ausente en una visita a una de sus granjas en ese momento. Los hombres fueron arrestados y confesaron que la motivación de los asesinatos fue el robo de las propiedades dentro de la casa. Los asesinos son hombres jóvenes de veintiuno y veintidós años de edad.

Fuente: The New York Times

Parte 3

Los sueños de progreso

1860-68

INGLATERRA HA CEDIDO LAS ISLAS DE LA BAHÍA A HONDURAS

Se ha recibido información oficial de que Inglaterra ha formalizado un tratado con Honduras, mediante el cuál las Islas de la Bahía se le ceden a esa república. Ahora solo queda pendiente la cuestión menos importante de la entrega del Protectorado de Mosquito de Gran Bretaña a Nicaragua para completar el acuerdo de solución de las diferencias entre Inglaterra y los Estados Unidos, que surgió del Tratado Clayton-Bulwer, sobre la base de lo que los dos gobiernos han acordado hasta ahora. No hay duda de que el Sr. Wyke logrará concluir el tratado pendiente con Nicaragua.

Fuente: The New York Times

CENTROAMÉRICA

El tratado recientemente negociado entre Gran Bretaña y Honduras ha recibido una extensa cobertura por parte de la prensa de este país, pero no es generalmente conocido que, si este tratado es ratificado por el gabinete de Londres, Inglaterra estará abandonando la posición que asumió al rechazar el Tratado Dallas-Clarendon, que contiene las enmiendas del Senado de los Estados Unidos. Este último tratado mencionado establecía que Gran Bretaña le entregaría las Islas de la Bahía al Estado de Honduras, pero con tales condiciones y restricciones que pudieran acordarse en un tratado *para ser* negociado entre esas dos potencias. Esta provisión fue objetable para el Senado, y en consecuencia se suprimió. ¿Quién se aventuraría a decir cuáles fueron estas condiciones y restricciones? ¿Quién sabía que no serían solo seriamente perjudiciales para los intereses estadounidenses, si no totalmente destructivas de nuestra política centroamericana? En efecto, un borrador del tratado a negociarse ya se había redactado en Downing-street, en el que se establecía la prohibición de la esclavitud en las Islas de la Bahía y se les aseguraban a los colonos privilegios y derechos políticos especiales, equivalentes a un gobierno separado e independiente. Es por esto que el Senado enmendó el tratado para requerir una restauración incondicional de estas islas al Estado al que debidamente pertenecían.

El Ministerio de Palmerston, bajo la influencia de su distinguido líder, prontamente rechazó el tratado enmendado y lo regresó aquí sin aprobarlo. Entonces se rompió la negociación entre los dos gobiernos sobre el tema sin que se retomara de nuevo, y ninguna de las partes estaba dispuesta a tomar la iniciativa. Todo parecía indicar a una revocación del tratado de Clayton-Bulwer que, de acuerdo al punto de vista estadounidense sobre el tema, estaba siendo infringido por Inglaterra al retener su colonia en las Islas de la Bahía. Mediante su nuevo tratado con Honduras, hace una transferencia completa de estas islas.

En esta conexión podemos aludir a un hecho político interesante, que puede no ser tan conocido, y que demuestra la sabiduría de nuestro sistema al constituir al Senado como una parte esencial en la capacidad de establecer tratados. Aunque se presentó como el tratado de "Dallas-Clarendon", el borrador original del tratado fue preparado por el difunto secretario Marcy y enviado al Sr. Dallas con instrucciones de obtener para este la aprobación del gabinete londinense. Él lo hizo, y no fue sino hasta que regresó aquí que se llamó al Senado para que aprobara sus provisiones. En realidad, fue la rama ejecutiva de nuestro gobierno la que le propuso a Inglaterra los términos que el Senado después rechazó; y ahora Inglaterra cede ante todo lo que exigió el Senado.

Todo lo que queda es que el tratado de Mosquito con Nicaragua quede completado y ratificado, y Gran Bretaña se habrá lavado las manos de Centroamérica y evitará la necesidad de revocar por parte de los Estados Unidos el tratado de Clayton-Bulwer. Y cuando la cuestión de la frontera noroeste quede resuelta, lo que sin duda pasará pronto, ya no existirá ninguna causa de irritación entre las dos naciones. Se le debe una gran parte del crédito al actual representante de su majestad británica cerca de este gobierno por tan afortunada sucesión de eventos.

Fuente: The New York Times

1860-enero-25

HONDURAS Y GUATEMALA

El Gral. Guardiola, el dictador de Honduras, fue "reelegido presidente" de ese país el 6 de noviembre. Debido a un discurso claro en uno o dos documentos sobre el abuso de los privilegios electorales en relación con la presidencia, el presidente ha anunciado su determinación de "reprimir los abusos de la prensa". El ministro británico, el Sr. Wyke, había llegado a la capital.

El congreso de Guatemala se reunió el 25 de noviembre cuando se leyó el mensaje del presidente Carrera. En alusión al reciente tratado de límites con Inglaterra, el presidente cree que facilitará el ajuste de la cuestión centroamericana entre Inglaterra y Estados Unidos. También cree que la solución de esta cuestión de los límites hará que Inglaterra abra rutas al interior del país desde el Atlántico, lo que beneficiará enormemente a la agricultura y los negocios en general de Guatemala. El presidente Carrera lamenta la revolución en Costa Rica, pero espera que el efecto no sea desastroso. Él dice que las escuelas están en una condición floreciente y afirma que pronto se inaugurará un establecimiento para la educación de las mujeres. Habla de manera alentadora sobre el futuro de la República, cuando sus recursos agrícolas se desarrollen más y las carreteras brinden mayores facilidades para el comercio dentro del país y con los Estados vecinos. Como compensación a esta imagen esperanzadora, uno no puede evitar notar que los documentos públicos están llenos de relatos grandilocuentes de fiestas religiosas, ceremonias de la Iglesia y de los jesuitas, "el obispo más ilustre de Chiapas" y "el obispo más ilustre de Trajanópolis", ocupando más espacio a la vista del público que los comienzos universitarios, ferias agrícolas y espectáculos de ganado. El 8 de diciembre, la festividad de la Inmaculada Concepción de Nuestra Señora "se celebró con toda la solemnidad y devoción que corresponde al entusiasmo que el pueblo de Guatemala siempre ha mantenido y defendido por este dogma". Luego sigue un largo relato de las momias de la Iglesia, las procesiones, los adornos de las casas, las iluminaciones, las luces de bengala, los fuegos artificiales, los buscapiés, etc., etc. Nuestra Señora de Guadalupe tomó su turno el día 12 y "fue" igual de fuerte.

Luego fue la gran recepción de siete hermanas de Francia de la orden de "Nuestra Señora", en la que todas las poblaciones por las que pasaron, durante 90 millas, desde San José hasta la ciudad de Guatemala, salieron a recibirlas y darles la bienvenida. Un comité de veinticinco coches las llevó a la Catedral, donde el "ilustre señor arzobispo" cantó un *Te Deum*. De hecho, cabe la duda de si la agricultura, el comercio, las artes de la paz, la libertad y la educación florecerán enormemente cuando se asfixian con malas hierbas nocivas como estos sacerdotes, frailes y jesuitas de Guatemala.

La noche del día 8, a las 8:20, se sintió un violento terremoto en la ciudad de Guatemala y también en muchas partes del Salvador, que duró un minuto. Las ventanas y puertas se sacudieron, el agua de algunas de las fuentes fue arrojada de un lado a otro y muchos relojes se detuvieron. Después de que cesó el ruido, la oscilación de la tierra continuó durante casi medio minuto. Cada oscilación parecía durar casi medio segundo. El primer movimiento de la tierra vino del suroeste, pero luego tomó la dirección de noroeste a sureste. Un péndulo de 3.5245 metros oscilaba 40 milímetros. Sopló un fuerte viendo del nornoreste durante todo el día, lo que bajó la temperatura considerablemente y la presión atmosférica fue extraordinaria. El cielo estaba despejado, excepto por algunas nubes en el noroeste. La dirección de la aguja de declinación magnética, que todo el día del día 8 fue de 7° 13 '31 ", poco después del terremoto fue de 7° 6' 3", que se mantuvo todo el día el día 9 y parte del día 10.

Las importaciones del año pasado ascendieron a $1,140,043 y las exportaciones a $1,126,189.
Fuente: The New York Times

LA CUESTIÓN DE LA FRONTERA DE HONDURAS

El buque de vapor que navega entre este puerto y Belice trajo recientemente el informe de que las fronteras de Honduras británica han quedado permanentemente definidas, y que Guatemala, el país vecino, ha reconocido en su totalidad las demandas del gobierno inglés. Hace algún tiempo se hablaba mucho en los Estados Unidos sobre la doctrina Monroe; se instó fuertemente a la necesidad de aplicarla y se declaró que las pretensiones de los británicos de colonizar cualquier territorio nuevo en el continente eran absurdas e inadmisibles. Nuestro gobierno rechazó la existencia de la soberanía británica sobre este territorio de Honduras, y solamente concedió el derecho de los colonos para cortar leña de acuerdo con tratados y títulos originales. Sin embargo, es un hecho que no se puede disputar el que Honduras británica, que tiene un área de 70,000 millas cuadradas, es ahora como se determina una parte del imperio como lo es Jamaica o Canadá; y además de esto, promete ser una de las adquisiciones coloniales más valiosas en este hemisferio. Hace algunos años, el asentamiento se componía totalmente por leñadores; pero ahora hay prósperas fincas de azúcar en las inmediaciones de Belice. Honduras es una dependencia de Jamaica, pero en unos cuantos años sus exportaciones sobrepasarán las exportaciones de la antigua colonia, si esta última continúa con su deterioro.
Fuente: The New York Times

La negociación con Honduras continúa sin ninguna referencia en absoluto a la acción del Senado sobre el tratado de Nicaragua. Sin embargo, el Sr. Buchanan dice que cualquier enmienda hecha en buena fe por el Senado será respetada por él en subsecuentes negociaciones con los Estados centroamericanos.
Fuente: The New York Times

EL TRATADO CON HONDURAS

El presidente envió el día de hoy al Senado el tratado que se acaba de realizar con Honduras, en la misma base que el realizado con Nicaragua y que está pendiente en el Senado, la cláusula de tránsito siendo la única diferencia. Es la intención del presidente del Comité de Relaciones Exteriores empezar acciones con Honduras primero, después seguir con el tratado nicaragüense, y dejar para el final los asuntos mexicanos; a su parecer esta es la mejor política después de consultar con los amigos de cada tratado. La esperanza es que todos lleguen a ratificarse.
Fuente: The New York Times

DIPLOMACIA CENTROAMERICANA

En la Cámara de los Lores, el día 10 del presente mes, el Earl de Malmesbury preguntó si el Subsecretario de Relaciones Exteriores tendría alguna objeción para informar a la Cámara el estado del progreso de las importantes negociaciones con los Estados centroamericanos. Este era un asunto importante, no solo en cuestión de la relación de estos Estados con Gran Bretaña, sino también por el arreglo de la cuestión largamente discutida del tratado de Clayton-Bulwer. Cuando el antiguo gobierno terminó su mandato había tres cuestiones bajo consideración: el establecimiento de la línea fronteriza, la cesión del protectorado de Mosquito al gobierno de Nicaragua, y la cesión de las Islas de la Bahía a Honduras, bajo condiciones que garantizaban la seguridad de los súbditos de Su Majestad en esas islas. La discusión de estos tres temas había empezado en el gobierno anterior y a él le gustaría saber el progreso conseguido en las negociaciones. Él había leído recientemente en un periódico que las Islas de la Bahía habían sido cedidas a Honduras. Si este era el caso, y si se había realizado bajo la condición primero presentada por Lord Clarendon y después por él mismo, pensó que sería un tema de gran felicitación, pues esa condición sería el reconocimiento completo y total del tratado de Clayton-Bulwer de los Estados Unidos, y la garantía de seguridad para los súbditos de Su Majestad en las Islas de la Bahía contra cualquier interferencia de los Estados Unidos o cualquier otro país. A él le gustaría saber si las negociaciones se llevaron a cabo en tal posición que le permitiría al gobierno presentar la correspondencia sobre el tema.

Lord Worehouse dijo que esta cuestión se relacionaba con asuntos de gran importancia, ya que no solo afectaban las relaciones de este país con los Estados centroamericanos, sino también el tratado de Clayton-Bulwer. Le rogó recordar al noble Earl, quien aludió al estado de las negociaciones bajo el antiguo gobierno, que antes de que el gobierno dejara el poder el tratado de Clarendon y Dallas había caído a suelo debido a dificultades presentadas por el Secretario de los Estados Unidos. Subsecuentemente las negociaciones continuaron, y Sir W. Ouseley fue enviado a Centroamérica. Con respecto a la otra cuestión, el noble lord a la cabeza de la oficina de Relaciones Exteriores había continuado con las negociaciones, y el resultado fue un tratado mediante el cual las Islas de la Bahía se le cedían a Honduras. Ese tratado había sido recibido en este país y ratificado por Su Majestad. El noble Earl había advertido sobre las condiciones bajo las que estas islas serían cedidas, de acuerdo con la propuesta hecha por Lord Clarendon. Esas condiciones habían sido modificadas significativamente; pero al mismo tiempo se hicieron arreglos que, según él, garantizarían la seguridad de los súbditos de Su Majestad en las Islas de la Bahía y al mismo tiempo prevenían que las islas fueran cedidas por Honduras a otra potencia. Las condiciones de un tratado con Honduras también se habían completado, pero, hasta donde sabía el gobierno, el tratado todavía no había sido ratificado por el Congreso de ese Estado ni firmado por Su Majestad. Con relación a la producción de correspondencia, el gobierno no podía presentar los documentos ante la Cámara hasta que esas ratificaciones fueran intercambiadas.

El Earl de Malmesbury consideró como satisfactoria la declaración del noble Lord, hasta este momento, pero todo dependía de los términos en los que esas islas fueran cedidas. Le recordó al noble Lord que no le había informado a la Cámara con qué espíritu había reconocido el gobierno estadounidense el tratado Clayton-Bulwer. ¿Reconoció ese gobierno el espíritu del tratado de forma justa y total? El gobierno anterior estableció como condición indispensable para la cesión de las Islas de la Bahía el que Estados Unidos reconociera el tratado Clayton-Bulwer sin ninguna otra disputa.

Fuente: The New York Times

1860-junio-02

EL TRATADO ENTRE INGLATERRA Y HONDURAS

Nueva Orleans, viernes 01 de junio.

La goleta *John A. Taylor*, que llegó desde Roatán el día 26 del mes pasado, trae la noticia de que el día 21 se anunció la ratificación del tratado entre Inglaterra y Honduras. Las Islas de la Bahía se transferirán a Honduras. Las personas de la isla tuvieron una reunión para expresar su indignación y se declararon independientes, y estaban a punto de diseñar una constitución.

Fuente: The New York Times

1860-junio-07

NOTICIAS INTERESANTES DESDE ROATÁN

Ratificación del tratado entre Gran Bretaña y Honduras — Inglaterra cede la soberanía de las Islas de la Bahía

Los periódicos de Nueva Orleans del día 2 contienen las últimas noticias desde Roatán. El hecho de la ratificación del tratado entre Gran Bretaña y Honduras, que reconoce la soberanía de este último sobre las Islas de la Bahía, y del intercambio de las ratificaciones en Comayagua el día 21 del mes pasado, se anunció a la gente de Roatán en una reunión pública que se celebró en Puerto McDonald ese mismo día. El teniente gobernador interino, Thomas Price, leyó la siguiente proclamación de la Reina:

Sépase que nos hemos visto obligados por motivos de suma importancia de política oficial a separar las islas de Roatán, Utilla, Bonacca, Barbarat, Helena y Morat, comúnmente conocidas como la colonia de las Islas de la Bahía, de su conexión con nuestra Corona; y sépase que en consecuencia hemos celebrado un tratado con el gobierno de Honduras, mediante el cual las islas serán cedidas a esa república. Ahora, por lo tanto, al haber recibido información sobre el intercambio de ratificaciones de dicho tratado en Comayagua, sépase que, en fecha próxima, previa notificación, se procederá a ceder dichas islas a los comisionados que disponga el presidente de dicha república para recibirlas. Tras la cesión, nuestra soberanía en y sobre dicha colonia terminará. Y nuestros amados súbditos, y otros habitantes de las Islas de la Bahía, ahora se darán por notificados y actuarán acorde a esto.

Como testigo, su excelencia Thomas Price, teniente gobernador interino de dicha colonia de las Islas de la Bahía, este día veintiuno de mayo, en el año veintitrés de nuestro reinado, del año mil ochocientos sesenta después de Cristo. [L. S.] Firmado, T. Price.

A continuación, el gobernador Price hizo algunos comentarios breves, asegurándole a la gente que se les daría toda la protección necesaria a todos los que desearan continuar bajo la protección de la Corona británica. A tales personas se les daría pase libre para ellos y toda su propiedad movible a cualquier parte de las islas británicas de su elección, en donde se reservarían tierras de la Corona para ellos. Todos los que desearan tomar esta oferta se lo deberían hacer saber al Magistrado Presidente en un periodo de un mes. Los que prefirieran quedarse no debían temer el que sus intereses se vieran perjudicados.

Al finalizar esta reunión, se celebró otra por parte de los habitantes de la isla y, en medio de considerable entusiasmo, votaron por exigirle las siguientes garantías a Honduras:

Garantías requeridas de parte del gobierno de Honduras con el propósito de perpetuar la libertad civil y religiosa de los habitantes de las Islas de la Bahía, y con el propósito de transmitir las mismas, sin modificaciones, para su posteridad:

ARTÍCULO I. La ratificación de todos los títulos de tierra que ahora tenemos.

ARTÍCULO II. El derecho de adquirir más tierras mediante compra u otro método legal.

ARTÍCULO III. Preservar la forma actual de transferencias y traspasos, sustituyendo solo del estilo actual el nombre o estilo de la autoridad en turno.

ARTÍCULO IV. El precio de la tierra y el modo de asignación seguirá como en la actualidad hasta que se altere por medio de una asamblea elegida por los habitantes de las islas.

ARTÍCULO V. El derecho de elegir representantes para regular las leyes locales de las islas.

ARTÍCULO VI. Que ningún impuesto o préstamo se gravará sobre las islas o los puertos de estas sin el consentimiento de los habitantes.

ARTÍCULO VII. Que no se instalarán tropas en las islas sin el consentimiento de los habitantes.

ARTÍCULO VIII. Exclusión del servicio militar obligatorio para nosotros y para los trabajadores bajo nuestro empleo.

ARTÍCULO IX. El uso del idioma inglés en las cortes y registros públicos de las islas.

ARTÍCULO X. Libertad de entrada y salida sin un sistema de pasaportes.

ARTÍCULO XI. Libertad religiosa de acuerdo con los dictados de nuestra conciencia.

ARTÍCULO XII. Que las leyes y costumbres que prevalecían en las islas bajo la jurisdicción británica sigan en pie hasta que sean alteradas por los habitantes.

ARTÍCULO XIII. Que seamos gobernados por oficiales residentes de nuestra propia elección, y que tengamos el derecho de celebrar reuniones públicas para discutir nuestros problemas reales o supuestos.

Fuente: The New York Times

1860-julio-10

UNA DISCULPA POR LA CESIÓN DE LAS ISLAS DE LA BAHÍA POR GRAN BRETAÑA A HONDURAS
Del London Times

La colonia recién cedida a Honduras es conocida como la colonia de las Islas de la Bahía. Consiste en un grupo de islas, seis en total, que yacen en la costa norte de Honduras, nombradas respectivamente como Roatán, Utila, Bonacca, Barbareta, Helena y Morat. El primero de estos nombres puede, quizás, recordar al lector las disputas pendientes desde hace algún tiempo entre este país y los Estados Unidos, y que el presente acto de cesión ha concluido. Las consideraciones que la proclamación real describe como "motivos primordiales de la política del Estado" sugirieron la separación de esta colonia de la Corona Británica y la cesión del territorio a la vecina República de Honduras, una resolución que se plasmó en un tratado formal entre las potencias contratantes, y que probablemente para este tiempo ya se haya realizado. El día 21 del mes pasado, el señor Price, el Comisionado designado para este propósito, llegó a Roatán, y allí anunció a los habitantes de la colonia la misión que le fue encomendada. Él les informó que en un día cercano tendría que proceder a la consumación de su deber al entregar las islas a los oficiales de la república comisionados a recibirlas, y, por lo tanto, publicó un designio para que todos los involucrados pudieran comportarse en consecuencia.

Es satisfactorio comprender que la población de la colonia no ha recibido la información sin remordimientos, y aún más al conocer que sus intereses e inclinaciones fueron consultados por una propuesta liberal por parte de la Corona. A principios de año, un mensaje fue enviado desde la colonia, rogando para que Su Majestad se complaciera en retener la ratificación del tratado concluido con Honduras y se abstuviera de separar la conexión que subsistía entre la Corona británica y las Islas de la Bahía. El mensaje no llegó a este país hasta que el tratado fue ratificado; pero ahora se les ha hecho una oferta a los colonos, en la cual el privilegio de seguir viviendo bajo la protección británica será puesto a la orden de quien lo desee. Se han obtenido garantías del tipo más completo para beneficio de los colonos de parte del gobierno de Honduras; pero, si alguno de los colonos está inseguro o insatisfecho, tendrá la opción de proceder a cualquiera de las Indias Occidentales Británicas que escojan. Se les proveerá de pasaje gratuito a ellos y a todas sus posesiones; al llegar a su destino dispondrán gratuitamente de propiedades de la Corona. De modo que, hasta donde el caso lo permite, estarán protegidos contra pérdidas o daños.

Deberemos observar con interés el resultado de esta propuesta. No es probable que el gobierno republicano esté dispuesto a oprimir a un grupo de colonos que estarían entre sus ciudadanos más valiosos, sin mencionar que las garantías proveen de amplia seguridad de libertad civil y religiosa, pero la mera oferta alternativa es suficiente para demostrar la popularidad adherida al gobernar británico. Los colonos que decidan permanecer bajo el gobierno de Honduras serán efectivamente protegidos en contra de tiranías de cualquier tipo, de impuestos arbitrarios, de reclutamiento, y, como el punto culminante de sus privilegios, en contra de pasaportes. Llama la atención observar las instituciones peculiares contra las cuales se rebela la naturaleza inglesa. Los colonos no se han contentado con las estipulaciones para el uso de su propio idioma y la preservación de esos derechos políticos que un anglosajón lleva consigo a todas partes. Dudan que el gobierno republicano, por democrático que sea, sea capaz de vigilar paternalmente los movimientos de su pueblo, y negocian, por lo tanto, bajo condiciones especiales, que sean libres de ir y venir cuando quieran, sin ninguna intervención que implica el sistema de pasaportes.

Podemos comprender la indisposición de los colonos a transferir su lealtad. Pero la posición de estas islas era peculiar; nuestra presencia allí fue la fuente de litigios y disputas, y es probable que, al convertirlos a una especie de una potencia neutral, hemos destruido una cosecha de vergüenzas políticas. La prudencia aconsejó la medida. Ya no podemos escuchar más acerca de la "cuestión centroamericana", y, si la ventaja se ha comprado a costa de los colonos, debemos hacer todo lo posible para indemnizarlos por el daño. Después de todo, un asentamiento en las Indias Occidentales debe ser un muy buen intercambio por uno en Utila o Bonacca.

El punto más notable en la transacción es su novedad, un punto aún más notable teniendo en cuenta la multitud y variedad de nuestras posesiones en cada lugar del mundo. Argumenta algo por nuestra tenacidad de principios y nuestra equidad de administración, el que raramente hemos perdido o cedido territorios alguna vez adquiridos. Hemos sobrevivido a la lujuria de adquisición, y miramos, quizás con mucha indiferencia en la actualidad, a las posesiones que nuestros ancestros consideraban con orgullo y nuestros vecinos con envidia; pero no se puede decir que los dominios de la Corona británica han sido expuestos a desmembramiento o deterioro. En ninguna parte se ha desmoronado el tejido de nuestro imperio colonial. El edificio triunfal está en buen estado, y, si nuestra política ha sido modificada, ha sido en beneficio de los colonos y del país madre juntos. No tenemos ningún temor de que la cesión de las Islas de la Bahía forme un precedente, ni miramos alguna razón para lamentar lo ocurrido. No nos hemos retirado por la inhabilidad de permanecer; no hemos engrandecido a un rival poderoso; no hemos renunciado a ningún deber nacional. Todo lo que esperamos ahora es que los arreglos finales se ejecuten en favor de los colonos, y que no sean perdedores mientras otros ganan.

Fuente: The New York Times

1860-julio-16

ISLAS DE LA BAHÍA

El tratado mediante el cual Su Majestad acuerda reconocer las Islas de la Bahía como parte de la República de Honduras y renunciar al protectorado de esa parte del territorio Mosquito dentro de la frontera de Honduras se ha presentado ante el parlamento. Este declara que el tratado se realiza por Su Majestad en consecuencia de "la posición geográfica peculiar de Honduras y para garantizar la seguridad de las islas adyacentes, con referencia a cualquier vía férrea o cualquier otra vía de comunicación interoceánica que pueda ser construida a través el territorio de Honduras en el continente". Honduras se compromete a no ceder las islas a ningún otro Estado. Hay cláusulas que estipulan que los isleños tendrán perfecta libertad de creencia religiosa y adoración, pública y privada, y que se respetará su propiedad y la de los indios mosquitos, y ambos tendrán la libertad de retirarse si lo consideran adecuado, y, si permanecen, tendrán los derechos de un nativo de Honduras. Cualquier reclamo de un súbdito británico se arreglará mediante una comisión mixta. Durante los siguientes 10 años Honduras delegará $5,000 al año para los indios mosquitos con el propósito de educación y mejora de su condición social.

Fuente: The London Times

1860-julio-26

MÁS FILIBUSTERISMO
El general Walker de nuevo en camino a Nicaragua.
La expedición para proceder a través de Honduras. Una amnistía general y una política pacífica por ser proclamada.

El siguiente arribo de Honduras sin duda traerá información definitiva sobre el desembarco del General William Walker, con un pequeño grupo de adeptos, en Honduras, en ruta, vía ese istmo y Guatemala, hacia su antiguo lugar predilecto: Nicaragua. Este último intento es, evidentemente, la renovación de la expedición abortiva de Walker de la goleta *Susan*, que abandonó hace unos dos años y se hundió en su intento por entrar al puerto de Omoa, obligándolo al abandono de la empresa.

Él General Walker llegó a la isla de Roatán cerca del 25 de junio pasado a bordo de la goleta *John Taylor*, donde se le unieron cerca de cien hombres que se habían estado reuniendo allí desde hace un mes, llegando solos o en pequeños grupos para no llamar la atención; llegando en fruteros y otros medios de transporte complicados. Cuando se completaron los arreglos, el *Dewdrop*, al mando del capitán Dimon, repentinamente desembarcó a unos cincuenta hombres, mientras que un barco de vapor, que según se informa tenía a bordo el resto de la expedición, yacía de un lado a otro, sin intención de arribar.

El 27 de julio toda la compañía dejo la isla a bordo del *John Taylor*, "destino desconocido". Posteriormente se vio una embarcación, que se suponía que era el *Taylor*, en Manger Keys, en la desembocadura del puerto de Roatán, con destino al sur, el rumbo adecuado para Omoa o Trujillo. La llegada de un buque de guerra inglés a Roatán también es anunciada, la cual, bajo circunstancias normales, iría tras los filibusteros; pero el entusiasmo político existente en la isla, a consecuencia de la transferencia de dominio al estado de Honduras, y la necesidad de sus servicios para prevenir un levantamiento del populacho en contra del cambio, proporcionará a los marines todo el trabajo que requieran sin tener que buscar a Walker. Por lo tanto, es probable que toda la fuerza desembarque en algún lugar apartado, y antes de que se pueda hacer un intento organizado de detener su marcha, habrán cruzado Honduras. En el Pacífico las embarcaciones probablemente reciban a los filibusteros a bordo, y, antes de que las noticias de su llegada los precedan, las fuerzas invasoras habrán desembarcado en Realejo, preparados para avanzar hacia Nicaragua. Otra suposición es que Walker encontrará refuerzos considerables en Guatemala, lo que lo habilitará a pasar rápidamente a través del estado sin molestias.

Una persona de confianza del General Walker, que recientemente pasó varios meses en Nicaragua, declara que el jefe de los filibusteros tiene preparada una proclamación para ser transmitida al momento en el que él entre al país, en la cual será anunciada una política pacífica, y será otorgada una amnistía por todos los delitos cometidos contra el presidente depuesto y su gobierno.

El pasado será totalmente olvidado, y, si es permitido, el jefe que regresa debe inaugurar una carrera de prosperidad y progreso para su Nicaragua favorita.

Para evadir la vigilancia de los buques de guerra estacionados en la costa del Pacífico y del Atlántico, se ha dado a conocer que su expedición intentaría la rama del Colorado del río San Juan. La aparición de los filibusteros en la isla de Roatán, sin embargo, desarrolla completamente los planes que se seguirán.

LAS ÚLTIMAS NOTICIAS DE HONDURAS
Movimiento Filibustero – La Cesión De Roatán – Resistencia De Los Isleños.

Un corresponsal de Belice del *New-Orleans Picayune*, que escribe el 29 de junio, da la siguiente información:

"Solo tengo tiempo de escribirte una línea junto al bergantín *Kate*, para Nueva Orleans. Se dice que el general Walker llegó a la isla de Roatán en la goleta *John Taylor*. Sus hombres, unos 100, se han reunido allí en escuadrones durante un mes mediante diferentes embarcaciones. El capitán Dimon, del *Dewdrop*, trajo cincuenta. Un barco de vapor, que supuestamente es parte de su expedición, ha estado parado en la isla durante cuarenta y ocho horas, pero no ha desembarcado. El día 27 todos se fueron de la isla a bordo del *Taylor*, sin conocerse el destino.

Una carta de Roatán del 7 de julio dice:

La isla de Roatán ahora está protegida por una fuerza que consiste en un destacamento de ocho artilleros reales y cincuenta del Second West, bajo el mando del capitán Byrne y un teniente, para la protección de los habitantes del asentamiento. Hay una gran consternación entre la gente, y también una gran especulación de si los ingleses tienen la intención de entregar la isla al Estado de Honduras o no, o si el Estado de Honduras enviará a sus comisionados a recibir la isla del Superintendente de Belice. Ha habido un aviso para la rendición del asentamiento en el día 30 de julio. La gente está determinada a permanecer en sus hogares o a morir junto a sus chimeneas.

Desde que esto se escribió, el señor Mora ha dado otro aviso en el juzgado, indicando que se quitará la bandera inglesa y que la isla se entregará positivamente al Estado de Honduras el día 30.

Estos avisos han causado gran exaltación. Los habitantes están determinados a que la bandera de Honduras no sea izada. Parece ser que los colonos están armados con pequeñas armas (rifles y revólveres), por lo que no hay probabilidad de que el gobierno de Honduras tome la isla. Si lo intentan hacer se encontrarán con más de lo que pueden manejar, porque apenas tienen todo lo que pueden hacer para gobernar su pequeño Estado, mucho menos para disponer de hombres para tomar posesión de la isla o protegerla. Sus soldados son las criaturas más degradadas que Dios creó. A lo que yo puedo juzgar, los habitantes tienen caracteres determinados; y se necesitará más que el presidente (Guardiola) de Honduras para lograrlo. Tan pronto como haga algún movimiento en esa dirección, será destituido. Honduras se encuentra en un estado muy inestable ahora, y sus propios asuntos internos amenazan con serios problemas, y eso afecta rápidamente, sin agregar las dificultades desde el extranjero.

El aniversario de la Independencia Americana fue celebrado, por primera vez, en la isla de Roatán, el día 4. Fue precedido por correspondencia con el superintendente.

RECONOCIMIENTO Y RECOMPENSA AL MÉRITO.
Presentación A Un Capitán Británico Por Salvar Un Buque Estadounidense.
La Siguiente Correspondencia Se Explica A Sí Misma:

Oficina La Compañía Mutua De Seguros Del Atlántico,
Nueva York, 3 De Marzo De 1860

El Honorable Lord Lyons, Enviado Extraordinario de Su Majestad y Ministro Plenipotenciario, Washington, D.C.:

Mi señor: Nos tomamos la libertad de dirigirnos a su señoría sobre el tema de los servicios prestados por el capitán Hickley del barco a vapor H. B. M. *Gladiator*, al capitán Johnson del bergantín *St. Mary*, de este puerto.

El 5 de octubre de 1859, el bergantín fue inhabilitado en la latitud 30, longitud 70, y el 11 de ese mismo mes, el *Gladiator*, asignado desde Bermudas hasta Santo Tomás salió a la vista. El capitán Hickley abordó el *St. Mary*, e influenciado por el mayor de los impulsos de humanidad ofreció su ayuda. El *St. Mary* fue remolcado por el *Gladiator*, y el 16 de octubre fue anclado a salvo en el puerto de Santo Tomás. No se han pedido compensaciones por tal servicio, ya sea como salvamento o de otro modo.

Esta compañía tiene aseguranza en el *St. Mary*, y por la acción tan oportuna del capitán Hickley se han salvado de una considerable pérdida y no desean que tales esfuerzos queden sin recompensa.

Como una expresión de apreciación por el mérito de sus servicios, esta compañía se ha apropiado y ha puesto bajo el control del señor Archibaldo, H. B. M., cónsul en este puerto, para el capitán Hickley, un servicio de té plateado y un reloj cronómetro; para el teniente Gilby, un reloj cronómetro; y para los pequeños oficiales y tripulación del *Gladiator*, la suma de $1650.

Respetuosamente pedimos, a través de usted, permiso para presentar los testimonios arriba mencionados a las partes a las que están dirigidas. Tengo el honor de ser Su sirviente obediente.

Presidente, J.D. Jones.

Legación Británica,

Washington, D.C., 21 de julio de 1860.

Señor: Con referencia a mi carta del pasado 6 de junio, tengo la gran satisfacción de informarle que he recibido este día un despacho del Principal Secretario de Estado de Su Majestad para asuntos extranjeros, anunciando que los Señores Comisionados del Ministerio de Marina han tenido el gusto de permitir que los oficiales y la compañía del barco de Su Majestad el *Gladiator* acepten los testimonios tan galantemente ofrecidos a ellos por la Compañía Mutua de Seguros del Atlántico de Nueva York. Tengo el honor de ser Su sirviente obediente, LYONS.

J. D. Jones. Esc., etc., etc.

El capitán Hickley, aún al mando del *Gladiator*, está adscrito a la flota del Príncipe de Gales, y será ordenado a este puerto en algún momento durante el próximo mes.

Fuente: The New York Times

1860-agosto-08

CÓMO SE FABRICÓ A UN DIPLOMÁTICO

Al editor del New York Times:

El *Herald* del día 20 del último mes publica un rumor desde La Habana de que el tratado que recientemente se negoció en Washington entre Estados Unidos y el señor Alvarado, ministro de Honduras, no será ratificados por este último gobierno, con el pretexto de que Alvarado nunca ha sido autorizado.

Fue el primer tratado que se propuso entre los dos gobiernos; sus relaciones mutuas se habían basado hasta ahora en un tratado obsoleto entre los Estados Unidos y la antigua Confederación Centroamericana. No contiene ninguna cláusula muy notable, a menos que sea esa en la que Estados Unidos garantiza la neutralidad de cualquier ruta interoceánica a través de Honduras. Una cláusula similar es notable en los tratados que Honduras ha hecho recientemente con Inglaterra y Francia, y se introdujo para promover los intereses de la Compañía Ferroviaria de Honduras.

Me inclino a creer que el rumor es cierto, desde mi estrecha conexión con los asuntos de dicha compañía antes de la época en que la mayoría de los capitalistas británicos interesados abandonaron su parte de la empresa a través del asco inspirado por la mala gestión del Honorable E. G. Squier, de Nueva York, durante varios años agente general de la Compañía. Puedo afirmar con seguridad, que el señor Alvarado no tenía más autoridad oficial que el hombre en la luna en su primera visita a Washington, en abril de 1857, cuando, por influencia del Sr. Squier, fue recibido como Ministro Plenipotenciario de Honduras. La historia es ridícula por la insolencia con la que un individuo, sin crédito ni posición local y en los términos más hostiles con Guardiola, entonces, como ahora, el gobernante de Honduras, fue engañado por nuestro crédulo Secretario de Estado. El Señor Cass, sin embargo, solo imitaba a Lord Clarendon, entonces Secretario de Asuntos Exteriores británico, quien también había recibido reconocimiento oficial de Alvarado, como uno especialmente encargado de los intereses ferroviarios. La brevedad de los periódicos solo me obliga a omitir detalles de toda la farsa. El barón Clootz, a un costo insignificante, persuadiría a los granujas parisinos de que se personificaran en disfraces ante las embajadas de la convención francesa de las nacionalidades del mundo. El señor Squier, como gerente de ferrocarriles, al pagar las facturas de hotel y sastre de Alvarado, así como los menús de placer, encontró en él a una herramienta fácil. Parece ser que se usó una administración similar en Washington la primavera pasada.

Engañados por el señor Squier en la plena confianza en la importancia política y la solvencia de Alvarado como banquero de la compañía en Honduras, los miembros de la Expedición de Encuesta Ferroviaria del '57, (incluido yo mismo), se sorprendieron al descubrir que había existido una amarga animosidad durante varios años entre Alvarado y Guardiola. Este último declaró públicamente que solo el respeto por la conexión del primero con nuestra Compañía salvó a Alvarado de ser ejecutado por traición. Negó haberle dado alguna vez una misión extranjera.

A esta enemistad se le puede atribuir materialmente la dilación del presidente Guardiola al permitir que transcurrieran casi tres años antes de ratificar la Convención de las Islas de la Bahía con Inglaterra; y que, hace cuatro años, ya había sido firmado por Lord Clarendon y Alvarado, el falso ministro de Honduras en Inglaterra.

No se ha asignado a ningún ministro de los Estados Unidos para Honduras y Guatemala desde la muerte del titular anterior, algunos meses atrás, y probablemente deba transcurrir algún tiempo antes de que la información definitiva pueda llegar a Washington acerca de la ratificación del tratado. Mientras tanto, la imposición, que hay razones para creer, ha sido perpetrada dos veces contra el señor secretario Cass, no mejorará las relaciones estadounidenses con Honduras, en un tiempo cuando la actual expedición pirata de Walker probablemente esté causando problemas a ese gobierno.

Henry A. Gliddon.
Memphis, Tennessee, sábado 03 de agosto de 1860.

Fuente: The New York Times

1860-agosto-22

WALKER DE NUEVO

Ese pestilente y perseverante filibustero, el Gral. William Walker, de nuevo ha perturbado el reposo de una comunidad pacífica. Si las noticias por telegrama de Nueva Orleans son de confianza, el "General" ha llegado a Trujillo, Honduras, y ha capturado la ciudad. Los habitantes debieron haberse sorprendido por su llegada ya que, de acuerdo al informe, entregaron su fortaleza después de disparar una sola pistola. Se esperan con ansias más detalles sobre esta invasión piratesca.

El general Walker ha tenido éxito al mantener en secreto sus planes filibusteros. Al parecer les ha hecho bastantes promesas a los residentes de las Islas de la Bahía, pero siguen sin cumplirse. Su ambición no está en esa localidad. Roatán fue un lugar conveniente para reunir a sus hombres y sus municiones de guerra, y a la gente se le dio la esperanza de que recibirían apoyo en su rebelión contra Honduras. Si el general filibustero realmente tuviera la intención de ayudar a los isleños de la bahía en su rechazo de reconocer una nueva soberanía, que se impuso sobre estos en contra de su voluntad, su causa sería susceptible a justificación. Pero la invasión sobre Trujillo dice lo contrario, e indica el preludio de otro intento de recuperar la codiciada Nicaragua.

A lo más, se le permitirá a Walker mantener su posesión de Trujillo por una semana. Hay hombres ingleses guerreros en los alrededores; desde hace tiempo le han seguido la pista al filibustero, y el reciente tratado entre Gran Bretaña y Honduras le autoriza al primero tener soldados en suelo hondureño para protegerlo de la violencia de los filibusteros. Una colonia británica en Honduras no está muy lejos de hacerse realidad, y la pretensión de que ha sido puesta en riesgo debido a la última jugada de Walker se usará al mayor grado posible como base para interferir. Si Walker es capturado por una embarcación británica, lo lamentaremos sinceramente, pues el acto levantará simpatía por un bandido despiadado y sin principios. Las personas de este país están totalmente asqueadas de Walker y sus imbéciles, así como criminales, intentos de jugar al héroe. Tuvo éxito por un tiempo al imponerse sobre la credulidad de muchos, pero su gobernación en Nicaragua es su condenación. Bajo tales circunstancias, solo hay un plan de acción que nuestro gobierno puede tomar. Se debe enviar inmediatamente un buque de guerra para perseguir a los filibusteros y traerlos a casa para ser juzgados. Es suficientemente malo el ser continuamente fastidiados por Walker y sus proyectos, pero es todavía peor el estar bajo la implicación de que la gente de los Estados Unidos los tolera, o que el gobierno de los Estados Unidos es incapaz de contenerlos.

Fuente: The New York Times

1860-agosto-24

Información sobre la salida de Walker de Roatán y de su fallido intento de arribar en Honduras ha llegado hasta la capital de Guatemala, pero se desconoce su ubicación exacta. El cónsul británico en Comayagua le ha enviado una carta al gobierno de Honduras en la que informa la creencia popular en Roatán de que Walker se había asociado con el Gral. Cabañas en contra del presidente Guardiola.

Fuente: The New York Times

1860-agosto-27

LOS MOVIMIENTOS DEL GRAL. WALKER
Su captura de Trujillo — Captura de una de sus embarcaciones
Desde el New Orleans Picayune, 22 de agosto.

El Gral. William Walker, de cuya expedición hacia Nicaragua anteriormente hemos tenido noticias, hizo su aparición ante el pueblo de Trujillo, Honduras, el día 5 de este mes, y tomó posesión sin oposición seria. Solo un arma fue disparada por las tropas estacionadas en el lugar, mediante la cual dos de los hombres de Walker fueron heridos. Walker entonces entró al pueblo y tomó posesión de este. La exaltación en el aire era inmensa. Se desconoce el objetivo de su ataque sobre Trujillo. Solo sabemos que la expedición partió de la isla de Cozumel el día 20 del mes pasado, según se dice, directo hacia Nicaragua. Después de su partida, tuvimos información de la captura, de parte de los británicos y cerca de Honduras, de la goleta *Clifton*, que es uno de sus pequeños transportes, y de que fue llevada hacia Belice.

Después de saber sobre la captura, Walker cambió su curso hacia esa costa para recapturar la embarcación, o si es que su intención original, como se dijo primero, era arribar a Trujillo y abrirse paso por Honduras hacia Nicaragua por tierra, se desconoce.

Lo que sí sabemos es que, según los últimos relatos provenientes del lugar, la bandera británica seguía ondeando en las fortalezas en Trujillo.

Los tripulantes de la goleta *Clifton*, capturada por autoridades británicas en Belice, se volvieron pasajeros del Araminta.

Diligencia de Nueva Orleans al Charleston Mercury.

El bricbarca *Araminta*, que zarpó de Roatán el día 9º, trae relatos muy interesantes sobre las actividades de los filibusteros en Centroamérica. Los grupos de hombres que han arribado durante semanas en navíos fruteros desde Nueva Orleans finalmente han salido de Roatán bajo la bandera de Cabañas, el expresidente de Honduras. El Gral. Walker dirigió su primer ataque contra la ciudad de Trujillo en Honduras. Capturó la ciudad con pérdidas insignificantes. *Sin embargo, según los últimos relatos, se veía la bandera británica flotando sobre el puerto de Trujillo.* Los amigos de Walker de esta localidad tienen entendido que Walker pasará por Honduras y tomará la parte norte de Nicaragua. Sus seguidores, hasta recientemente, tenían buen ánimo y estaban confiados en el éxito de su maquinación. El *Araminta* trae al capitán John McCormick y a la tripulación de la goleta estadounidense *Clifton*, que fue capturada por autoridades británicas en Belice bajo el cargo de transportar de contrabando municiones de guerra. Las personas de Roatán estaban muy agitadas en contra de la dominación de Honduras, y la gente se estaba armando en ambos lados para resistir la propuesta transferencia.

La captura del Clifton.

La siguiente es una porción de la correspondencia después de la captura de la goleta *Clifton*, y la protesta de su capitán:

Oficina Del Secretario Colonial
Belice, 18 de julio de 1860

SEÑOR: Ya le he informado, en presencia de sus consignados, que después de la ejecución de las órdenes que se me dieron en referencia a la porción de contrabando de su cargamento, estaba preparado para emitir una orden de despacho para la goleta *Clifton*, y subsecuentemente deseaba que el buscador aduanal le informara sobre la naturaleza de la confiscación que había hecho y lo invitara a estar presente mientras los contenedores eran descargados y examinados. Me parece bien establecer estos hechos en el registro al dirigirle este comunicado. De nuevo le ofrezco, en aplicación a usted o a sus consignados, emitirle una orden de despacho, incluso después de las horas normales de oficina. De nuevo lo invito a examinar los contenedores que el oficial a mi cargo ha retenido y traído a tierra desde su goleta al contener artículos absolutamente prohibidos por el estatuto imperial: 11 estuches con municiones de bala, 8 cajas con municiones de bala, 8 cinturones de estuches y cajas con municiones.

También le hago saber que mi gobierno no será de ningún modo responsable por cualquier daño a su embarcación o cargamento si considera apropiado abandonarlo de acuerdo con sus intenciones expresadas.

Señor, tengo el honor de ser su más obediente servidor,

Chas. W. Kuyler, Secretario Colonial
Belice, Honduras, 18 de julio de 1860, 7:30 pm.

C. W. Kuyler, Secretario Colonial:

SEÑOR: Su comunicación fue recibida a las 6:30 pm. En respuesta, permítame decirle que he protestado en contra de la captura forzada de mi embarcación, y que la he abandonado formalmente en manos del oficial de aduana, y que dejaré el asunto en manos de mi gobierno, completamente convencido de que no se permitirá tal ultraje sobre una embarcación estadounidense con impunidad.

Respetuosamente, su obediente servidor,

John Mccormick, antiguo capitán de la goleta *Clifton*.

Fuente: The New York Times

1860-agosto-24

Un telegrama desde Nueva Orleans anuncia el arribo a puerto de una embarcación proveniente de Roatán, que salió de Trujillo durante la captura de ese lugar por parte del filibustero Walker. En el ataque, doce españoles fueron asesinados y dieciocho quedaron heridos, y tres del grupo de Walker recibieron heridas leves. El lugar seguía en posesión de Walker, de quien se dice hizo una proclamación declarándose a favor de Cabañas. Esto parece indicar su intención de permanecer en Honduras en vez de atravesar el país en dirección a Nicaragua.

Fuente: The New York Times

1860-agosto-27

LOS BRITÁNICOS EN NICARAGUA

Todo parece indicar que el Gral. Walker de nuevo está en camino hacia Nicaragua. Ha seleccionado una ruta rodeadora, para estar más seguro, y es muy probable que se topará con obstáculos significativos al considerar la naturaleza del país que atravesará en la cruzada en la que se ha empeñado. Dirigió su primer ataque en contra de Honduras, en donde se dice que expuso la causa del expresidente Cabañas, bajo cuya bandera arribó a Trujillo. Se dice que capturó esta ciudad, pero si fue con la intención de conquistar todo el país o solo como punto de inicio en su cruzada en contra de Nicaragua, todavía no se sabe. Sin embargo, el informe general es que su plan es atravesar Honduras hacia la parte norte de Nicaragua y entonces penetrar la capital de ese país.

Este proyecto es en sí mismo lo suficientemente difícil. La distancia de la ruta que atravesará, la hostilidad con la que se topará, y la falta de suministros y apoyo que sin duda experimentará, serán obstáculos de la mayor seriedad para su proyecto. Pero, además de todo esto, encontrará a Nicaragua bajo la protección de una potencia contra la que no deseará pelear. Publicamos esta mañana un resumen de las provisiones de los tratados que recientemente fueron formalizados entre esa república y Gran Bretaña; y de esto se desprende que Inglaterra ha asegurado el derecho, y asumido el deber, de un *protectorado* práctico sobre Nicaragua. Mediante un tratado de amistad firmado el día 11 de febrero pasado, Nicaragua le cede a Gran Bretaña el derecho de paso por el istmo, y acordó proteger la ruta de disturbios. Pero si esta no puede proteger a las personas británicas o a sus posesiones de violencia o amenazas de violencia, Gran Bretaña puede, tras la solicitud de Nicaragua, *enviar tropas dentro del país con ese propósito*; y en caso de una emergencia especial, puede hacerlo sin la petición del gobierno de Nicaragua. Por tanto, Gran Bretaña puede juzgar por sí misma si su intervención es necesaria.

Lo más probable es que una nueva invasión por parte de Walker, bajo cualquier circunstancia que pudiera prometer una posibilidad de éxito, será considerada por parte de Inglaterra como motivo suficiente para una intervención inmediata. Por tanto, él puede esperar que sus suministros de hombres y provisiones se vean intervenidos por los navíos británicos. Una de sus embarcaciones, el *Clifton*, ya ha sido capturado por un oficial británico por llevar municiones y otros artículos como contrabando de guerra a bordo. Pero incluso si lograra llegar a Nicaragua y presentar una fuerza que el gobierno no pudiera repeler, los británicos, bajo este nuevo tratado, sin lugar a dudas enviarían tropas para apoyar al gobierno y exterminarían o repelerían a Walker y a su ejército invasor.

La posición que adoptará nuestro gobierno ante estos procedimientos es hasta ahora desconocida. Sin embargo, no es fácil determinar bajo qué política o ley se pudiera optar por una resistencia al plan propuesto. Nicaragua tiene el derecho incuestionable a tales alianzas que le darán seguridad ante invasiones ilegales. Ya ha intentado una alianza con nuestro gobierno, y ha ofrecido precisamente las mismas estipulaciones que ahora han sido establecidas con Gran Bretaña. Sin embargo, se ha decidido que lo mejor es rechazarlas, y aunque expresamos la más sincera desaprobación por tales incursiones en su territorio, como las que Walker ha hecho repetidamente, hemos fallado por completo en el asunto de arrestar o castigar a los perpetradores. Bajo estas circunstancias, Nicaragua ha elegido solicitar la ayuda y protección de Gran Bretaña, hecho que se ha consolidado.

Todo parece indicar que el control real de México y Centroamérica pasará con rapidez a las manos de las varias potencias europeas. La doctrina Monroe ha sido abandonada por completo y nunca será invocada de nuevo en contra de maquinaciones extranjeras de colonización o intervención sobre este continente, y nuestro propio gobierno parece ser no solamente incompetente para prestarse a las claras ofertas de alianza hechas por las repúblicas sureñas, sino también incapaz de apreciar las ventajas y oportunidades que esto representaría. No tenemos política de relaciones exteriores, ni siquiera para nuestro propio continente, y, por tanto, no podemos sorprendernos al ver que otras naciones, que están más conscientes de las influencias y tendencias de la época en la que vivimos, se prestan para oportunidades que nosotros no sabemos aprovechar.

Fuente: The New York Times

1860-agosto-29

LA CRUZADA DEL GRAL. WALKER
El asunto de Trujillo — Proclamación del conquistador
Desde el New-Orleans Crescent, 24 de agosto.

La goleta *J. A. Taylor*, del capitán Lombard, a diez días de haber salido de Roatán, arribó el día miércoles. Esta trajo consigo información más detallada de los movimientos de Walker. El pueblo de Trujillo fue capturado temprano por la mañana el día 6º de este mes, lo que resultó en tres hombres de Walker heridos y quince hondureños muertos; el número de heridos no se reportó. Walker tenía, probablemente, no más de cien hombres en contra de los cuatrocientos hondureños en la fortaleza, pero su ejército estaba mejor armado y tenía a hombres más valientes.

Tomó como prisioneros al recolector del puerto y a un teniente, pero después los liberó. También tomó dieciséis cañones, entre los que había uno de veinticuatro libras y uno de latón de doce libras que comanda el Paso, ciento veinticinco armas, mil ochocientas libras de pólvora y una gran cantidad de municiones, además de ropa, provisiones, etc. El Gral. Walker se siente confiado de poder mantener su posición en Trujillo durante los siguientes cuatro meses contra cualquier oponente que se le enfrente. Le acompaña el Gral. Cabañas, quien se opone al presidente, el Gral. Guardiola. Este último le ha solicitado apoyo al Gral. Cabrera, dictador de Guatemala, pero se le ha negado.

Un gran número de nativos se están uniendo al estandarte del Gral. Walker.

La goleta *Clifton* no fue capturada por las autoridades en Belice; pero sus escotillas fueron abiertas por la fuerza y, en consecuencia, fue abandonada bajo protesta por su comandante, el capitán McCormick. El *Clifton* recibía regularmente permiso de paso desde este puerto, y su cargamento no era contrabando en Roatán, que era su destino. Varios navegantes y comerciantes frecuentemente transportaban armas y municiones desde este puerto y Belice a Roatán, con entrada regular, después de pagar impuestos.

A continuación, presentamos la proclamación del Gral. Walker a la gente de Honduras:

A La Gente De Honduras:

Hace más de cinco años yo, junto con otros, fui invitado a la República de Nicaragua, y se me prometieron ciertos derechos y privilegios bajo la condición de ciertos servicios prestados al Estado. Realizamos los servicios que se nos pidieron; pero las autoridades de Honduras se unieron a una agrupación para expulsarnos de Centroamérica.

Ahora, la gente de las Islas de la Bahía se encuentra en casi la misma situación que los estadounidenses mantuvieron en Nicaragua en noviembre de 1855. La misma política que llevó a Guardiola a declararnos la guerra lo inducirá a expulsar a las personas de las islas fuera de Honduras. Este hecho ha llevado a algunos residentes de las islas a pedirles ayuda a los ciudadanos adoptados de Nicaragua para mantener sus derechos personales y de propiedad.

Pero tan pronto como algunos ciudadanos adoptados de Nicaragua respondieron a este llamado de los residentes de las islas al dirigirse a Roatán, las autoridades de Honduras, alarmados por su seguridad, pusieron obstáculos a la aplicación del tratado del 28 de noviembre de 1859. Guardiola retrasa la recepción de las islas debido a la presencia de algunos hombres a los que ha herido; por eso, debido a propósitos de su partido, no solo pone en peligro los intereses territoriales de Honduras, sino que también detiene, por el momento, un objetivo cardinal de la política centroamericana.

Las personas de las Islas de la Bahía solo pueden ser injertadas en la república de ustedes mediante concesiones sabias realizadas adecuadamente. Las autoridades actuales de Honduras han dado prueba, mediante sus acciones pasadas, de que no harán las concesiones requeridas. La misma política que Guardiola aplicó en contra de los nicaragüenses naturalizados le impide tomar el único camino mediante el cual Honduras puede mantener el control de las islas.

Se vuelve, por lo tanto, un objetivo común de los nicaragüenses naturalizados y de los residentes de las Islas de la Bahía, el colocar en el gobierno de Honduras a aquellos que puedan otorgar los derechos legalmente requeridos en ambos países. Por lo tanto, los nicaragüenses asegurarán su regreso a su país adoptado, y los residentes de las islas obtendrán garantías completas de la soberanía bajo la que serán colocados según el tratado del 28 de noviembre de 1859.

Sin embargo, para obtener el objetivo que buscamos, no haremos guerra contra el pueblo de Honduras, sino solo contra un gobierno que se interpone entre los intereses, no solo de Honduras, sino de toda Centroamérica. Por tanto, las personas de Honduras pueden confiar en recibir toda la protección necesaria para sus derechos, tanto personales como de propiedad.

Trujillo, 07 de agosto de 1860. WM. Walker.

Fuente: The New York Times

1860-agosto-29

LA POSICIÓN DE WALKER EN HONDURAS

Desde el New-Orleans Delta.

Hay complicaciones en la política de Honduras, así como en la política de otros países centroamericanos. Claro, no podemos intentar descifrar esas complicaciones, y tampoco es necesario hacerlo. Es suficiente decir que el partido que ahora tiene el poder está encabezado por el Gral. Guardiola, el actual presidente, y que el partido que no tiene el poder está encabezado por el Gral. Cabañas. El partido fuera del poder toma las medidas usuales empleadas en Centroamérica: un *pronunciamiento*, un llamado a levantarse en armas, y un llamado por ayuda sin importar de dónde provenga. En esta competencia las Islas de la Bahía tienen un papel importante. Hace algún tiempo se llevó a cabo un tratado entre Inglaterra y Honduras según el cual las islas se restaurarían a esta última potencia por la primera. Pero los habitantes de las islas, quienes han disfrutado de cierto nivel de independencia, deseaban que la transferencia y su aceptación fueran acompañadas por ciertas garantías, que el gobierno del Gral. Guardiola no estaba dispuesto a conceder.

Por lo tanto, *los isleños hicieron acuerdos con el Gral. Walker para que viniera en su ayuda con el propósito de conseguir sus demandas*, suponiendo, claro está, que la transferencia se llevara a cabo en el día programado. El efecto de este acuerdo fue obstaculizado por el rechazo de Guardiola de aceptar la transferencia y por la presencia consecuente de una fuerza británica que permaneció en las islas por petición de las autoridades hondureñas. Mientras tanto, el Gral. Cabañas, expresidente de Honduras y líder del partido de la oposición, tomó la causa de los isleños e hizo el mantenimiento de sus derechos y privilegios locales parte de su programa en contra de Guardiola. Claro, esto fue para asegurar la cooperación de Walker, que había regresado a Centroamérica como campeón de las Islas de la Bahía en su anticipada lucha con Honduras. Por lo tanto, Walker cuenta con la ayuda de un gran grupo en Honduras para llevar a cabo sus designios. Se ha declarado que el Gral. Cabañas realmente se le unió, y que muchos de los nativos del país se habían enlistado bajo su estandarte.

Fuente: The New York Times

1860-septiembre-01

LA EXPEDICIÓN DEL GRAL. WALKER
Detalles de la captura de Trujillo — Nombres de los heridos

La goleta *Dewdrop*, del capitán Terry, llegó a este puerto esta mañana proveniente de la isla de Roatán el día 16 de este mes. Entre los pasajeros se encuentra un caballero que salió de Trujillo el día 12. De él hemos obtenido detalles completos sobre la captura de esa ciudad y una narración de los eventos hasta la fecha más reciente.

Walker hizo su aparición ante el pueblo de Trujillo el día 6 de agosto a alrededor de las 3 o 4 en punto de la mañana. Su ejército consistía en 110 hombres, todos contados. Se acercaron al pueblo en dos grupos separados. El primero llegó a unas tres millas debajo de la ciudad en la playa y prosiguió hacia el pueblo por tierra. El segundo desembarcó en botes pequeños y avanzó al mismo paso sobre la costa. Todos estaban armados con mosquetes Minié, con veinte municiones de carga cada uno, y bien provistos con todo lo necesario.

Nuestro informante, quien conoce en persona a casi todos ellos, dice que eran un grupo de hombres de buena apariencia que demostraba confianza al avanzar hacia la ciudad.

Las noticias del arribo fueron transmitidas al pueblo y al fuerte por un caribe. El fuerte estaba provisto de 75 a 100 soldados, sostenido por 300 *patriotas* (ciudadanos), que, claro está, inmediatamente fueron llamados a armas para detener el avance de los estadounidenses.

Montaron dos cañones de 24 libras y algunos más pequeños de dieciocho; los primeros dos de latón y de antigua fabricación española. Mientras el grupo avanzaba al mismo paso sobre la playa y en botes cerca de la costa, se dispararon los dos cañones grandes en contra de ellos.

Cuando estaban a media milla del fuerte, el grupo que iba por tierra fue emboscado por los *patriotas*, quienes les dispararon desde los arbustos, lo que fue repelido rápida y galantemente por los estadounidenses.

El grupo de emboscada fue dispersado. Los estadounidenses entonces continuaron su avance desafiador sobre el fuerte y se dio la orden de abalanzarse sobre la muralla, lo que fue hecho en estilo bien coordinado, y los ocupantes fueron dispersados en toda dirección frente a ellos. Los disparos en estos momentos fueron agudos, y para dar una descripción fiel de esta parte, dice nuestro informante, se requeriría a una persona más familiarizada con la forma de guerrear de estas personas y no a alguien que hubiera estado tan ocupado esquivando balas de mosquetes como él. A pesar de la quema de tanta pólvora, tomamos el fuerte y el lugar con tan solo cuatro heridos. Sus pérdidas, hasta donde se puede saber con certeza, fueron doce muertos y muchos más heridos.

Los nombres de los estadounidenses heridos son: Wm. Hale, que recibió un disparo en el ojo derecho (regresa en la goleta *Dewdrop*); Walter Stanley tuvo un brazo roto; John Cooper recibió un disparo en la rodilla; y — Bush, un polaco que recibió una herida leve en el ojo. Todos se están recuperando bien y pronto podrán reportarse al servicio.

Las personas del pueblo parecen tener mucha confianza en el Gral. Walker. Muchas de las tiendas están abiertas y siguen con sus negocios como de costumbre. Otros se han ido y se han llevado sus bienes con ellos; no, como ellos dicen, por temor a Walker, sino por temor a un ataque sobre el pueblo por parte de alguna banda de saqueadores y ladrones desde el interior, quienes tomarán la situación como pretexto para saquear el pueblo.

Se dice que los fuertes de Trujillo son grandes, cómodos y bien construidos al mejor estilo de las fortificaciones españolas-estadounidenses, y al ser protegidos por todo lo que Walter tiene actualmente a su disposición, no pueden ser tomados por ninguna fuerza que lo intente. Además, el actual gobierno de Guardiola es impopular, mientras que su rival, Cabañas, cuya causa Walker ha adoptado, es en todas partes el favorito de la gente.

Según los últimos relatos, Cabañas estaba en el lado del Pacífico de Honduras, en donde se dice que fue recibido favorablemente por las personas. Él es nativo del país y se cree que es de sangre castellana pura.

Guardiola es o mestizo o de sangre india. Tiene la reputación de ser muy ignorante y brutal, y de haber obtenido el presente dominio sobre el país por medio de la intimidación.

Como ya se dijo, Walker y Cabañas, como líderes del Partido Liberal, se entienden perfectamente y simpatizan el uno con el otro. Se dice que el plan de operación es el siguiente:

Tan pronto como haya asumido su posición en Trujillo, Walker, después de dejar una guarnición en el fuerte, saldrá con todas las fuerzas que haya acumulado hacia el interior. Mientras tanto, Cabañas marchará para encontrarse con él con todas las fuerzas que pueda reunir. Se cree que el lugar de reunión será Comayagua, *en donde se establecerá un Gobierno General que representará tanto a las fuerzas centroamericanas como hispano-estadounidenses.*

Se cree que Guardiola solo podrá reunir una débil resistencia contra las fuerzas combinadas de ambos generales. Sin embargo, ha pedido la ayuda del partido reaccionario de Guatemala y de otros países de Centroamérica, pero queda por verse hasta qué grado y eficacia se da esta ayuda. Por otro lado, también se cree que Walker cuenta con la simpatía y el apoyo de todo el partido liberal de todos los países, y en particular de Nicaragua.

Tenemos casi una lista completa de los hombres de Walker, que publicaremos tan pronto como podamos perfeccionarla. Sin embargo, aprovechamos para decir que muchos de ellos son bien conocidos en esta ciudad y se han distinguido con anterioridad bajo la bandera de Walker en Nicaragua. Entre los mencionados particularmente por sus servicios valiosos se encuentra el Gral. Rudler, de Alabama, cuyos amigos se alegrarán de escuchar de su éxito. El Mayor Hoff, de Virginia, y el Mayor Dolan, de Nueva Orleans, también se mencionan específicamente.

En Trujillo, Walker también tuvo la buena fortuna de obtener posesión, junto con los fuertes, de un gran número de armas cortas y una cantidad considerable de municiones, provisiones y otros artículos. También encontró, como ya se mencionó antes, varias piezas de cañones que estaban siendo remontadas y colocadas en la mejor condición posible.

Las provisiones y artículos eran traídos del país e isla vecinos, y no queda duda de que podrá mantener su posición en el pueblo contra viento y marea. No ha perdido a ningún hombre desde el inicio de la expedición, y cuando nuestro informante se fue, todos los hombres, excepto los heridos, estaban en perfecta salud.

Fuente: The New York Times

1860-septiembre-01

LOS MOVIMIENTOS DE WALKER

Nueva Orleans, viernes 31 de agosto.

La goleta *J. A. Taylor* ha salido con dirección a Roatán con cincuenta hombres para el Gral. Walker.

El bergantín *Creole*, que salió de Roatán el día 17 de este mes, trae noticias de Honduras hasta el día 15.

Walker estaba fortificando Trujillo.

Se informó que Guardiola atacaría el pueblo durante la noche del día 15 del presente mes. Esto alarmó en gran medida a los habitantes, quienes estaban saliendo en gran número de Roatán.

La goleta *Toucey*, que traerá las noticias más recientes sobre los movimientos del Gral. Walker, se espera con anticipación.

Nueva Orleans, viernes 31 de agosto.

Noticias desde Honduras indican que Walker había levantado la antigua bandera federal centroamericana, y que contempló la regeneración y unión de los cinco países, es decir: Honduras, Guatemala, Nicaragua, Salvador y Costa Rica.

Fuente: The New York Times

1860-septiembre-06

EL GRAL. WALKER EN UNA SITUACIÓN EXTREMADAMENTE COMPLICADA
Ataque combinado sobre Trujillo por los hondureños y un buque de guerra inglés.
Nueva Orleans, martes 04 de septiembre.

La goleta *Toucey* ha arribado a este lugar trayendo noticias desde Roatán hasta el día 24, y de Trujillo hasta el día 23.

Una fuerza de setecientos hombres se reunió afuera de las murallas, listos para atacar a Walker.

Un buque de guerra inglés arribó a Trujillo el día 19.

Se escucharon fuertes explosiones de cañón en Roatán la mañana del día 24 en dirección de Trujillo, y duraron hasta el mediodía. El buque de guerra, al arribar, declaró que su objetivo era proteger a los ciudadanos y propiedad de Honduras y restaurar la posesión de Trujillo a su autoridad legítima.

Se cree que las explosiones de cañón fueron del ataque combinado de Guardiola y el buque de guerra.

Fuente: The New York Times

1860-septiembre-06

NOTICIAS DEL DÍA

Las últimas noticias desde honduras, que figuran en un telegrama desde Nueva Orleans, indican que es probable que el gran filibustero moderno, cuya reciente invasión a Trujillo ha reclamado una noticia pasajera, tenga su deseo de pelear totalmente satisfecho. El 19 de agosto un buque de guerra inglés llegó al puerto con la intención declarada de proteger a los ciudadanos de Honduras y su propiedad y restaurar los ingresos de Trujillo a sus autoridades correspondientes. Una fuerza de setecientos hombres bajo el mando del presidente Guardiola se ha reunido afuera de los muros, listos para atacar el día 23. En Roatán, el día 24, un continuo cañoneo se escuchó en dirección a Trujillo que duró algún tiempo, y hay buenas razones para creer que fue causado por un ataque combinado en la posición de Walker por tierra y por mar. Como la intervención de los ingleses fue algo con lo que Walker no contaba, quien así encuentra un obstáculo más difícil de superar que la oposición de los hondureños bajo Guardiola, es muy probable que las próximas noticias anuncien su derrota total.

Fuente: The New York Times

1860-septiembre-06

LA POSICIÓN DE WALKER

Lo siguiente, del *Picayune* de Nueva Orleans del 31 de agosto, está basado en información recibida previamente a lo mencionado arriba. Parece indicar la posición exacta ocupada por Walker y los edificios para la defensa en su posesión:

El bergantín *Creole,* del capitán Foubister, llegó a este puerto la noche anterior desde la isla de Roatán el 17 del mes presente. Informa que la barca *Active,* un pequeño barco costero que navega entre las Islas de la Bahía y el continente, llegó a puerto McDonald a última hora de la tarde del 15, desde Trujillo, trayendo "una carga de pasajeros y noticias de que la ciudad sería atacada esa noche por una fuerte fuerza por sorpresa, (es decir, el país que lo rodea). Se espera que el barco costero *Carib* llegue ahora con más pasajeros.

Al preguntar, se nos da esta explicación: que los amigos de Guardiola se habían reunido en números considerables, pero de ninguna manera amenazantes, fuera de la ciudad, poco después de que Walker tomara posesión de ella, con el propósito de atacarla. Esto asustó a una gran cantidad de personas tímidas e ignorantes que le solicitaron protección al Gral. Walker, y el general, para tranquilizarlos, les dijo que era mejor que fueran a la isla de Roatán, donde sin duda estarían a salvo. Y tomando su palabra, procedieron hacia allí, como se dijo, en cantidades considerables.

Sin embargo, estamos seguros, con la mejor autoridad, de que todo fue una falsa alarma, que realmente no se meditó en ningún ataque sobre la ciudad, y que en cualquier caso que parezca probable, Walker, desde su posición y los medios a su disposición, sería capaz de hacer, en todo momento, la defensa más exitosa.

Además, sabemos de Trujillo que la ciudad permaneció, hasta el 15 del mes pasado, perfectamente tranquila en posesión de Walker; que todas las armas habían sido montadas en los fuertes con un estilo espléndido; que la mejor salud y disciplina prevaleció en el ejército y que, lejos de tener temor de un ataque, todos los hombres esperaban con gran esperanza una expedición a Comayagua, la capital, donde esperaban encontrarse con Cabañas u otros líderes del partido liberal.

Desde Roatán no hay nada nuevo, y desde Belice, Honduras británica, donde zarpó originalmente el *Creole*, solo esto, que el desembarco de Walker en Trujillo no había creado ningún tipo de excitación ni era probable que de alguna manera captara la atención de las autoridades británicas.

Nuestras siguientes noticias de la expedición serán probablemente de la goleta *Toucey,* que podemos esperar aquí en cualquier momento.

La goleta *John A. Taylor*, del capitán Lombard, zarpó desde este puerto la noche anterior hacia la isla de Roatán con mercancías. También tenía a bordo a un número de pasajeros, amigos de Walker, para Trujillo, Honduras, quienes van de la manera más pacífica, la mayoría con una invitación especial y con la expectativa de participar en el departamento civil de este nuevo gobierno. Podemos agregar, incluso, que algunos de ellos serán, a su llegada, invitados a las filas del nuevo gabinete. Y en ese sentido, estamos seguros de que es la intención de Walker, tan pronto como se haya puesto en contacto con los partidarios del Partido Liberal de Honduras, es establecer un gobierno que tenga en cuenta la paz y la prosperidad del país.

Por supuesto, el último destino de Walker es Nicaragua, pero la causa del Partido Liberal de Honduras y, de hecho, de todos los estados de américa central, es la misma.

James Martin, uno de los hombres de Walker, después de dar cuenta de la captura del fuerte y de la ciudad, dice:

"Todos los nativos están dejando la ciudad, y de todo lo que podemos saber, pronto seremos sometidos a un asedio cercano; pero no importa, el Gral. Walker confía en su capacidad para mantener la ciudad durante los siguientes cuatro meses y protegerla de todas las fuerzas que los hondureños puedan traer en contra suya.

Nuestro propósito, al llegar a esta vecindad, era intentar capturar las islas de Roatán, pero los ingleses interfirieron, sin creer que nos atreveríamos a atacar una ciudad tan fuertemente fortificada como Trujillo; pero a qué no se atreverán los estadounidenses, en busca del honor, o para mostrarle al mundo que donde hay voluntad también hay un camino.

Fue realmente divertido ver a los hombres esquivar el rugido del cañón de 24 libras del enemigo, que hizo un gran ruido, pero no causó el menor daño a nadie. Mientras avanzábamos en el ataque, al hombre que estaba a mi lado le dispararon en el brazo y una bala de cañón que golpeó una roca con fuerza literalmente me inundó con fragmentos de piedra y una lluvia de tierra. No se puede imaginar el silbido de las bolas en ese momento, pero pueden creer mi palabra de que hubo un silbido considerable por parte de los mensajeros de la muerte.

Pero debo de darle un cierre a mi carta. El barco que lleva estas cartas nos deja a nuestro destino; pero tenemos corazones fuertes y manos deseosas, y en ellas y en el Dios de las batallas depositamos nuestra confianza."

Fuente: The New York Times

1860-septiembre-11

LA INVERSIÓN DE TRUJILLO POR LOS HONDUREÑOS – INTERVENCIÓN DE LOS BRITÁNICOS

Encontramos en el *Picayune* de Nueva Orleans del día 5 del presente mes detalles de información previamente recibida por telégrafo con relación a la posición de Walker en Trujillo, la intervención de una fuerza naval británica, y un fuerte cañoneo escuchado en la isla de Roatán, que probablemente indicó que tuvo lugar un fuerte enfrentamiento. Lo siguiente es lo que cuenta el *Picayune*:

La goleta *Isaac Toucey*, del capitán Hansen, llegó a este puerto ayer directamente de la isla de Roatán, de la que salió el 24 del mes anterior. El 23 arribó al fuerte McDonald la barca *Active*, una de las pequeñas barcas costeras que navegan entre el continente y la isla, directamente desde Trujillo esa misma mañana con la información de que una fuerza bien armada de hondureños, partidarios de Guardiola, que contaba con unos 900 hombres, estaba ante esa ciudad desde el 6, en posesión de Walker, preparándose para atacarlo.

El *Active* también reportó que el día 19 un buque de guerra inglés, sin proporcionar el nombre, hizo su aparición ante Trujillo y demandó la rendición del puerto en manos de las autoridades expulsadas, quienes, según se declaró, tenían derecho a disponer de los ingresos aduanales que estaban siendo recolectados por Walker. El comandante británico también dio un anuncio público de que todas las embarcaciones, entrantes o salientes del puerto de Trujillo, debían pagar de antemano o dar fianza para el pago después de todos los cargos del puerto, a lo que se afirmó era el gobierno legítimo de Honduras, a saber, el de Guardiola. También anuncio que estaba instruido a proteger a la gente de Honduras ante cualquier peligro en todos sus derechos de prosperidad y ciudadanía.

El 24, el día que el *Toucey* zarpó desde Roatán, se trajo la noticia de que un fuerte cañoneo se había escuchado en el mar toda la mañana, desde las 4 en punto hasta el mediodía en dirección a Trujillo. El cañoneo es descrito como agudo y rápido, y la suposición es que la ciudad estaba siendo atacada en dos lados simultáneamente: en tierra por las fuerzas hondureñas nativas y en el mar por el buque de guerra inglés, contra los cuales Walker tenía que defenderse al mismo tiempo.

Es cierto, todo esto son suposiciones, pero aun así tienen una probabilidad basada en los hechos ya conocidos. La noticia que trajo la última llegada fue que los hondureños opositores se habían reunido en grandes cantidades ante la ciudad y se preparaban para atacarla, mientras Walker estaba volviendo a montar las armas y redoblando todas las energías para poner su posición en el mejor estado de defensa.

También podemos agregar aquí que los caballeros inteligentes, dirigidos aquí por las dos últimas llegadas y personalmente familiarizados con la posición de Walker, el pueblo y las fortificaciones de Trujillo, y el estado de ánimo entre los hondureños, ponen todo el crédito en la verdad de la declaración general. Se conocía que la ciudad sería atacada y que Walker se estaba preparando para defenderse ante cada peligro.

El buque de guerra mencionado es, sin duda, el *Icarus*, que ha estado cruzando estas aguas aparentemente observando los movimientos de Walker por los pasados seis meses. Bajo qué instrucciones actúa, no tenemos la manera de saberlo. Si no fuera por el tiempo que ha estado en la costa, aparentemente con un objeto especial a la vista, podríamos pensar que actuó bajo las instrucciones o consejos del Sr. Price, Superintendente de Belice y teniente-gobernador interino de las Islas de la Bahía.

Sin embargo, la cantidad de tiempo que el *Icarus* ha estado en estas aguas, con el hecho conocido de que una gran parte de los hombres de Walker tuvieron su reunión en la isla de Roatán, hace probable que recibiera instrucciones directamente desde casa. Esta suposición es reforzada por el hecho de que el cónsul británico en Comayagua, y otros oficiales en el estado, junto con Belice, han abrazado abiertamente la causa del gobierno de Honduras que es dirigido por Guardiola en contra del partido opositor, y de vez en cuando, como aprendemos de la gaceta oficial, han dado información de sus movimientos.

En cuanto a la condición real de Trujillo antes de que este ataque fuera hecho, nos enteramos de que estaba casi completamente abandonada por sus antiguos habitantes. Aquellos que se pusieron del lado de Guardiola se habían ido al país vecino, donde sin duda contribuyeron con su cuota a las fuerzas nativas que según se informa estaban ante la ciudad. Todos los que se unieron a Walker estaban, claramente, con él; mientras que los neutrales, que solo se preocupaban por sus vidas, habían huido a las islas vecinas de Utila y Roatán.

Por fin, la ciudad de Trujillo estaba abierta a todos los visitantes, con perfecta libertad de entrada y salida durante todas las horas del día; y se nos asegura que los oficiales del ejército de oposición de Honduras aprovechaban estas libertades de la ciudad para espiar las fuerzas de Walker, sus movimientos y sus métodos de defensa.

También estamos seguros de que un orden perfecto reinaba en la ciudad, y todo negocio legítimo estaba protegido y, a excepción de las sospechas de los movimientos generales, continuó como antes. Dos negros, que fueron capturados en el acto de abrir tiendas y robar, fueron ejecutados en la plaza pública.

En cuanto a las posibilidades de la defensa exitosa de Walker, en caso de que, como se cree, haya sido atacado tanto por tierra como por mar, solo tenemos los mismos medios para juzgar que el propio lector. Como se declaró anteriormente, él tiene posesión de uno de los lugares más fortificados de Centroamérica, donde encontró dieciocho piezas de cañón, cañones de 18 y 24 libras, algunas 150 armas pequeñas, y una gran cantidad de artículos y municiones. Se dice que también tenía la simpatía y el apoyo activo de una gran compañía de gente nativa. Pero qué tanto le habrían ayudado estas ventajas a hacer una buena defensa en contra del gobierno que había derrotado y los británicos combinados, está por verse.
Fuente: The New York Times

1860-septiembre-12

LA EXPEDICIÓN DE WALKER EN HONDURAS

Nueva Orleans, martes 11 de septiembre.

Se cree que el informe del *Osceola*, en el que se declara que las fuerzas del Gral. Walker habían sido reducidas a 25 hombres, es incorrecto. Walker estaba en Limas el día 26 del mes pasado con 76 hombres y bien provisto. El capitán Salmon, del buque de guerra británico *Icarus*, había declarado su intención de capturar a Walker de ser posible. Se cree que Walker marchará hacia Nicaragua. Se espera que una embarcación desde Roatán llegue pronto al continente trayendo provisiones, ropa, etc.

Un grupo de 50 se está preparando para salir de esta ciudad y unírsele a Walker.
Fuente: The New York Times

1860-septiembre-12

AGOTADO

El Gral. Walker, héroe de cientos de batallas, parece estar completamente agotado al fin. Mucha gente se pregunta por qué no se había agotado antes, y como es que, ante tantas derrotas y a pesar de su carácter despótico y su deplorable falta de capacidad administrativa, es capaz, una y otra vez, de atraer ciudadanos estadounidenses a su ruina y muerte. Es difícil dar cuenta de la locura que lleva a tanta gente a seguir el estandarte y la fortuna de Walker, pero confiamos en que su última aventura haya desencantado completamente a todos los estadounidenses errabundos con tendencias filibusteras, o que, por lo menos, les haya abierto los ojos a las metas y ambiciones absolutamente egoístas de su antiguo ídolo.

El ataque hacia Trujillo y su captura no deben ser defendidos por ningún motivo de derecho o conveniencia. De todas las repúblicas de Centroamérica, la de Honduras ha sido la más sabia e inteligentemente gobernada. Ha escapado, a gran grado, de las conmociones civiles que han arrasado a Nicaragua y Costa Rica, y el único efecto de la incursión pirata de Walker ha sido el de perturbar, por una temporada breve, un periodo de profunda y próspera tranquilidad. Honduras tiene razones para felicitarse a sí misma ya que, bajo la protección de una poderosa nación, puede comandar las fuerzas suficientes para expulsar a los invasores de su tierra. De acuerdo con los últimos informes recibidos, un buque de guerra británico apareció ante Trujillo; y, siendo Walker incapaz de pelear con tal enemigo, evacuó la ciudad y se retiró por la costa con una banda de 80 seguidores desalentados. Mientras Guardiola está en persecución activa, el destino de estos aventureros infelices, si no consiguen escapar de esta tierra hostil, puede considerarse como ya determinado.

El Gral. Walker, por usar un decidido vulgarismo, está "acabado", y sus propios paisanos están hartos de sus proyectos. Si su invasión a Honduras tuvo alguna causa justificable, debe ser condenada como un acto apresurado y temerario que solo podía resultar en una falla ignominiosa, e inevitablemente sería atendido por un sacrificio imperdonable de vidas. En Baja California, en México y Nicaragua, Walker exhibió la temeridad, la crueldad y la falta de juicio que caracterizó su operación ofensiva en contra de Honduras; y ahora que su intento por perturbar la paz de un estado amigable ha sido aplastado, confiamos en que una apreciación errónea de sus capacidades civiles o militares no inducirá más a los ciudadanos estadounidenses a seguir la fortuna de tan desesperado y deshonroso aventurero, ni darle incluso un destello de respaldo.

Fuente: The New York Times

1860-septiembre-17

LA CRUZADA DEL GRAL. WALKER
Detalles de la evacuación de Trujillo – Final probable de la expedición.

Del New-Orleans Picayune. 11 de septiembre.

El bergantín británico *Kate*, del capitán Wm. Stevens, que nos trae la interesante correspondencia adjunta, llegó a este puerto la noche anterior desde la isla de Roatán desde la que salió el día 2 de este mes. Reporta que el bergantín *Favorita* llegó al puerto McDonald el día 31, desde Trujillo el mismo día, de donde trae la última información del continente. Es como se detalla a continuación:

Después de dejar Trujillo, Walker se retiró por la costa en dirección a cabo Gracias. En ese entonces (el día 21) tenía 80 hombres, todos bien armados y con buen ánimo. El día 23 el enemigo empezó la persecución, y el mismo día hubo un enfrentamiento en una localidad llamada "Árbol de algodón" en el río Romano.

En este enfrentamiento, un hombre (el soldado raso Pomeroy) fue asesinado, y cinco hombres fueron heridos, ninguno de ellos de gravedad. Entre ellos estaba el mayor Hoff, que estaba gravemente desfigurado por perdigones; y el soldado raso James J. Hogg, de esta ciudad, que recibió un disparo en el brazo. Sin embargo, la herida no era de gravedad.

El Gral. Walker también fue personalmente atacado en el conflicto, y recibió una pequeña herida en la cara. El atacante, sin embargo, fue ejecutado en el lugar.

Después de este enfrentamiento, Walker continuó su retirada hasta el día 25, cuando llegó a un lugar llamado Limas, de abandonadas obras de caoba, donde al principio los habitantes huyeron con gran alarma, pero fueron convencidos de regresar por las favorables representaciones de uno de los suyos, bajo consejo de Walker.

Finalmente, Walker aún estaba en Lima, con 76 de sus hombres en buena orden de lucha. Esto fue el domingo 26, las últimas noticias recibidas en Roatán antes de que el *Kate* partiera. Se cree que el *Osceola*, en Batabanó, no trae noticias posteriores, pero que su reporte de que se perdieron muchos hombres solo es un informe partidista y no es confiable.

Para ese tiempo, cada hombre tenía 100 rondas de cartucho y estaba bien provisto. Se cree que se abrieron paso por la costa sin más pérdidas.

Además de lo anterior, nos enteramos de que el oficial que se había reportado como herido en Trujillo era el coronel Henry, de esta ciudad. Sin embargo, él fue herido en una pelea que surgió de una dificultad privada y no en un conflicto con los hondureños. La herida resultó mortal, y fue a él a quien enterraron discretamente en Trujillo.

También nos enteramos de que, al abandonar Trujillo, Walker dejó atrás una gran cantidad de artículos y provisiones, lo que sin duda habilitó al enemigo a llevar a cabo una persecución tan vigorosa y efectiva.

Estas son las últimas novedades que tenemos del bergantín *Kate,* y nos son proporcionadas a nosotros por la fuente más confiable y autorizada. Y es poco probable que el *Osceola,* en Batabanó, traiga algo después. Es de esperar, por lo tanto, que el reporte de la gran destrucción de sus hombres, reduciendo su fuerza de ochenta a veinticinco, resulte ser mentira.

Fuente: The New York Times

1860-septiembre-18

LA EXPEDICIÓN DEL GRAL. WALKER
Probable destino del grupo – El sentimiento en las Islas de la Bahía – Emoción en Belice.
Del Picayune de Nueva Orleans, 11 de septiembre.

Esta mañana nos pusieron en posesión de más información sobre la expedición de Walker a Honduras. Se nos proporciona de una fuente autorizada, y quizás nos ayudará a formar una opinión sobre el probable destino del grupo.

Y, antes que nada, estamos seguros de que el buque de vapor *Osceola*, cuyo informe en Batabanó, Cuba, ya hemos publicado, salió de Trujillo antes de nuestra última llegada directamente desde ese lugar. Por lo tanto, se cree que la noticia traída de que la compañía de Walker estaba, por varios conflictos con los nativos, reducida a un remanente de 25 hombres, es incorrecta. Nos llega, de hecho, solo como un informe que había llegado a la ciudad donde, naturalmente, cualquier informe de este tipo se magnificaría mucho.

Por una cuidadosa comparación de la fecha, estamos convencidos de que las últimas noticias de la compañía son del domingo 26 del presente mes, día en el cual dos oficiales de Walker dejaron el continente hacia la isla de Roatán por provisiones. Vinieron en una barcaza y experimentaron mal tiempo, pero no llegaron a la isla hasta el día 29 y luego fueron obligados a desembarcar en una costa deshabitada, desde donde se dirigieron al fuerte McDonald al día siguiente.

Estos oficiales dejaron a Walker y su grupo el domingo 26 en un lugar llamado Limas, en donde hay obras abandonadas de caoba y un río del mismo nombre, a unas treinta o cuarenta millas de Trujillo, en dirección a Cabo Gracias. Hasta este momento las pérdidas solo habían sido dos, el soldado raso Pomeroy, asesinado, como se mencionó anteriormente, en un enfrentamiento con el enemigo, y el soldado raso Coleman, que cayó víctima de una fiebre prevaleciente del país.

En el enfrentamiento mencionado arriba fueron heridos cinco, como se afirmó antes: el mayor Hooff, de Virginia; el soldado raso James J. Hogg, de esta ciudad, y el soldado raso Samuel Coffin, de Natchez. Los nombres de los otros dos no nos han llegado.

Los setenta y siete restantes estaban en excelente salud y ampliamente provistos con armas y municiones. Cada hombre tenía un fusil Minié, cien rondas, y muchos de ellos el más reciente y mejorado revolver. De vestimenta, tenían solamente un traje cada uno, pero era bueno. No tenían nada de carpas, mantas u otro equipo de campamento. Las noches, sin embargo, en este país y en esta época del año no son incómodamente frías. Solamente estarían en necesidad de ellas en caso de lluvia.

Al ser un país criador de ganado, ellos tenían, por supuesto, una cantidad abundante de carne fresca. Solo necesitaban verduras, por las cuales la compañía ya mencionada había sido enviada a la isla vecina.

Poco después de que las noticias llegaron al puerto McDonald, los amigos de Walker rentaron una pequeña embarcación para ir al continente con estas provisiones, ropa adicional y otras asistencias.

En cuanto al reporte traído por el *Osceola* de que la compañía estaba buscando un regreso a las islas, estamos seguros de que no tiene fundamento en los hechos. Nuestro informante cree que, en lugar de eso, ellos procederían por la costa hacia Cabo Gracias para embarcarse hacia algún puerto en Nicaragua o dirigirse directamente a través del país con el mismo destino en mente. Su siguiente movimiento sería a una villa del caribe, a unas veinticinco millas de Limas, donde se crearían señales como guías para los oficiales retornantes.

En adición a lo anterior, aprendemos que no hay probabilidad de que la compañía sea perseguida por los nativos en esa dirección. Sin embargo, había temor de ser molestados más adelante por el buque de guerra británico. El Capitán Salmon había declarado abiertamente que su intención era capturar a Walker si le era posible. Pero no es probable que mandara a sus marineros, de los cuales no estaba abastecido abundantemente, tierra adentro.

En cuanto a la probabilidad de refuerzos, solo sabemos que un grupo de algunos treinta y cinco dejaron esta ciudad en dirección a Trujillo. Allí encontrarán pronto el estado actual de las cosas y probablemente intenten alcanzar a sus amigos en la costa baja. Pero es dudoso que ellos puedan desembarcar. El Capitán Salmon dice que prevendrá esto si es posible.

Otro grupo de cincuenta está reunido ahora en nuestra ciudad y casi cerca de zarpar; pero entendemos que sus movimientos no están totalmente preparados.

El *Crescent* de Nueva Orleans aún no está desalentada. En su número del día 12 dice acerca del Gral. Walker:

"La última vez que se supo de él marchaba por la costa, con ochenta hombres efectivos para matar y bien provistos con municiones. Se dice que trescientos soldados nativos estaban en férrea persecución de él. Pero, con ochenta hombres, no tenía necesidad de temer a trescientos nativos. Si puede defenderse hasta que lo alcancen los refuerzos podría recuperar Trujillo y desafiar al buque de guerra británico. Si lo empujan con fuerza, sin duda ideará alguna forma de regresar a Roatán, donde estará a salvo. Un hombre de sus recursos, agallas y prestigio puede estar rodeado de dificultades aparentemente insuperables, pero generalmente se las arregla, si no a conseguir la victoria, por lo menos a escapar de la destrucción".

Un corresponsal del *Picayune* que escribe desde las Islas de la Bahía el día 31, dice:

"Los habitantes de estas islas observan el proceder del Gral. Walker y de corazón le desean éxito. Se le han enviado considerables asistencias en la forma de provisiones y municiones. Muchos hombres de aquí se han unido a su fuerza, y de no haber interferido las autoridades británicas, creo que la mitad de nuestros hombres disponibles habrían estado con él en menos de un mes. Estas personas miran su causa como propia en su determinación por resistir a la autoridad de Guardiola, ya que las islas de la bahía están resueltas a nunca someterse a la dictadura de tal villano tan malo.

Si alguna vez la bandera de Honduras es izada y las islas son cedidas a ese gobierno, su gobernar debe ser solamente nominal y tendrían que permitirnos la realidad, o de otra manera su gobierno deberá ser conducido con principios más ilustrados que en el presente.

Los obstáculos que ponen en el camino del comercio son tan grandes que esta pequeña isla exporta más en valor y despeja más tonelaje que el puerto de Trujillo, aunque ese es el único puerto en una extensión de 300 millas de costa y, por naturaleza, la parte más rica del continente de América. Sus exportaciones deberían ser contadas por millones de libras esterlinas en lugar de unos pocos miles de dólares, y si se le hubiera permitido al Gral. Walker mantener la posesión de Trujillo y haber abierto el país para la emigración eliminado las restricciones al comercio y permitiendo a los ricos depósitos de oro ser trabajados sin obstáculos, como era su intención, en muy poco tiempo habría sido una ciudad floreciente en lugar de la pila de ruinas muertas y vivas que es ahora. Alrededor de un centenar de extranjeros ingresaron al país en cinco años desde entonces, y en el lapso de tres meses obtuvieron más de $60,000 de oro, cuando un edicto de Comayagua detuvo repentinamente sus operaciones y los obligó a irse.

Los campos de oro cubren una extensión de más de 200 millas de largo y 100 de ancho, y deberían producir hasta $10,000,000 anuales, mientras que la plata, el cobre y la madera, manejados adecuadamente, producirían mucho más, por no hablar de productos agrícolas, como el azúcar, el algodón, el café, etc., que pueden aumentarse de forma indefinida. Todo lo que se requiere es comercio libre y una población. La carrera por la posesión es completamente efectiva, y un cambio inevitablemente debe tener lugar en poco tiempo, ya sea que el Gral. Walker sea o no el hombre destinado a efectuarla."

Un corresponsal del mismo periódico, que escribe desde Belice el día 22 del mes pasado, remarca:

"Belice está en un estado de considerable excitación acerca de Walker y sus movimientos intencionados en Honduras. Como ustedes saben, él engañó al superintendente de Su Majestad británica y al comandante del *Icarus*, y los mandó aquí a bailar con las señoritas españolas mientras él tomaba Trujillo. Algunos piensan que él les pagó bien para mantenerlos fuera de su camino; pero eso no es verdad. Solo les arrojó un poco de polvo en los ojos, y mientras se estaban limpiando, él entró donde difícilmente lo sacarían. Ahora el hecho es que este buque de vapor fue puesto en esta estación con el propósito expreso de mantener a Walker fuera de Honduras; y, después de un gasto de miles de libras, gastado en solo moverse, cuando lo requerían no estaba allí; y todo se pierde por la mala gestión del hombre a quien el gobernador Darling puso a cargo. Ambos deberían, y sin duda lo harán, perder sus comisiones; y eso les servirá bien, si su pérdida se combina con esta condición: nunca más ser empleados al servicio de Su Majestad británica."

Fuente: The New York Times

1860-septiembre-18

IMPORTANTE DESDE HONDURAS
Captura de Walker y de todo su grupo – El gran filibustero y uno de sus coroneles serán fusilados en Trujillo.

Nueva Orleans. Lunes 17 de septiembre.

El barco a vapor *Star of the West*, que salió de la Habana el día 13 del mes presente, ha arribado a este lugar.

El barco de guerra español *Francisco D' Asís* llegó a la Habana desde Omoa el 6 y de Trujillo el 7 del mes presente. Reporta que el barco de guerra británico *Icarus*, con un transporte y tropas, bajo el comando de Álvarez, procedió a Río Negro, donde el ejército de Walker estaba acampando. Los botes del

Icarus avanzaron río arriba y capturaron a Walker con setenta de sus hombres, quienes fueron llevados a Trujillo y entregados a las autoridades de Honduras.

Los hombres de Walker estaban muy indigentes y a muchos de ellos que estaban enfermos se les permitió regresar a los Estados Unidos, con la condición de nunca embarcarse de nuevo en una expedición en contra de Centroamérica.

El Gral. Walker y el coronel Rudler serán fusilados.

La expedición de Guatemala llegó desde Omoa poco después de la captura de los filibusteros.

Los azúcares en la Habana eran bajos, a $8^1/_2$ reales por 12.

El surtido era de 195,000 cajas.

Las cargas estaban disminuyendo.

El intercambio en Londres era de 15@ $15^3/_4$ por ciento, premium, y en Nueva York 3@ $4^1/_4$ por ciento, premium.

Fuente: The New York Times

1860-septiembre-18

NOTICIAS DEL DÍA

Nos llegan noticias importantes desde Honduras. El buque de guerra español *Francisco D'Asís* que llegó a la Habana desde Omoa, reporta que el buque de guerra *Icarus*, con un transporte y tropas bajo el comando de Álvarez, ha procedido a Río Negro, donde Walker acampaba con sus hombres. Los botes del *Icarus* transportaron a una compañía por el río, quienes capturaron a Walker y a todos bajo su mando. Fueron llevados a Trujillo y entregados a las autoridades hondureñas, que habían determinado ejecutar a Walker y a uno de sus coroneles. Los hombres de Walker estaban en una condición muy mala, y algunos de ellos fueron enviados a casa después de prometer que nunca más participarían en ninguna expedición en contra de Centroamérica.

Fuente: The New York Times

1860-septiembre-19

NOTICIAS DEL DÍA

El buque a vapor *Empire City* llegó a este puerto ayer desde la Habana, y trae detalles de la captura del Gral. Walker en Honduras ya anunciada brevemente por telégrafo. Se creía que las autoridades de Trujillo, a quienes Walker había sido entregado por el capitán del buque de guerra británico *Icarus,* lo ejecutarían a él y a su oficial en jefe Rutler. Al resto de los hombres se les permitiría regresar a los Estados Unidos, y los gastos del viaje serían sufragados por el agente comercial estadounidense.

Fuente: The New York Times

1860-septiembre-19

LA PERDICIÓN DE WALKER

Mientras el mundo ha estado muy consciente de que el melodrama de Walker estaba en su último acto, no está preparado para la brusquedad de la escena final. Nada era más probable que su fuerza expedicionaria fuera expulsada de Centroamérica por los esfuerzos combinados de los nativos y los británicos; y era probable que algunos de los más desfavorecidos y discapacitados del grupo pudieran caer en manos de los perseguidores enfurecidos. Pero hasta ahora la fortuna, o una perspectiva astuta de autoconservación, se ha interpuesto para salvar al propio Walker de las manos de aquellos a quienes sus reiterados ultrajes han convertido en enemigos implacables, y también parecía estar dentro del rango de probabilidad de que su habilidad o suerte lo pusieran en igual lugar en la emergencia real. El evento es de otra manera. Walker ha sido capturado por los ingleses y ellos lo han entregado a los hondureños, a quienes ha descendido un legado interminable de venganza de todos los hispanoamericanos. Es absurdo suponer que el principal filibustero sea, de nuevo, puesto en libertad como la plaga y perseguidor de esta gente incapaz. Cada consideración de seguridad requiere su inmolación, incluso tuvo piedad cualquier motivo para ofrecer un indulto. Pero la piedad no es una característica del carácter de los españoles, y mucho menos de los hispanoamericanos. No podría obtener audiencia en el presente caso, incluso si estuviera dispuesto a hablar. Cuando, por lo tanto, leemos que la sentencia de muerte ya había sido dictada contra el jefe y su ayuda inmediata, podemos entender que nada puede interponerse para suspender o mitigar el evento. Los condenados ciertamente morirán.

Es seguro asumir que este fin de sus audaces empresas no ha sido anticipado por los prisioneros. El enemigo más persistente de Walker no ha encontrado ningún rastro de cobardía en su carácter pervertido. Es simplemente un hombre inquieto, imprudente y ambicioso, desprovisto de toda habilidad o juicio en la profesión de las armas, que abrazó sin ninguna preparación y persiguió con el desprecio más inhumano de la vida, el orden social y la felicidad. El destino que ha encontrado difícilmente podría haber sido omitido en su cálculo original de posibilidades. Temerario como era, debe haber anticipado la fuerte probabilidad de muerte en estos esfuerzos, ya sea por la bala perdida del campo de batalla, o por el cuchillo de un asesino, o por la determinación judicial de las comunidades cuya paz había invadido y cuyos gobiernos había subvertido. No hay razón, por lo tanto, para creer que hará una apelación a la simpatía de sus compatriotas; y hay muchas razones para creer que, si se hiciera un llamamiento de este tipo, se encontraría sin respuesta excepto por la chusma loca y rebelde de la que está acostumbrado a reclutar sus bandas. El juicio del país de que se ha ganado el castigo que está por sufrir no puede ser de otra manera. La intervención, si hubiera algún motivo para provocarla, está, por supuesto, fuera de discusión.

Es bastante seguro predecir que se hará un gran esfuerzo para imponer censura a los ingleses por su acción en este asunto. Tal censura debe, justamente, ser transferida al gobierno de los Estados Unidos. Era asunto de este gobierno derrotar los intentos de Walker desde su concepción. Nada puede persuadir a la comunidad de la imposibilidad de prevenir el embarque de estas hordas sin gracia. Si las leyes no eran suficientes, era práctico repararlas y adaptarlas a los requerimientos actuales; ya que, durante los siete años de esfuerzos ficticios para interceptar al indomable filibustero, podrían haberse promulgado códigos de leyes completos, y la invención difícilmente podría haber fallado en crear algún preventivo seguro para esta clase específica de delitos. Pero, tristemente, no hay ningún propósito genuino o deseo por parte de la administración para contrarrestar los planes de Walker. Cuando se anunció su último y fatal intento, se anunció simultáneamente que el tema no despertó interés en Washington y que no se haría nada para detener la expedición. Al intervenir tan eficazmente como lo ha hecho el comandante del *Icarus* al rechazar al bucanero, establece, por lo tanto, un fuerte derecho a la gratitud del pueblo estadounidense por cumplir con los deberes de este gobierno desafortunadamente descuidado; y, si el reconocimiento se califica por arrepentimiento de que toda la política exterior del país se coloca en manos extrañas, no debe ser menos generosamente hecho. El presente no es más que una prueba adicional de que el arbitraje de las cuestiones cisatlánticas y la soberanía de las aguas estadounidenses han sido vergonzosamente abandonadas por la administración del Sr. Buchanan, y el prestigio del país como una potencia líder sacrificado por completo. El golfo de México se ha convertido en un mar europeo.

Ferrocarriles Ingleses y Americanos.

No es frecuente que las revistas británicas emitan un juicio imparcial sobre los ferrocarriles americanos. Sin embargo, esto se hizo en el extracto del *Spectator* de Londres publicado en otro lugar. Las ventajas de nuestras empresas sobre las británicas se muestran contundentemente. Por lo tanto, aunque hay 26,210 millas de carretera en Estados Unidos contra 9,119 en Gran Bretaña, el último costó trescientos millones de libras esterlinas, mientras que el primero no costó mucho más de doscientos millones. Se deduce, solo de este hecho, que las ganancias netas de los ferrocarriles estadounidenses, si el tráfico de los dos países no es muy desproporcionado, deben exceder las de los británicos; y sin duda lo hacen. Como el *Espectador* correctamente observa, las fluctuaciones de los ferrocarriles estadounidenses no son mayores que las fluctuaciones en algunas de las carreteras británicas en un período muy reciente. El periódico de Londres no muestra simplemente que esta clase de inversión en los Estados Unidos paga mejor que en Inglaterra; pero declara que, si bien nuestras tarifas son las más bajas de las dos, los vagones estadounidenses, "en comodidad y confort", superan ampliamente a los ingleses. Al respecto, muchas personas, tanto aquí como en el extranjero, tendrán diferentes opiniones. El filósofo que se encoge ante el contacto con sus semejantes y se deleita en la soledad, puede sentirse como en casa en el carruaje inglés, después de que el portero, cerrando y cerrando la puerta, ha hecho imposible la entrada o la salida. Pero no se puede negar que aquellos que viajan para ver el mundo, y que prefieren compañía y un vehículo abierto al confinamiento de un vehículo cerrado, ciertamente votarán por el transporte estadounidense. Está de moda en este país abusar del sistema ferroviario estadounidense y pensar que es muy inferior al plan europeo. Quizás la opinión sincera e inteligente de la impresión en inglés recién citada pueda convencer a los contendientes de las empresas nativas de que, después de todo, nuestro modo de viajar es más conveniente y mucho más económico que el de Inglaterra o cualquier otro país del mundo.
Fuente: The New York Times

1860-septiembre-21

EL GRAL. WALKER HA SIDO FUSILADO

Tenemos desde honduras, por medio de la Habana, la información de que el Gral. Walker junto a su oficial principal han sido ejecutados. Nadie puede dudar al decir que su destino fue justo. Lo había desafiado una y otra vez y habría sido el último, asumimos, en quejarse. Cuando hizo una guerra privada y, por lo tanto, pirata, contra un Estado extranjero, deliberadamente tomó todas las posibilidades de tal guerra. Él conocía perfectamente los castigos del fracaso y entendía completamente las necesidades públicas que obligarían a su cumplimiento. Su nombre se había convertido en un terror para todos los Estados de Centroamérica. Sus gobiernos, con razón, lo consideraban su enemigo y encontraron que su única seguridad ante la renovación de sus ataques era su muerte.

Sin embargo, hay miles en este país que escucharán de su muerte con pesar, como la de un hombre que tiene cualidades y capacidades que le dan derecho a un mejor destino. Durante su carrera ha mostrado un grado constante de valor, de inquebrantable tenacidad bajo los reveses más desalentadores, lo que le habría valido una posición alta si hubieran sido utilizados en subordinación a la ley y en armonía con el bien común. Era un hombre de educación, de temperamento amable, con la menor predisposición a los actos de violencia y derramamiento de sangre. Pero, desde la fecha de su primera incursión en el norte de México, la pasión por conquistar y civilizar una nueva región de la tierra se apoderó de él y lo sometió como una manía. No tenía hombres adecuados ni medios suficientes para tal empresa.

Walker debe su destino a la ineficiencia de nuestro gobierno para hacer cumplir nuestras leyes. Si los jurados del sur hubieran cumplido su deber y castigado sus violaciones del derecho internacional y de nuestros estatutos, nunca habría podido renovar la carrera que tuvo un final tan desastroso. No nos sorprende que la administración en Washington se hubiera regocijado ante las noticias de su captura y prospecta ejecución. Aquellos que por miedo cerraron los ojos a los crímenes que no se atrevían a desaprobar, naturalmente recibirán alivio de su vergüenza, a cualquier costo, gracias a la víctima de su imbecilidad.

Fuente: The New York Times

EL DIFUNTO GENERAL WALKER

Sin esperar a los detalles del cierre catastrófico de la carrera llena de sucesos del Gral. Walker, podemos asumir que murió como un soldado en la forma más pura del término. Sus amigos en esta ciudad le atribuyen su destino a un valor moral inquebrantable y a un orgulloso desprecio por las consecuencias ante él, lo que prohibía el más ligero acercamiento a alguna petición, a su cuenta personal, por clemencia o piedad. Su actual creencia es que debe haber rechazado la mediación del comandante inglés en términos de, además de una disculpa humillante hacia las autoridades hondureñas, podría haber incluido el abandono incondicional de su reclamo sobre Nicaragua y sus objetivos, de cualquier naturaleza, sobre ese y todos los demás gobiernos de Centroamérica. En otras palabras, que debe haber rechazado la libertad condicional que probablemente se le exigió como condición previa para un perdón o aplazo. Ellos están bastante seguros de que, si había algo en esa demanda que implicara, directa o remotamente, humillación personal o deshonra pública, él la rechazó de inmediato y sin temor, sin el temblar de un solo músculo, o el uso superficial o dudoso de alguna palabra; rindiendo así su vida en un puntillo de honor tan fácilmente como la había arriesgado antes en peligros inminentes y extraordinarios, asumidos voluntariamente, en otros campos. Tal era el hombre, y como tal tenemos todas las razones para creer que murió.

El Gral. Walker terminó su carrera a una edad relativamente temprana. Se nos dice que acababa de cumplir 36 años. Él nació en Nashville, Tennessee, en mayo de 1824 y fue altamente educado bajo los auspicios más favorables para cualquier profesión liberal que pudiera seleccionar más tarde en la vida, primero con un curso colegial en la Universidad de Nashville donde se graduó con los mayores honores de su clase, y después en la escuela médica de Filadelfia y París; disfrutando también, mientras estaba en Europa, las ventajas de una excursión a través de Alemania e Italia, donde sus oportunidades para una beca de Bellas Letras no solo fueron liberales, sino disfrutadas mucho por una mente, en ese entonces, tranquila y estudiosa a un grado que rotundamente prohibía la idea de una carrera aventurada y sin descanso más tarde en su vida. Su disgusto, sin embrago, por la profesión médica, en la que se negó prácticamente a entrar, lo llevaron a las leyes, y las asociaciones de las leyes, lo llevaron a la política, en la que se envolvió primero en Nueva Orleans y subsecuentemente, en 1850-51, en California, desde donde entró en la peligrosa carrera que, después de una fortuna variada de 6 años, está ahora terminada.

A pesar de cualquier cosa áspera que se haya dicho del Gral. Walker—y mucho, sin dudar, hubiera quedado sin decirse si su fortuna hubiera sido más propicia—no era, al menos, un vulgar aventurero, ni por nacimiento, hábitos, educación, o los honorables propósitos que se puso en la vida. Su linaje era inmaculado; su andar privado y su templanza incuestionables; su aprendizaje profundo y sus objetivos originales que, sin embargo, posteriormente fueron mal dirigidos por una ambición desenfrenada, como el comenzar a triunfar, mientras enlistaba la cálida estima de numerosos amigos. Incluso aquellos que le niegan toda capacidad de habilidad militar o sagacidad política como líder, rinden el mayor cumplido a su fuerza moral e integridad personal, ya que, sin estas, su primer fracaso como aventurero hubiera sido inevitablemente el último.

El coronel Rudler. Parece ser que se conoce poco sobre el coronel Rudler, que fue ejecutado junto con Walker en Honduras. Era nativo de Alabama y sirvió con crédito en la guerra con México como oficial del regimiento de Luisiana. En 1849 fue a California y fue, en algún momento, mariscal adjunto de la ciudad de Stockton. Fue un Whig activo durante la campaña electoral de 1852, y fue nominado por ese partido para la oficina del Sheriff del Condado de San Joaquín en 1854, pero fue derrotado. En 1855 se

103

deshizo de su propiedad allí y se unió a Walker en Nicaragua. Tenía un profundo respeto y estima por Walker; había compartido todas sus expediciones, y finalmente participó en su destino. Se le consideraba un caballero valiente, honorable y generoso, y gozaba del respeto de todos los que lo conocían.

Fuente: The New York Times

HONDURAS

El 21 de agosto, el presidente Guardiola emitió una proclamación en contra de Walker, en la que llama a la gente a tomar las armas en defensa del estado y decreta un préstamo forzado de $9000 al mes hasta que el invasor sea expulsado, requiriendo a los extranjeros que entran o viajan a través del país el tener pasaportes, ordenando a la gente destruir todas las provisiones y suministros que pudieran caer en manos de Walker, y hacer la guerra en contra de él de cualquier manera que mejor se ajuste a sus medios y conveniencia.

Fuente: The New York Times

WALKER Y SUS PROBABILIDADES

Correspondencia del New York Times.

Hablando de Walker, puedo afirmar que llegó un mensajero hace tres días desde Honduras con una proclamación de Guardiola, el presidente de la república, llamando a la gente a resistir la invasión de Walker, quien había desembarcado en Trujillo el 8 de agosto con un número considerable de hombres y había tomado posesión de las fortificaciones de ese lugar. Se afirma que el jefe de los filibusteros tiene bajo su mando a 1,000 estadounidenses y que está bien provisto de armas, municiones y provisiones. También se asegura que se le han unido una cantidad de hondureños y negros de las islas de Roatán. El número de estadounidenses que se dice que están con él está, sin duda, muy exagerada. Lo mismo se puede decir al respecto de sus otros adherentes. Sin embargo, si Walker tiene a mil buenos hombres con él, tomará posesión de ese país sin mucha dificultad. Si él tiene, tan siquiera, seiscientos o setecientos hombres desembarcados en Trujillo, bien provistos de armas y municiones, sus oportunidades de éxito estarán grandemente a su favor. Su marcha a través de Honduras, desde Trujillo, puede ser completada sin mucha dificultad incluso en esta época del año. Hay buenos caminos que llevan desde el puerto de Trujillo a las partes altas de Olancho. Este distrito no solo es el más saludable, sino que en verdad es la parte más rica de Honduras. Tiene un clima en el que un hombre blanco puede vivir tan bien como si estuviera en Nueva Inglaterra. Ahí Walker puede procurar todo para la supervivencia de sus hombres que él requiera, y su marcha desde Trujillo a las fronteras de Nicaragua no debería llevar más de diez o doce días. El primer punto que ocupará en las fronteras de Nicaragua, asumo, será Ocotal; y desde allí tendrá una marcha sencilla a León por Chinandega. La noticia de la llegada de Walker a Honduras creó poca emoción aquí. Me sorprendió ver a la gran masa de personas tan indiferentes con respecto a la posibilidad de su aparición entre ellos una vez más, y me sorprenderé, en caso de que Walker tenga éxito en ingresar a esta sección de Nicaragua, si una gran mayoría de ellos se unen a su estandarte. Algunos de los hombres prominentes en Chinandega y León ya están haciendo arreglos para abandonar el país en preparación para la llegada de Walker. No creen que Nicaragua pueda resistir exitosamente otra invasión de él. Ellos creen esto por el hecho de que Costa Rica y los demás estados de Centroamérica no vendrán de nuevo a rescatarlos. Costa Rica no lo hará, es un hecho, pues durante la guerra pasada ese estado perdió 14,000 hombres en batalla y por enfermedades provocadas por la exposición a los elementos, etc. Los costarricenses admiten que tendrán que pasar años para que se recuperen de los efectos malignos resultantes de la participación que tomaron en representación de Nicaragua y en contra de los filibusteros. Lo mismo se puede decir al respecto de Guatemala, San Salvador y Honduras. Además, todos estos Estados están actualmente en desacuerdo con Nicaragua; la consideran la "oveja negra del rebaño", de modo que no se puede esperar ayuda de ninguno de estos Estados. Mi propia impresión es que, si Walker no ha conseguido, en su desembarco en Trujillo, todos los hombres y municiones que necesita para invadir Nicaragua con éxito, su expedición será otro fracaso. Si espera recibir refuerzos, será decepcionado, pues los buques de guerra ingleses y estadounidenses cortarán todas las provisiones. Si ha desembarcado con sus setecientos estadounidenses, todos provistos de armas y municiones, las oportunidades de triunfar están a su favor; de otra manera, están enormemente en su contra.

Fuente: The New York Times

1860-septiembre-26

EL RETRASO EN LA CESIÓN DE LAS ISLAS DE LA BAHÍA A HONDURAS
Washington, martes 25 de septiembre.

El ministro napolitano se ha despedido de nuestro gobierno, siendo dadas por terminadas sus funciones diplomáticas debido a los eventos revolucionarios recientes en su propio país.

Se ha recibido información confiable mostrando que no existe dificultad en la consumación de la cesión de las Islas de la Bahía a la República de Honduras, pero la transferencia ha sido retrasada por los intentos filibusteros del Gral. Walker. Las historias del desafecto de los residentes británicos fueron exageraciones para promover sus maquinaciones aventureras; ni tampoco hay alguna verdad en el reporte de que Cabañas, de El Salvador, apoyó sus movimientos. Los estados centroamericanos se estaban preparando conjuntamente en una causa común en contra de la invasión de cualquiera de ellos. Por primera vez estos están diplomáticamente representados por el Señor Molina para Costa Rica, Nicaragua y Honduras, y por el señor Yrissari para El Salvador y Guatemala.

Fuente: The New York Times

1860-septiembre-27

IMPORTANTE DESDE HONDURAS
El Gral. Walker y el coronel Rudler no serán fusilados.
Nueva Orleans, miércoles 26 de septiembre.

La goleta *Taylor,* de Trujillo, reporta que el Gral. Walker está a salvo y regresará en el siguiente barco. Tanto él como el coronel Rudler habrían sido liberados de inmediato si hubieran declarado la ciudadanía estadounidense o la protección británica. Es seguro que ninguno de ellos será fusilado; los británicos declararon que no lo permitirán.

Fuente: The New York Times

1860-septiembre-28
NOTICIAS MÁS RECIENTES DESDE HONDURAS
Walker afirmativamente fue ejecutado — El coronel Rudler sigue con vida.
Nueva Orleans, martes 25 de septiembre.

Un buque a vapor británico ha llegado aquí con los restos de la compañía del Gral. Walker. Reporta que el Gral. Walker fue ejecutado el 12 del mes presente, y que el coronel Rudler sigue retenido como prisionero.

Fuente: The New York Times

1860-septiembre-28

LA RESURRECCIÓN DE WALKER

El telégrafo no es conspicuo por su consistencia. Las diversas e irreconciliables disposiciones que ha hecho del Gral. Walker; sus representaciones contradictorias en cuanto a la condición de su banda previa a la captura reportada; las dudas que dejó en torno a la captura misma; y sus sucesivas afirmaciones de que Walker iba a ser ejecutado y que ya había sido ejecutado, y que, después de todo, no sería ejecutado; todo esto hace que su testimonio sea extremadamente sospechoso, y nos repite la moraleja de que los hechos rápidos son menos confiables que los atestiguados por ese testigo tardío: el correo. Y para complicar aún más el asunto, ahora tenemos una repetición de la afirmación de que Walker ha sido realmente ejecutado, aunque no se dan fechas ni detalles.

Cualquiera que sea el hecho, el público lo aceptará con ecuanimidad. Si él está muerto, tendremos el consuelo de saber que sus esfuerzos de filibusterismo no se repetirán. Si demuestra que todavía vive y que regresará ileso a su país, la declaración solo puede recibirse con resignación silenciosa y un esfuerzo filosófico para extraer la satisfacción de una dispensación tan inescrutable. Y esto quizás lo podamos hacer, al reflejar que gran parte del prestigio de los filibusteros y, en consecuencia, su poder para hacer travesuras, se han perdido en esta expedición desacertada y mal administrada. Hasta ahora, la duda de si el jefe era más conocido por sus agallas o por su suerte, la supersticiosa confianza en su destino—que convenció a la clase a la que se dirigían sus tentaciones de un espléndido futuro en el que sus seguidores deberían participar, que esperaban como Perú esperó a Pizarro y México a Cortez—siempre ha reparado sus pérdidas y restaurado sus travesuras. Es imposible que este tipo de fe, en vista de su último fracaso, conserve su antigua prevalencia. A la menor capacidad debe ser evidente que, al exponer a sus seguidores que su ayuda había sido solicitada por un partido influyente en Honduras, a quien simplemente llevaba refuerzos, Walker, que comprendía bien Centroamérica y conocía la detestación universal en la que los hispanoamericanos llevan su nombre, era culpable de practicar un cruel engaño. Su expedición carecía de las provisiones necesarias incluso para su corto viaje marítimo. Sus números estaban totalmente desproporcionados para el enemigo que se encontraría, y el líder parecía no haber hecho ningún tipo de reconocimiento de la cosa más probable: que los buques británicos, conocidos por estar en el vecindario de Roatán, interferirían en su contra.

Estos errores inexcusables y descuidos fueron el prólogo para los desastres sucesivos, demostrando las buenas cualidades de pelea de los hondureños y la debilidad de los filibusteros en conflicto con los despreciados "sudacas". La mitad de su compañía original pereció víctima de su temeridad sin principios; el resto regresó sufriendo y en pobreza. Walker ha perecido o ha regresado con una vida perdida justamente o restaurada por la magnanimidad de los enemigos; un hecho, podría suponerse, suficiente por sí mismo para obligarlo a preservar la paz para siempre. Estos incidentes humillantes del proyecto no pueden fallar en quitarle al aventurero su confianza e influencia. Evidentemente carece de la habilidad, la sagacidad, los recursos de un jefe militar y, lo que es más importante, la fortuna lo ha desertado, o más bien, ahora se ve que nunca ha favorecido sus planes. Ha tenido éxito uniforme solamente para salvar su propia vida, e incluso en este particular, sus seguidores no siempre han compartido su buena suerte.

Y, aunque esta lección se dirige a las víctimas de su ambición, él mismo ha aprendido una. Solo de vez en cuando los hombres tienen la oportunidad de ver retratos póstumos de sí mismos. Hace veinte años, un reporte falso circulo a través de Londres anunciando la muerte del Lord Brougham; y en todos los periódicos del día siguiente aparecieron elaboradas biografías del excanciller con apreciaciones más o menos amigables de sus méritos y su carácter. La misma oportunidad de anticipar el juicio de la posteridad se le da a Walker. Su supuesta ejecución ha provocado los comentarios generales y no amables de la prensa sobre su carrera y su supuesto evento; y quizás no pueda encontrar una ocupación más rentable durante las primeras horas de ocio de su regreso que cotejar estos testimonios y dar una estimación sincera de sí mismo. Si no lo impresionan con la convicción de que la voz de la humanidad es unánime en la condena de sus objetivos y esfuerzos, y que solo le queda suficiente vida, si se ocupa de ello, para redimir su carácter, debe poseer una insensibilidad a la opinión pública que lo designa justamente como un forajido incurable y una plaga social. Tenemos suficiente fe en el hombre como para creer que, si aún vive, se alejará de este juicio y enmendará sus caminos.

Fuente: The New York Times

1860-septiembre-29

WALKER Y SUS CAPTORES

Nueva Orleans es un punto incierto para la emisión de noticias, o más bien es un punto para la emisión de noticias inciertas. Con respecto a la expedición de Walker contra Honduras, hemos recibido, desde el lugar ya mencionado, alrededor de media docena de telegramas que deben conservarse como muestras de contradicciones curiosas. El 18 del mes presente publicamos un informe anunciando que Walker sería ejecutado; el 21 publicamos otro afirmando que había sido ejecutado; el 25 esta información fue declarada incorrecta, Walker solo estaba en vísperas de ser ejecutado; el día 27 los filibusteros estaban llenos de alegría ante la información, que contradecía los reportes previos, de que Walker no sería ejecutado; y ayer fuimos llamados a declarar, por el telegrama número 5, que Walker fue positivamente ejecutado este 12 de septiembre. Y esta mañana tenemos una repetición de la declaración, con tales detalles que dejan poco espacio al cuestionamiento de esta verdad.

Incluso si el destino del jefe de filibusteros todavía se considera dudoso, no hay duda sobre el tema de su expedición. Tenemos posesión de noticias confiables de Honduras al día 7 del mes presente, y para esa fecha Walker estaba en poder de sus enemigos más amargos. Solo la interferencia del comandante británico del *Icarus* podría, posiblemente, prevenir su ejecución, pero Walker, por sus propias acciones, destruyó toda esperanza de obtener esa interferencia. El *Herald*, asumiendo que Walker fue realmente ejecutado, argumenta con su fuerza y lógica esperadas que "el acto será una mancha duradera en la humanidad y la caballería británicas". Si bien estamos seguros de que el oficial, que ha prestado un gran servicio a los Estados Unidos y a las repúblicas de Centroamérica al capturar a este pirata tan pertinaz, podrá reivindicar su conducta en cada particular, no debe imaginarse que las opiniones del *Herald* se entretienen con cualquier parte respetable de la prensa o personas de este país. Esta es la cuarta vez que Walker ha sido capturado por fuerza naval estadounidense o británica. Tres veces se le permitió, bajo una indulgencia equivocada, regresar a los Estados Unidos; la gente de Centroamérica, natural y justamente, se quejó de que solamente lo salvamos de su venganza para permitirle a él planear nuevos ardides de agresión en contra de su paz y prosperidad.

Parece ser, por la correspondencia que pasó entre el comandante Salmon, del *Icarus*, y el Gral. Walker en Trujillo, que el primero, lejos de mostrar una crueldad innecesaria, hizo todo lo posible para salvar al miserable hombre y sus ilusos seguidores. En una carta fechada el día 21 del mes pasado, cuando Walker estaba en posesión de Trujillo, el Capitán Salmon le informó que los recibos de la aduana del puerto de Trujillo fueron hipotecados a su gobierno para el pago de una deuda y que, para proteger los intereses de Gran Bretaña, debería restablecer la autoridad legítima de Honduras. En la misma comunicación le ofreció a Walker la protección de la bandera británica si bajaba sus armas, devolvía el dinero que él o sus seguidores habían tomado de aduana y dejaban el país. Estos términos fueron formalmente aceptados por Walker en una carta dirigida al capitán Salmon. Pero, en el transcurso de los arreglos, los filibusteros subrepticiamente evacuaron Trujillo y, por lo tanto, perdieron todo derecho, si alguna vez tuvieron alguno, de piedad o consideración. El *Icarus*, junto con una fuerza de hondureños, siguió en persecución, y en el tercer intento lograron la captura y los trajeron de vuelta a la ciudad. Walker, por supuesto, y con su habitual desilusión, protesta "ante el mundo civilizado" contra ser entregado a las tiernas misericordias de los hondureños. Alega que él se rindió al oficial británico, pero como él mismo violó las condiciones que se le propusieron y las cuales se comprometió a cumplir, claramente no había ninguna rendición. Como una banda de desesperados piratas que deambulaban por el interior de Honduras sin otros objetivos que los de robar y asesinar, el exterminio de cada filibustero habría sido un acto perfectamente justificable; y tienen que agradecer al comandante británico del *Icarus* que ellos no recibieron su castigo a manos de los hondureños, cuyas casas ellos invadieron y cuya independencia nacional ellos intentaron destruir.

Las acciones del comandante Salmon serán, sin ninguna duda, aprobadas no solo por su propio gobierno, sino por el gobierno de los Estados Unidos y su gente. En la muy desagradable tarea que se convirtió en su deber de realizar, ha demostrado buen juicio, discreción y humanidad. Confiamos en que el servicio que ha rendido a la justicia común en la captura de un forajido tan relacionado con hechos de sangre como Walker será totalmente reconocido, y que será un medio para detener, por lo menos por un tiempo, estas invasiones piratas hacia estados pacíficos e inofensivos que han reflejado tal desgracia por el personaje estadounidense.

Fuente: The New York Times

1860-septiembre-29

LA CAPTURA DE WALKER
Correspondencia interesante con el capitán Salmon.

Un corresponsal del *Heraldo*, en Trujillo, recibió los siguientes documentos de Walker después de su captura y los ha enviado a ese periódico para su publicación:

Comandante Salmon Al Gral. Walker

A bordo del barco a vapor de Su Majestad británica *Icarus*.

Trujillo, martes 21 de agosto de 1860.

Señor: Le tengo que informar:

1.   Que los recibos de la aduana del puerto de Trujillo, hipotecados al gobierno británico en pago de una deuda por la cual ese gobierno se hizo responsable, son desviados de su curso debido a su ocupación no autorizada de ese puerto.

2.   Que la suma de $2,025 en dinero y papel del gobierno por la cantidad de $1,390 que quedó en la aduana al tomar usted posesión de la ciudad, pertenece al gobierno británico en virtud de dicha hipoteca.

3.   Que, a causa del cese completo del comercio causado por su ocupación de la ciudad, los intereses de los comerciantes británicos en Belice están afectados a gran escala.

4.   Que su presencia en esta costa ha sido la causa para diferir la finalización de un tratado existente entre Gran Bretaña y Honduras.

Por lo tanto, considero que es mi deber, en protección de los intereses de Gran Bretaña, restablecer en Trujillo a las autoridades encargadas por el actual gobierno de Honduras y solicitar que usted, con sus seguidores, esté preparado para bajar las armas y volver a embarcar para dejar a los oficiales reconocidos que están listos para reanudar sus puestos. Tales armas y todos los artículos militares pertenecientes a la expedición se entregarán al gobierno de Honduras como garantía contra cualquier descenso adicional en sus costas. Los oficiales pueden quedarse con sus armas de mano. Además, se deberá entregar a las autoridades correspondientes el dinero y el papel moneda mencionados en la cláusula dos, así como todos los documentos del gobierno. Una vez que se cumplan estos términos, la seguridad personal y la propiedad privada estará garantizada por la bandera inglesa.

Tengo el honor de ser, Señor, su obediente servidor,

Comandante Norvell Salmon.

Para el Sr. W. Walker.

Gral. Walker Al Comandante Salmon

Trujillo, 21 de Agosto de 1860.

Para el capitán Norvell Salmon del barco a vapor de Su Majestad británica *Icarus*:

Señor: Tengo el honor de reconocer el recibo de su carta de esta fecha que me envió a través del teniente Coxe de la armada de Su Majestad británica.

Algunos de los hechos contenidos en su comunicación son nuevos para mí, y de haberlos conocido yo no me habría comprometido a modificar las regulaciones de aduana de este puerto.

Debo pedir permiso para decir que ignoraba por completo la hipoteca al gobierno británico de los recibos de aduana en este puerto. Ciertamente no tengo intención de desviar de su curso apropiado los fondos hipotecados a la corona británica. Si se han perdido los recibos de la aduana durante mi presencia aquí, no ha sido en interés de los súbditos británicos, ya que la mayor parte del comercio aquí durante mi ocupación ha sido efectuada por barcos con la bandera británica.

En relación con el dinero que, según se dice, se dejó en la aduana, así como con los documentos del gobierno, debo decir que no he visto ni oído hablar de ninguno. Si hubiera recibido ese dinero o documentos, se los debería de entregar a usted de inmediato en la declaración que hace sobre la hipoteca a la corona británica.

En cuanto al daño causado al comercio británico por mi ocupación de esta ciudad, se me debe permitir decir que estoy convencido de que, cualquier daño insignificante que se haga ahora, será diez veces reparado por beneficios futuros para el comercio inglés. Sin embargo, esto implica cuestiones que no son necesarias discutir en este momento.

Tocante al cumplimiento de las estipulaciones del tratado entre Gran Bretaña y Honduras, debo responder que nadie puede estar más ansioso que yo por la implementación completa del tratado del 28 de noviembre de 1859. Esperaba que este tratado se hubiera cumplido por completo cuando visité Roatán en el mes de junio pasado; y discúlpeme si, a este respecto, me refiero a lo que usted llama mi ocupación no autorizada de este puerto.

Sería una larga historia contarle por qué reclamo el derecho de hacer la guerra con las autoridades existentes de Honduras. Baste decir que mi presencia aquí en este momento se debe completamente a los compromisos que considero que había contraído en honor con un pueblo destruido al vivir en Centroamérica bajo las antiguas leyes y costumbres del reino inglés, reclamando con ellos intereses comunes bajo las instituciones derivadas del código de Alfred. Pensé que no estaba mal ayudarlos a mantener los derechos que habían adquirido legalmente.

Pidiendo perdón por detenerme tanto tiempo en las declaraciones de su carta, tengo que responder que, si considera que es su deber restablecer a las antiguas autoridades de este puerto, no haré nada consistente con el honor para evitar su ejecución de lo que usted considera un deber. En cuanto a los términos que propone, no puedo, bajo las circunstancias, considerar deshonroso bajar mis armas ante un oficial de la corona británica, ya que muchas de las personas comprometidas por su adhesión a mí pueden reclamar las garantías de los súbditos ingleses. Con respecto a nuestro embarque, no especifica en qué embarcación o a costo de quién se realizará dicho reembarque. Referente al dinero y documentos, solo puedo decir que, como nunca estuvieron en mi posesión, me es imposible entregarlos.

Esperando que me informe sobre los asuntos por los que he solicitado información, así como sobre la manera en que propone llegar a los hechos tocante al dinero que se dice que se dejó, tengo el honor de ser, señor, su obediente servidor,

William Walker.

Comandante Salmon Al Gral. Walker

El barco a vapor de Su Majestad, *Icarus.*

Trujillo, 21 de agosto de 1860.

Señor: Tengo el honor de reconocer el recibo de su carta y estoy muy complacido de saber que usted no considera un deshonor bajar sus armas a demanda de un oficial británico.

Soy perfectamente consciente de que, al ofrecer términos a cualquier persona que actúe sin autorización de ningún gobierno reconocido, me expongo a la represión de mis superiores.

Sin embargo, he asumido la responsabilidad de hacerlo con la esperanza no solo de evitar más derramamiento de sangre, sino también con el fin de evitar cualquier daño adicional a la ciudad y la propiedad contenida en ella, gran parte de la cual se obtiene a crédito de casas británicas en Belice.

El gobierno supremo de Honduras, en una proclamación recibida por mí esta mañana, no parece desear que el código de Alfred sea introducido en el país de la manera que usted propone, y el gobierno local y los habitantes de Trujillo parecen tener la misma opinión, a juzgar por las numerosas solicitudes que se me hicieron por protección y asistencia; las cuales, debe saber, estoy autorizado a dar a cualquier estado amigo que lo solicite. [Ver la Ley Internacional de Wheaton].

Habiendo, también, recibido una petición de las autoridades y habitantes de Omoa (firmado, entre otros, por el cónsul de los Estados Unidos) para protección y asistencia, decidí brindar la protección, etc., que allí se requiere contra cualquier ataque realizado por usted en esa ciudad. Con respecto a su reembarque, supongo, por supuesto, que usted proporcionará un flete para retirarse a sí mismo y a sus seguidores de la costa de Honduras. Dos goletas que yacen en este puerto están listas para tratar con usted para tal propósito.

En respuesta a su solicitud de información sobre los diferentes puntos contenidos en su carta, soy plenamente consciente de que gran parte del comercio de este puerto se realiza bajo la bandera británica; pero también soy consciente de que los propietarios no se oponen a pagar las pequeñas cuotas fijadas por la ley, las cuales, permítame repetir, están garantizadas por una hipoteca al gobierno británico, por lo que queda fuera del poder, incluso del Gobierno regular de Honduras, recolectarlas.

Por lo tanto, en relación con la suma de dinero, etc., que se dejó en la aduana, recibí de las autoridades una declaración clara de los diferentes artículos, la suma de los cuales declaré correctamente en mi carta de esta mañana. Si alguno de sus seguidores se ha apropiado del dinero, no es menos pérdida para el gobierno, y creo que usted no es menos responsable de la pérdida.

Tengo que señalar, además, que no debo consentir recibir ninguna compensación de su parte en nombre del gobierno británico; cualquier restitución de su parte debe hacerse al señor Don Martínez, el comandante de Trujillo.

Soy perfectamente consciente de que estaba ansioso por la aplicación del tratado del 28 de noviembre de 1859, particularmente la parte que habría puesto a Roatán bajo la protección de la bandera hondureña. Sin embargo, ruego señalar que dicho tratado se hizo con el actual gobierno de Honduras, y no con el Sr. W. Walker, y que su descenso a esa isla fue la causa de su no finalización. También debo informarle, con referencia a una cláusula en su carta, que mis instrucciones no me permitirán reconocer el derecho de ningún individuo a hacer la guerra a un gobierno reconocido, y debo confesar que no veo qué derechos "gente deseosa de vivir en Centroamérica" pueden haber adquirido legalmente.

Debo repetir nuevamente mi demanda de esta mañana y solicitarle que me informe cuando se completen sus arreglos para el reembarque.

Sintiéndome seguro de que cumplirá, sabiendo lo que debe resultar de un rechazo, tengo el honor de ser, señor, su servidor obediente,

Comandante Norvell Salmon.
Para el Sr. W. Walker.

Al recibir esta última carta, Walker y sus filibusteros evacuaron subrepticiamente Trujillo, y renunciaron, por supuesto, a todas las reclamaciones de las ofertas de protección británica que el comandante Salmon les extendió. La siguiente protesta del general Walker fue escrita después de su captura por los hondureños bajo el general Álvarez:

Protesta Del Gral. Walker.

Por el presente protesto, ante el mundo civilizado, que cuando me entregué al capitán del barco a vapor de Su Majestad, *Icarus*, ese oficial recibió expresamente mi espada y pistola, así como las armas del coronel Rudler; y la rendición fue declarada expresamente y en las palabras necesarias para él como representante de Su Majestad británica.

William Walker.

A bordo del barco a vapor *Icarus*, 5 de septiembre de 1860.
Fuente: The New York Times

1860-octubre-01

LAS ISLAS DE LA BAHÍA
Washington, sábado 29 de septiembre.

El señor Molina, recientemente acreditado ante nuestro gobierno como ministro de Honduras, tuvo hoy una larga entrevista con el secretario Cass en referencia a temas relacionados con ese gobierno. Honduras, después de enterarse de la expedición de Walker, instó a las autoridades británicas a mantener la posesión de Roatán. Ahora que Walker ha sido capturado y sus temores se han calmado, está lista para tomar posesión, y Gran Bretaña, de acuerdo al tratado, se la entregara a Honduras. Esta es la explicación de las razones por las que se ha retrasado por tanto tiempo.
Fuente: The New York Times

1860-octubre-02

LA EXPEDICIÓN DEL GRAL. WALKER.
Los eventos anteriores a su ejecución – Evacuación de Trujillo y la captura por el *Icarus*.

El *Picayune* de Nueva Orleans, del día 27, da detalles de los eventos anteriores a la ejecución del Gral. Walker. Fueron traídos a Nueva Orleans por la goleta *John A. Taylor*, que dejó ese puerto el 31 de agosto con reclutas para el Gral. Walker. El buque llegó a Trujillo el día 14 e hizo una señal, que no fue contestada por el Gral. Walker, así que procedió hacia la isla de Roatán, en donde se enteró del resultado de la expedición y regresó a Nueva Orleans directamente sin desembarcar a sus hombres. Lo que ocurrió antes del enfrentamiento en San Román, donde Walker perdió a veinte hombres, ya se ha narrado. El *Picayune* dice:

Después de este enfrentamiento, el resto del grupo procedió hacia Río Negro, donde tomaron posesión de una casa de adobe en la que se fortificaron de la mejor manera posible, esperando más persecución de los nativos. Los nativos, sin embargo, no los siguieron más allá del lugar del segundo y último enfrentamiento.

Mientras tanto, el grupo silenciosamente mantuvo el lugar y sin ninguna oposición hasta la aparición de los británicos el día 4, cuando, como se declaró anteriormente, finalmente se rindieron.

El grupo al que Walker se rindió era de doscientos a trescientos y estaba compuesto por marines británicos y nativos. Estos últimos fueron sacados de Trujillo en un barco costero llamado *Correo,* o bote de correo, que estaba acostumbrado a navegar entre Trujillo, Omoa y Belice. El *Correo* fue remolcado por el *Icarus*, que también acomodó a una porción de las tropas de nativos.

El *Icarus* ancló en la desembocadura del Río Negro, y el grupo fue mandado corriente arriba en pequeños botes; una porción de ellos en botes del *Icarus*.

De los detalles de la rendición no tenemos nada nuevo. Solo se declara que el grupo capturado fue llevado al *Icarus* y de ahí dirigido a Trujillo, donde fueron entregados a las autoridades hondureñas. El *Icarus* después procedió hacia Belice en espera de más órdenes.

Sin embargo, antes de hacer eso, el capitán Salmon exigió a las autoridades la promesa de que ningún hombre sería dañado hasta su regreso. Esta condición, de hecho, se insistió antes de que fueran entregados. Según los últimos informes de Trujillo, el *Icarus* no había regresado y todo el grupo seguía capturado.

Las siguientes órdenes que el *Icarus* fue a obtener a Belice concernían a la disposición del Gral. Walker y el coronel Rudler. Las autoridades de Honduras dieron su consentimiento de inmediato para el rápido regreso del resto del grupo a los Estados Unidos, y la goleta británica *Ricard Sandford* ya había sido preparada para llevarlos a casa.

Sin embargo, Walker y Rudler no consintieron en pedir protección de la bandera de los Estados Unidos. Ellos proclamaban ser ciudadanos de Nicaragua, y, debido a esto, creció la dificultad para su disposición. Se dice, ciertamente, que de haber declarado ser ciudadanos estadounidenses, también habrían sido entregados con el resto.

Las probabilidades entonces son, hasta donde la información había llegado a la isla, que todo el grupo finalmente sería puesto en libertad. Se había estipulado expresamente que ningún hombre sería lastimado antes del regreso del *Icarus*, y no se creía que su comandante o las autoridades de Belice aconsejaran o consintieran la muerte de Walker o de Rudler.

Desde que se escribió lo anterior aprendemos que Walker se rindió sin ninguna resistencia ante los ingleses en Río Negro, estando sus hombres en condición de desnudez y hambrientos.

También se nos asegura que el capitán Salmon, del *Icarus*, fue a Belice para obtener la influencia del gobernador Price para prevenir la ejecución, declarando que su honor estaría comprometido si esta se llevara a cabo.

El *Icarus* fue visto regresando de Belice a Trujillo mientras el *Taylor* pasaba el Fort McDonald, y se supone que llevaba mensajes que prevendrían la ejecución.

Fuente: The New York Times

1860-octubre-02

LA RENDICIÓN DE WALKER

Hemos recibido, por medio de Nueva Orleans, algunos detalles de la captura de la expedición de Walker después de huir de Trujillo. La compañía que persiguió a Walker por el Río Negro estaba compuesta de marineros británicos y tropas hondureñas. Walker se rindió ante los primeros; y, antes de ser entregado a las autoridades de Honduras, el comandante Salmon, del *Icarus*, exigió una promesa de que los prisioneros no deberían ser lastimados hasta su regreso de Belice, a donde se fue inmediatamente para obtener nuevas órdenes. Walker fue ejecutado el día 12 de septiembre durante la ausencia del *Icarus* en violación de la estipulación expresa. No hay bases para suponer que el oficial británico era responsable de su seguridad; no había ningún acuerdo entre él y Walker y no podía haber uno. Walker perdió todas las reclamaciones de piedad cuando rechazó las condiciones de rendición ofrecidas a él en Trujillo. Las relaciones de las partes entonces se volvieron distintas: El capitán Salmon ya no actuó en una capacidad independiente. Era ahora un agente del gobierno de Honduras. Transmitió sus tropas al Río Negro, ayudó a capturar a Walker y no tuvo más remedio que entregarlo cuando fue necesario. Toda su influencia personal fue ejercida para salvar las vidas de los filibusteros y, cuando eso falló, se fue a Belice para obtener más instrucciones del gobernador de esa colonia. Walker realmente debe su muerte a su propia obstinación. Él persistía en llamarse a sí mismo nicaragüense. Si hubiera solicitado la protección estadounidense, al ser ciudadano estadounidense, habría sido salvado junto con los demás; pero la pasión por gobernar de su vida fue fuerte en su muerte, y la piedad que tan seguido les negó a los demás, le fue finalmente negada a él.

Fuente: The New York Times

1860-noviembre-03

CENTROAMÉRICA. PROMULGACIÓN OFICIAL DE LA MUERTE DE WALKER
Guatemala y Honduras.

No hay nada de interés de ninguno de estos dos estados excepto que la gente casi se volvió loca por la promulgación oficial de la muerte de Walker. Todas las campanas de las iglesias estaban sonando día y noche, y se desperdició más pólvora que la que se habría suministrado a una división en el día de Solferino.

Fuente: The New York Times

1860-noviembre-05

ASUNTOS EN NICARAGUA
Noticias de la captura de Walker – Walker y Mora – Una combinación contra Nicaragua – Proposición de anexarla a Honduras – Una monarquía deseada – Carta singular del presidente de Honduras – El Sr. Dimitry presiona para una convención – El tratado y la cuestión de tránsito.

Correspondencia del New-York Times:

León, Nicaragua, domingo 14 de octubre de 1860.

Las noticias de la captura y ejecución de Walker fueron recibidas aquí el día 28 del mes pasado y ocasionaron un sonar de las campanas y un disparar de las armas como rara vez se ha escuchado. Sin embargo, la gran mayoría de las personas parecía estar indiferentes ante el asunto. La derrota y la ejecución de Mora, en Costa Rica, fue, de hecho, la causa de más emoción que la caída del "hombre del destino de ojos grises". Hay una coincidencia singular conectada con el destino de estos dos individuos distinguidos. Es bien sabido que, a través de Mora, Walker conoció todos sus reveses en Nicaragua. El primer contratiempo que él (Walker) encontró fue en Santa Rosa; el segundo en Rivas, en abril de 1856; y el tercero y más fatal, la captura de los barcos a vapor en el río de San Juan y la captura de los puestos fortificados de Sarapiquí, Castillo y San Carlos, en el mismo río. Todos los que están familiarizados con la historia de la invasión de Nicaragua por los filibusteros admiten que Walker y sus seguidores nunca podrían haber sido expulsados del país si no hubiera perdido el control de los barcos a vapor de los lagos y ríos. Todo el poder de los Estados centroamericanos combinados no podría haberlo desposeído de no ser por este desafortunado resultado; y este resultado se debe a la energía de Mora y sus soldados costarricenses. En cuanto al destino de estos dos personajes señalados, ¡cuán similares son! Por ejemplo, el inmenso gasto ocasionado por la guerra de Costa Rica contra los filibusteros y la gran pérdida de vidas ocasionada por ello, contribuyeron más al derrocamiento de Mora que cualquier otra causa. Finalmente, él mismo se convierte en un filibustero, intenta recuperar su poder perdido en Costa Rica, es derrotado, capturado y, junto a su segundo al mando y otros 18, es ejecutado. Walker hace un intento parecido para recuperar su poder perdido en Nicaragua y, junto a su segundo al mando, llega a un desenlace parecido. La ejecución de ambos toma lugar en el mismo mes del mismo año; de hecho, quizás no haya ni una semana de diferencia en el día de sus muertes. Quizás no había dos hombres en la tierra que se odiaban más amargamente; fueron la causa de la caída del otro; su "destino", de hecho, ha llegado a un triste final.

Ahora que el miedo a Walker, el filibustero, ha llegado a su final, muchos de los principales nicaragüenses están alarmados por una combinación propuesta en su contra por ciertos partidos en los otros Estados centroamericanos. Se dice que Mora estaba en esta combinación y que, de haber triunfado en Costa Rica, todo el plan operacional habría madurado velozmente. Fue (o es) la intención destruir la existencia de Nicaragua como Estado, por completo, y anexarla a uno de los otros Estados. Recientemente ha aparecido una carta, escrita por Barrios, el presidente gobernante de San Salvador, dirigida al presidente Carrera, de Guatemala, en la cual propone que San Salvador sea anexado a Guatemala y Nicaragua a Honduras. Sostiene que esto es necesario, sobre la base de que estas pequeñas repúblicas en sí mismas han demostrado ser un fracaso perfecto; que son objeto de risas para el mundo entero; que su experiencia en Europa y Estados Unidos justifica esta afirmación, por desagradable que sea para sus compatriotas. Por lo tanto, los nicaragüenses están considerablemente exaltados con respecto a este movimiento, aunque sin duda hay muchos aquí que aprueban y desean, si fuera posible, tener a todos los estados centroamericanos bajo un gobierno monárquico fuerte.

El presidente Martínez y su gabinete han movido el gobierno temporalmente, de Managua a Granada, donde actualmente está nuestro ministro, el Sr. Dimitry. Él aún está presionando a las autoridades para que haya una convención para resolver los reclamos de los ciudadanos estadounidenses, pero con dudoso éxito. La enmienda al tratado del senado de los Estados Unidos sin duda será ratificada por el congreso de Nicaragua que se reunirá a principios de diciembre. El senado requiere que la ratificación tome lugar en estos seis meses. Esto hará su fecha de vencimiento el 27 de diciembre, y la sesión ordinaria del Congreso nicaragüense no tendrá lugar hasta el 1 de enero de 1861. Para superar la dificultad, el presidente Martínez ha consentido en convocar al congreso dos o tres semanas antes de la sesión ordinaria a fin de actuar sobre el tratado dentro del tiempo prescrito.

Me equivoqué al afirmar que Vanderbilt había propuesto dar un bono de $100,000, en su nueva solicitud, por la ruta de tránsito. Solo ofrece hacer un anticipo de $100,000 al gobierno de Nicaragua a cuenta del impuesto que se aplicará a cada pasajero que cruce la ruta. Las finanzas de Nicaragua están en una condición tan pobre que incluso esta propuesta sería muy tentadora, proviniendo de cualquier otra fuente, pero, de todos los hombres, los nicaragüenses tienen el mayor temor de Vanderbilt. Ellos temen comerciar con él o confiar en él, así que no creo que tenga muchas oportunidades por la ruta de tránsito. Es posible que ni siquiera se lo concedan a ninguna otra parte por temor a que finalmente caiga en sus manos y, por lo tanto, la probabilidad de reabrir la ruta es muy remota.

Fuente: The New York Times

1860-noviembre-10

LOS ASUNTOS EN HONDURAS
El Destino Del Coronel Rudler – Estadounidenses Multados Y Encarcelados.

El corresponsal del *Delta* de Nueva Orleans escribe lo siguiente desde las Islas de la Bahía de Roatán, con fecha del 23 de octubre:

"Aprovecho la oportunidad para enviarles algunas líneas del apuesto capitán de la goleta filibustera *John A. Taylor*. Supongo que el barco a vapor *Gladiator* de Su Majestad les trajo la noticia de la muerte de Walker; los miembros sobrevivientes de su grupo estaban a bordo de él.

Noto que un corresponsal de Trujillo de uno de los periódicos de La Habana pretende dar su discurso de muerte. Sé que no se puede confiar por completo en esto. También me han informado que no había ningún estadounidense o inglés presente cuando fue tan brutalmente ejecutado, de lo cual, sin duda, ustedes tienen los detalles completos: murió como un católico verdadero y fue acompañado al lugar de ejecución por un sacerdote de esa denominación. Se dice que sus pertenencias y algunas cartas que escribió justo antes de su muerte fueron entregadas al cónsul estadounidense. Le dijo al comandante, a quien fue entregado por los ingleses, en respuesta a alguna observación insultante, que él no era el único Walker en los Estados Unidos. Estoy casi seguro de que, desde el momento de su captura, no se le permitió ver a ninguna persona con la excepción de los oficiales al mando.

La gente aquí generalmente condena la conducta del capitán del *Icarus* al entregarlo a él y al coronel Rudler incondicionalmente a los "españoles".

Creo que el teniente gobernador Price ha sido llamado de Belice a Jamaica. Dejará a la colonia sin su valiosa presencia.

El último acto brillante de su excelencia fue el encarcelamiento del Sr. Hodge, de la respetable firma de HYDE, HODGE & Co., grandes cortadores de caoba. No conozco los detalles, pero después de tres días en confinamiento fue liberado e inmediatamente comenzó una demanda por $30,000 en daños, y desde entonces se fue a Inglaterra para presentar su caso ante el gobierno local.

Hace unos pocos días llegaron aquí dos estadounidenses desde el interior de Honduras. Informan haber conocido al coronel Rudler y a su guardia en una pequeña villa entre Trujillo y Comayagua; tenía fiebre, pero no se quejó de ningún maltrato por parte de sus captores y en general parecía estar muy bien. También afirman que el país estaba en calma y que en todos lados se les trató con respeto. La gente en general parece estar bastante en contra del gobierno presente, pero son muy cautelosos en cuanto a expresar sus opiniones.

Tengo entendido por un amigo que, en un debate tardío en la asamblea de Honduras, cuyos procedimientos se publicaron en el órgano gubernamental de Comayagua, uno de los miembros de la oposición estuvo en contra de recibir las Islas de la Bahía debido al gasto adicional que tal curso implicaría sobre el país. Un miembro del gobierno le respondió que, por el contrario, las personas de esas islas eran ricas y no solo podían pagar impuestos por el apoyo de una guarnición en Roatán, sino que indudablemente se les podía inducir a pagar los $5,000 anuales al rey Mosquito por la educación de sus súbditos, que el tratado exigía.

Dos días antes de la llegada del *Taylor*, el Sr. Jones y el Sr. Thompson, dos personas pertenecientes a la isla, que no habían cometido ninguna ofensa, fueron capturados con su barco en el acto de transportar plátanos (¿son los plátanos contrabando de guerra?) para el Gral. Walker por el *Icarus*, y entregados a las autoridades de Trujillo. Fueron liberados después de un encarcelamiento de cinco semanas y el pago de $300.

Fuente: The New York Times

1860-diciembre-05

NUESTRAS RELACIONES EXTERIORES
Gran Bretaña.

Nuestras relaciones con Gran Bretaña son del carácter más amigable. Desde el principio de mi administración, las dos cuestiones peligrosas, que surgen del tratado de Clayton y Bulwer y del derecho de registro reclamado por el gobierno británico, se han arreglado de manera amistosa y honorable.

Las construcciones discordantes del tratado de Clayton y Bulwer entre los dos gobiernos, que, en diferentes períodos de la discusión, tuvieron un aspecto amenazador, han dado como resultado un acuerdo final enteramente satisfactorio para este gobierno. En mi último mensaje anual yo informé al congreso que el gobierno británico no había "completado los arreglos del tratado con las repúblicas de Honduras y

Nicaragua, en busca de un entendimiento entre los dos gobiernos. Sin embargo, se espera confiadamente que esta buena obra se cumplirá pronto". Esta expectativa confiada se ha cumplido desde entonces.

Su Majestad británica concluyó un tratado con Honduras el 28 de noviembre de 1859, y con Nicaragua el 28 de agosto de 1860, renunciando al protectorado Mosquito. Además, mediante esto, las islas de la bahía son reconocidas como parte de la república de Honduras. Puede observarse que las estipulaciones de estos tratados se ajustan en todos los detalles importantes a las enmiendas adoptadas por el senado de los Estados Unidos al tratado celebrado en Londres el 17 de octubre de 1856 entre los dos gobiernos. Será recordado que este tratado fue rechazado por el gobierno británico debido a su objeción a la enmienda justa e importante del senado para el artículo relacionado con Roatán y otras islas en la bahía de Honduras.

Debe ser una fuente de satisfacción para todos nuestros ciudadanos, y especialmente para aquellos relacionados con el comercio extranjero, que el reclamo, por parte de Gran Bretaña, de visitar y registrar a la fuerza los buques mercantes estadounidenses en tiempos de paz ha sido abandonado. Esta era de lejos la cuestión más peligrosa hacia la paz de los dos países que ha existido desde la guerra de 1812. Mientras permanecía abierta, en cualquier momento podrían haberse precipitado hacia la guerra. Esto se manifestó en el estado exasperado del sentimiento público en todo nuestro país, producido por el registro forzoso de los buques mercantes estadounidenses por cruceros británicos en las costas de Cuba, en la primavera de 1858.

El pueblo estadounidense aclamó de manera general las órdenes del secretario de marina de nuestra fuerza naval en el Golfo de México, "de proteger a todos los buques de los Estados Unidos en alta mar de la búsqueda y detención por los buques de guerra de cualquier otro país". Estas órdenes podrían haber producido un choque inmediato entre las dos fuerzas navales de los dos países. Afortunadamente, esto se evitó apelando a la justicia de Gran Bretaña y a las leyes internacionales, tal como lo expusieron sus más eminentes juristas.

La única cuestión de importancia que aún está abierta es el título disputado entre los dos gobiernos de la isla de San Juan, en la cercanía del territorio de Washington. Como esta cuestión está aún bajo negociación, no es aconsejable, de momento, hacer otra alusión al tema.

La reciente visita del príncipe de Gales, de carácter privado, a la gente de este país, ha resultado ser un acontecimiento sumamente auspicioso. En sus consecuencias, no puede dejar de aumentar los sentimientos afines y bondadosos que, confío, podrán alguna vez impulsar al gobierno y al pueblo de ambos países en sus relaciones políticas y sociales entre sí.

Fuente: Philadelphia Inquirer

1860-diciembre-08

LOS RESTOS DEL GRAL. W. WALKER
Augusta, Georgia, viernes 7 de diciembre.

El móvil *Register* del día 4 del mes presente anuncia el regreso del capitán West, quien fue a Trujillo a obtener los restos del difunto Gral. W. Walker. No tuvo éxito en su misión, a consecuencia de las leyes de Honduras que prohíben la exhumación. El coronel Rudler fue tratado humanamente y se espera que su liberación se lleve a cabo pronto.

Fuente: The New York Times

1860-diciembre-08

LOS RESTOS DEL GRAL. WALKER

Probable liberación del Cnel. Rudler.

Charleston, 7 de diciembre.

Los registros de Mobile del día 4 anuncian el regreso del capitán West, quien fue a Trujillo para obtener los restos del Gral. Walker. No tuvo éxito debido a la prohibición por las leyes de Honduras en contra de la exhumación de cuerpos.

El Cnel. Rudler fue tratado humanamente por las autoridades, y se espera su liberación.

Fuente: Philadelphia Inquirer

1861-febrero-11

DE HONDURAS — MÁS REVOLUCIONES

El barco *Carib*, del capitán Hopkins, llegó a Boston el día 7 de este mes, trayendo informes de Trujillo hasta el 22 de enero. El país está bien, la población se ha recuperado de la exaltación creciente por la invasión filibustera de Walker. El Cnel. Rudler, su camarada, ha dejado el país. Permaneció cierta inquietud debido a la revolución contemplada entre la gente en contra del actual gobierno del presidente Guardiola. Es fomentada por el partido en interés de los sacerdotes, y alentada por estos últimos. Sin embargo, no han ocurrido levantamientos en las últimas fechas.

Fuente: Philadelphia Inquirer

1861-febrero-25

OTRA REVOLUCIÓN EN HONDURAS

Nueva Orleans, sábado 23 de febrero

Por la llegada de la goleta *Dew Drop* tenemos noticias de Honduras del día 10 del mes presente.

Sus informes afirman que otra revolución, originada por el partido reaccionario, era inminente.

El Gral. Guardiola y otros oficiales prominentes han sido excomulgados del país y había fuertes indicaciones de una rendición rápida de Roatán al gobierno de Honduras.

Fuente: The New York Times

1861-febrero-26

DE HONDURAS
Una Nueva Revolución Es Inminente

Nueva Orleans, 23 de febrero.

La goleta *Dewdrop*, de Honduras, en el día 10, trae la siguiente información:

Una nueva revolución, originándose con el partido reaccionario, es inminente. Guardiola y otros oficiales del gobierno han sido expulsados.

Hubo indicios de una rápida rendición de Roatán a Honduras.

Las noticias desde Centroamérica son interesantes. Se ha suscitado una disputa entre el presidente y el obispo de Honduras, el último excomulgando al primero por apropiarse de algunas propiedades de la iglesia, y el primero desterrando al obispo en represalia.

Fuente: The New York Times

1861-febrero-26

HONDURAS — UN OBISPO EXPULSADO Y UN PRESIDENTE EXCOMULGADO

Las fechas son hasta el 20 de enero.

Lo único aquí es una disputa entre las autoridades civiles y eclesiásticas. Parece ser que el presidente Guardiola, entre otros pecados en contra de la iglesia, se ha apropiado de algunas de sus propiedades y reclamó en nombre del estado algunas de sus rentas. Ante esto, el obispo excomulgó al presidente, quien en venganza desterró al obispo.

Fuente: The New York Times

1861-marzo-06

En honduras la disputa entre el gobierno y la iglesia continúa, y se teme que los sacerdotes lleguen a iniciar una revolución en contra del presidente Guardiola.

Fuente: The New York Times

1861-abril-04

HONDURAS

La pelea entre el gobierno y la iglesia continúa, y se teme que los sacerdotes levanten una revolución en contra del presidente Guardiola, lo que sería fácil debido a su influencia sobre la población ignorante india.

En honduras, el presidente Guardiola ha sido nombrado capitán general de la República y se le ha otorgado poder completo para resolver la cuestión entre las autoridades civiles y eclesiásticas.

Fuente: The New York Times

1861-abril-20

De Honduras hemos recibido información de que el presidente Guardiola ha sido nombrado Capitán General de la República, y se le han otorgado poderes totales para arreglar la cuestión entre las autoridades civiles y eclesiásticas. El Cnel. Rudler, quien fue arrestado junto con el difunto Gral. Walker, y quien había sido mantenido prisionero desde entonces por las autoridades de Honduras, ha sido liberado por el presidente Guardiola. Esto se llevó a cabo, según se entiende, gracias a la mediación amigable del cónsul británico en Honduras. En Costa Rica todo está tranquilo. Habían zarpado tres barcos cargados con café: dos hacia Europa y uno hacia California. El precio había subido a $13 por quintal.

Fuente: The London Times

1861-mayo-04

CENTROAMÉRICA

La legislatura de Honduras ha autorizado al poder ejecutivo para hacer ciertos cambios en el contrato de la Compañía Ferroviaria Interoceánica, y la deuda británica se ha hecho pagadera mediante los recibos del gobierno.

Fuente: The New York Times

HONDURAS Y LA SANTA SEDE

Del Liverpool Albion.

Desde hace algún tiempo, considerables problemas eclesiásticos han perturbado a la república de Honduras e indirectamente escandalizado al resto de Centroamérica. El vicario general, un dignatario de la iglesia intemperante, en parte engañado por políticos incendiarios hostiles al gobierno firme y juicioso del presidente Guardiola y en parte engañado por prejuicios personales, actuó de una manera que no dejó al presidente otra alternativa que expulsarlo; con lo cual el vicario general puso más injustificadamente a todo el país en entredicho, produciendo así los mayores males en todas las relaciones sociales y domésticas de la vida, inhibiendo bautizos, matrimonios, entierros, etc. Ambas partes apelaron al tribunal ante el cual cada uno cedió con igual sumisión. Sabemos ahora desde Roma que el señor Carlos Gutiérrez, el ministro de Honduras acreditado a la corte británica y bien conocido entre el cuerpo diplomático por su urbanidad y su conocido conocimiento de asuntos comerciales y políticos, ha tenido el honor de presentar credenciales a su Santidad como enviado especial de la república de Honduras ante la Santa Sede en este asunto delicado, que parece haber arreglado con gran tacto y discreción y en cumplimiento completo del objeto de su misión. En el curso de una larga entrevista, aprovechó la oportunidad para presentar ante su Santidad, bajo una luz adecuada, la naturaleza de las cuestiones religiosas que últimamente han perturbado la tranquilidad de la república. Fue recibido de la manera más atenta por el pontífice supremo, quien escuchó las explicaciones razonables del enviado que exhibió una profunda intimidad con la condición material, así como la condición espiritual de Hispanoamérica en general, lo que podría esperarse por los antecedentes conocidos de su vida temprana en el Nuevo Mundo. En el curso de varias entrevistas que el señor Gutiérrez tuvo con el cardenal Antonelli, ese prelado le informó que ya se habían tomado medidas para poner fin al escándalo existente en la república a través de la conducta irregular del vicario general; que ya se han enviado instrucciones al arzobispo de Guatemala, el señor García Peláez, para separar al vicario de la administración de la diócesis de Honduras y para ordenar el regreso de todos los curas a sus respectivos curatos. La corte de Roma ha otorgado poderes plenos al arzobispo para ajustar todo el asunto como él vea justo y equitativo; y, sin lugar a dudas, lo hará así de una manera que conduzca a todos los requisitos del caso, un objeto que será muy facilitado por el probable nombramiento como obispo de Honduras del señor Jesús Zepeda, ya muy estimado en Roma, y para cuya nominación el enviado es naturalmente solícito. Hay, por lo tanto, toda razón para creer que la misión del señor Gutiérrez resultará eminentemente exitosa; y es satisfactorio dar a conocer la extrema disposición que el cardenal Antonelli ha mostrado para eliminar las causas de una perturbación tan anómala e indecorosa. La elección de parte de Honduras de un hombre tan bien equipado como el señor Gutiérrez para llevar a cabo una misión de la naturaleza delicada de aquello con lo que se le confía habla bien de la sabiduría del gobierno, que tiene la intención de enviar un ministro residente a Roma como lo hace la vecina república de El Salvador, de la cual, en este último estado próspero y avanzado, el señor Gutiérrez también es embajador en la corte de San James.

Fuente: The New York Times

LAS ISLAS DE LA BAHÍA

Se ha recibido información reciente de la entrega de las Islas de la Bahía al gobierno de Honduras. Un caballero que escribe desde Roatán me ha asegurado que, ante las garantías ofrecidas por el gobierno británico, los últimos súbditos británicos se han reconciliado con sus nuevos gobernantes.

Fuente: The New York Times

De diversos Estados de Centroamérica hemos recibido la información más reciente. El presidente de Honduras ha emitido un decreto de amnistía a exiliados políticos, permitiéndoles a todos regresar, con la excepción del obispo Miguel de Cid.

Fuente: The New York Times

1861-septiembre-04

HONDURAS Y GUATEMALA

El presidente de Honduras ha emitido un decreto permitiendo el regreso a la república de todos los exiliados políticos con la excepción del obispo Miguel de Cid. Don Juan de Jesús Zepeda, recomendado por la corte en Roma, toma su lugar.

La industria agrícola de Guatemala del café, cochinilla, azúcar, etc., está aumentando rápidamente, consecuente con la navegación regular entre los puertos de esa república y Europa y Estados Unidos, instituida por la Compañía Ferroviaria de Panamá. A través de la liberalidad y el trabajo de esta compañía, los Estados Unidos están ganando influencia rápidamente en los Estados centroamericanos, que, así como el comercio de estos Estados, ha sido propiedad de Francia y Gran Bretaña durante mucho tiempo.

Fuente: The New York Times

1861-octubre-08

ALGODÓN DE HONDURAS

En el Estado mencionado arriba se ha abierto recientemente un nuevo y extenso campo para el cultivo de algodón. Han llegado muestras a Londres y han sido presentadas a la asociación de suministro de algodón de Manchester, quienes reportan, después de cuidadosa examinación, que "el algodón es el que más se acerca al algodón de Nueva Orleans que ha sido mostrado en el mercado". El informe de Honduras agrega que las muestras enviadas son perennes.

Fuente: The New York Times

1862-febrero-11

LO MÁS RECIENTE DE VENEZUELA Y HONDURAS

De Honduras tenemos la *Gaceta de Honduras* (publicada en Comayagua), en la cual aparece un decreto del presidente Santos Guardiola de que, debido al fracaso casi total de los cultivos por las lluvias e inundaciones y temiendo una escasez de provisiones, etc., desde el 31 de diciembre, durante un año, toda la harina o comida, arroz, maíz, frijol y papas serán libres de impuestos de importación de cualquier tipo.

Fuente: The New York Times

Una terrible revolución se desarrollaba en Honduras. El presidente Guardiola ha sido asesinado en su puerta. Las tropas se unieron a los insurgentes y se estaban cometiendo grandes excesos en Trujillo.

El 11 de enero el presidente Guardiola, de Honduras, fue asesinado por Pablo Agurcia, un oficial de su guardia personal. Se dice que el Gral. Don Francisco López, junto con el clero, estuvieron implicados, y se hicieron varios arrestos. El vicepresidente, Don Francisco Castellanos, ha asumido el control de los asuntos y no se anticiparon más problemas.
Fuente: The New York Times

1862-marzo-18

Las fechas de Honduras son hasta el 27 de febrero.
Ha ocurrido una reacción favorable y se ha restaurado el orden. Medina ha sido elegido presidente provisional.
Fuente: The New York Times

1862-marzo-21

EL ESTADO DE HONDURAS
Para El Editor Del Times.
Señor, por solicitud de su Excelencia el Sr. Don Carlos Gutiérrez, ministro de Honduras en esta corte, le transmito el documento adjunto que contiene detalles del asesinato del difunto presidente, el Gral. Santos Guardiola. Su publicación en sus columnas sin duda aliviará la ansiedad de todos los interesados en el bienestar de la República.
Quedo, señor, a su entera disposición.

James L. Hart
Consulados de México, El Salvador y Nicaragua,
Londres, 20 de marzo.

"El pasado 11 de enero, el Gral. Don Santos Guardiola, presidente de la República de Honduras, fue brutalmente asesinado en Comayagua por Pablo Agurcia, comandante de su escolta personal.

"Al amanecer, Agurcia pidió una audiencia con el Gral., diciendo que se acababan de recibir mensajes de la más alta importancia. El Gral., parcialmente vestido, abrió la puerta de su recámara y, en ese momento, recibió de las manos de Agurcia el contenido de dos pistolas; las balas entraron en su corazón y la muerte fue instantánea. Él expiró sin decir una palabra en brazos de su esposa. Agurcia era un hombre joven sin ningún mérito en particular, pero había recibido la protección de Guardiola y había sido elevado al rango de comandante de su escolta personal. Lo sucedido demuestra lo bien que le pagó a su benefactor.

"Dos horas después del brutal asesinato y en ausencia del vicepresidente, se le pidió al senador Norberto Martínez que tomara las riendas del gobierno. Pero Agurcia y sus cómplices, al tener el control de la guarnición, fueron amos de la capital. La situación de Comayagua fue de peligro extremo. Los habitantes, horrorizados por el crimen tan ruin, no pudieron ventilar su indignación debido a la presencia de los asesinos armados. Este estado de las cosas continuó por 19 días. Pero, mientras tanto, Martínez no había estado en inactividad, y después de juntar tropas de los pueblos vecinos, lanzó un ataque repentino sobre los rebeldes y los derrotó por completo. Agurcia y muchos de sus cómplices fueron tomados prisioneros antes de recibir el castigo que tan justamente merecían.

"Mientras tanto, en Tegucigalpa, los partidarios del Gral. Guardiola se negaron a reconocer el gobierno de Martínez al tener el deseo de colocar a Bernardo Inestroza en el poder, y, para llevar a cabo su deseo, se juntó un pequeño ejército que marchó hacia Comayagua y que se topó con las tropas de Martínez. Después de una breve batalla, los insurgentes fueron completamente derrotados.

"El Gral. Juan López, en quien se fijaban todas las miradas como futuro presidente, fue estacionado en Yuscarán y tenía bajo su mando a unos cuantos regimientos. Recibió mensajes desde Tegucigalpa que lo animaban a asumir el comando supremo. Él lo rechazó, declarando su intención de obedecer solo las órdenes del vicepresidente, Don Victoriano Castellanos, quien, de acuerdo con la constitución, tenía el derecho de ocupar el puesto que había quedado vacante y que ninguna otra autoridad podía reconocerse legítimamente. El Gral. López nombró a una delegación para ir con el Sr. Castellanos a pedirle que tomara las riendas del gobierno, ofreciéndole su apoyo con todas sus fuerzas. Se hicieron propuestas similares por parte de las autoridades de todos los pueblos principales.

"El Sr. Castellanos ha sido desde entonces formalmente colocado como presidente provisional. Se ha convocado al cuerpo legislativo y se han tomado medidas para mantener el orden en todo el Estado. Guatemala, El Salvador y Nicaragua se habían unido para ayudar a establecer paz en la república, y mediante la energía y el patriotismo de las autoridades principales, el espíritu de rebelión quedó aplastado y Honduras goza de esa paz que prominentemente lo ha distinguido entre los países de Centroamérica".
Fuente: The London Times

1862-abril-04

HONDURAS

Los asesinos del presidente Guardiola y sus cómplices, seis en total, han sido ejecutados. El intento del senador Montes para obtener posesión del gobierno no dio resultado. El vicepresidente Castellanos fue decretado por el congreso para ser el jefe legal del estado. La república está tranquila.

No hay nada de importancia desde Guatemala, El Salvador, Nicaragua o Costa Rica. La cosecha de café en este último estado es mayor de lo esperado. Ahora se dice que va a exceder los 110,000 quintales; el máximo ha sido de 120,000 quintales. El artículo se ha estado vendiendo por exportación a California a 14 centavos por libra, pero ahora se tiene a 13 centavos.
Fuente: The New York Times

1862-mayo-06

Las noticias desde Centroamérica son de poca importancia. Seis personas acusadas del asesinato del Gral. Guardiola, el presidente de Honduras, han sido fusiladas por orden del gobierno. Hay varios aspirantes para la nueva presidencia.

Las cosas se han arreglado tranquilamente en Honduras, con el vicepresidente Castellanos actuando como presidente, después del asesinato de Guardiola.
Fuente: The New York Times

1862-agosto-21

HONDURAS Y GUATEMALA

Honduras estaba tranquilo bajo la vicepresidencia de Castellanos. Como todos los estados centroamericanos, Honduras sufría por la falta de pan y arroz y de otros productos agrícolas de primera necesidad para los pobres.

1862-septiembre-04

El Salvador ha hecho un tratado de paz, amistad y comercio, y ha sido firmado entre El Salvador y Honduras.

1863-enero-21

HONDURAS

Desde el intento de una revolución el día 7 del mes pasado en Tegucigalpa, la república se ha mantenido completamente en calma en todas partes, y se obtiene la impresión de que de ahora en adelante el presidente podrá gobernar en paz.

Los únicos informes de interés en particular son los terremotos en El Salvador y Guatemala y la muerte del presidente Castellanos en Honduras. El vicepresidente Castellanos, quien había estado actuando como presidente desde el asesinato del presidente en febrero pasado, murió en Comayagua, la capital, el día 11 del mes pasado. El señor Francisco Montes ocupa su lugar temporalmente.

1863-febrero-05

La *Gaceta* informa sobre la muerte de Don Victoriano Castellanos, vicepresidente de Honduras, el día 11 de diciembre en Comayagua. El señor Francisco Montes ha sido elegido para cubrir su puesto de forma provisional.

En Honduras, las cosas transcurrían tranquilamente; la muerte del presidente en funciones Castellanos y la llegada del senador Montes a la silla vacante no causaron conmoción. Honduras ha mandado un comisionado a Guatemala con el esfuerzo de suavizar los asuntos entre el presidente Carrera y el presidente Barrios, de El Salvador, pero sin mucho éxito.

1863-febrero-28

Honduras sin duda se pondrá del lado de El Salvador y Nicaragua no podrá mantenerse fuera de la disputa.

1863-marzo-18

Se esperaba que Nicaragua se uniera pronto a Guatemala en contra de El Salvador, y las señales actuales indican que Honduras se unirá a El Salvador. Sin embargo, hay un plan para derrocar la actual administración en Honduras y colocar en el poder al Gral. Xatruch, un hondureño, que ha destacado en la guerra contra Walker y quien se encuentra actualmente en Nicaragua ocupando el cargo de gobernador provincial de Nueva Segovia. Si este proyecto tuviera éxito, los enemigos de Barrios probablemente serían muy fuertes para él, ya que el gobernador de Costa Rica también lo odia y prestará toda la ayuda que pueda a Guatemala, incluso si ellos no se declaran públicamente a su favor.

Fuente: The New York Times

1863-marzo-18

Se esperaba que Nicaragua se uniera pronto a Guatemala en contra de El Salvador, y las señales actuales indican que Honduras se unirá a El Salvador. Sin embargo, hay un plan para derrocar la actual administración en Honduras y colocar en el poder al Gral. Xatruch, un hondureño, que ha destacado en la guerra contra Walker y quien se encuentra actualmente en Nicaragua ocupando el cargo de gobernador provincial de Nueva Segovia. Si este proyecto tuviera éxito, los enemigos de Barrios probablemente serían muy fuertes para él, ya que el gobernador de Costa Rica también lo odia y prestará toda la ayuda que pueda a Guatemala, incluso si ellos no se declaran públicamente a su favor.

Fuente: The New York Times

1863-septiembre-12

EMIGRACIÓN DE NEGROS A HONDURAS

El Sr. Hodge, de Honduras, ha estado en conferencia con el gobierno por algún tiempo con respecto a la emigración y colonización de los negros liberados a ese país. Se entiende que el presidente y algunos miembros del gabinete, quienes han favorecido el plan de colonización, han cambiado su punto de vista, y están ahora favoreciendo la idea de usarlos en servicio militar y naval para ayudar a suprimir la rebelión. Por lo tanto, no se tomará ninguna acción por el gobierno a este respecto. El Sr. Hodge regresa sin haber logrado nada.

Desde Honduras se informa que el país se está preparando para ayudar a El Salvador en una guerra contra Guatemala.

Parece ser que Honduras ha sucumbido por completo ante las fuerzas de Carrera.

Importante De Ser Cierto
Una alianza propuesta entre México y los estados Sudamericanos.
San Francisco, California, jueves 10 de septiembre.

Informes de San Luis Potosí, México, al 18 de agosto, nos proporcionan la siguiente información muy importante:

El presidente Juárez y su gabinete han sido instados por los mexicanos líderes y los representantes de las repúblicas sudamericanas a formar una alianza continental, que abarca las repúblicas de Chile, Perú, Colombia, la confederación argentina, San Salvador, Honduras, Costa Rica, Nicaragua, Guatemala y México, con el propósito de resistir invasiones europeas en México o alguna otra república de Sudamérica.

Los Estados Unidos serán invitados a enviar delegados para cooperar en el movimiento.

Fuente: The New York Times

1863-octubre-04

El estado de Honduras continúa siendo desgarrado por las facciones rivales, por lo que prevalece un estado completo de anarquía y nadie notable por su fortuna o intelecto está a salvo. Es un hecho bien comprobado que el gobierno cayó ante sus enemigos porque no pudo evitar que sus tropas se disolvieran para evitar la disciplina militar.

El Gral. Medina, favorecido por Guatemala, ha organizado, en unión con su ministro, Colindres, una especie de gobierno provisional, el cual no ha sido capaz de consolidar porque todo lo que es estimable se esconde del asesinato y robo que es desenfrenado.

En Comayagua, la capital, hay un número infinito de prisioneros, ninguno de los cuales obtiene su libertad sin dinero. El cónsul inglés ha sido desterrado porque expresó indignación ante tales ultrajes y porque habló abiertamente del coronel Fonseca, quien recientemente trató de levantar un pronunciamiento en Trujillo, pero recibió una lección en su fracaso.

En Yoro, ocho de sus principales habitantes han sido asesinados. La facción de Olancho se llevó 1,000 cabezas de ganado y 200 caballos. El gobernador fue asesinado y su cuerpo descuartizado. El presidente Montes se ha refugiado en San Salvador. Ha habido un pronunciamiento en Sonaguera. En Omoa, el Gral. Álvarez se opone al nuevo orden de las cosas; en Trujillo están a la defensiva, esperando un ataque. Tal es el relato de un amigo del antiguo gobierno; pero, por el contrario, Antúnez, uno de los oficiales en jefe de la división de liberación de Olancho, ha emitido una proclamación diciendo que el cielo protege sus esfuerzos y las armas victoriosas de sus hermanos de Guatemala y Nicaragua, que han derrocado para siempre un gobierno desleal que permitió el asesinato, el robo y otros crímenes viles. Los exhorta a apoyar al gobierno del senador, el Gral. Medina, y luego a regresar a sus hogares después de su triunfo sobre los anarquistas, pero que sus enemigos recuerden que cada hombre de su partido es un centinela de la administración actual.

Hay un rumor de que el barco mercante *México*, que navega entre este puerto, Sisal y Veracruz, ha sido quemado en la costa de Campeche.

Lara.

Fuente: The New York Times

1863-diciembre-27

HONDURAS

La elección presidencial para ocupar el lugar del Gral. Guardiola, quien fue asesinado hace un par de años, ha resultado, según se reporta, a favor del Gral. Xatruch. El general está ahora en San Miguel, El Salvador, encabezando a la fuerza nicaragüense, enviada allí para ayudar al presidente Carrera, de Guatemala, para expulsar al presidente Barrios. Se recordará que el Gral. Xatruch tuvo un papel destacado en la guerra de Nicaragua contra el Gral. Walker y sus filibusteros. Después de la muerte de Guardiola, el puesto de presidente de Honduras fue asumido por el senador Medina, quien era el candidato opuesto para la sucesión regular del Gral. Xatruch. Medina, en cuanto supo que había sido derrotado, se retiró a Gracias, donde convocó al congreso a reunirse en febrero con la esperanza, se supone, de que ese cuerpo lo declarara electo. Existió considerable exaltación en la república a consecuencia de este estado de los asuntos. En caso de que Medina se encuentre intratable, el Gral. Xatruch probablemente dependerá de los presidentes Carrera y Martínez, de Guatemala y Nicaragua, para que lo ayuden.

Los indios estaban trabajando en las minas de oro de Olancho con considerable éxito, y las minas de plata también han reportado ganancias para sus trabajadores.

Fuente: The New York Times

1864-abril-07

Nos enteramos de Honduras que la elección presidencial, contrario a la expectación general, ha concluido sin derramamiento de sangre. El 15 de febrero, el congreso declaró al Gral. José Medina

presidente electo por 13,056 votos de los 20,482, y al Gral. Florencio Xatruch vicepresidente por unanimidad. Álvarez, quien se había puesto a sí mismo como un candidato de oposición en Omoa, dejó el país y se refugió en la isla de Roatán, llevando consigo algunas armas y municiones; pero después, se dice, se fue a Belice y de allí a los Estados Unidos.
Fuente: The New York Times

1864-diciembre-15

Los informes de Honduras hasta el día 20 del mes pasado dicen que el presidente Medina ha entrado a Comayagua. Se ha formado una milicia nacional. Alvarado fue nombrado Secretario del Tesoro y de Guerra.

En Honduras, el presidente Medina ha emitido un decreto con el efecto de que un congreso constituyente pueda reunirse en Comayagua el día 12 de octubre.
Fuente: The New York Times

1864- diciembre -27

Los recientes rumores de que el presidente Medina de Honduras ha formado una liga con Barrios fueron falsos.
Fuente: Philadelphia Inquirer

1865-enero-05

HONDURAS

El presidente Medina está mostrando gran aprecio por los gobiernos de Guatemala y El Salvador, refutando así los rumores que se habían esparcido asiduamente acerca de que él había formado una alianza con Barrios. Igualmente, son infundados los rumores que hablan de las intenciones de Carrera y Dueñas de derrocar a Medina y colocar a Xatruch en su lugar.
Fuente: The New York Times

1865-febrero-15

HONDURAS

La información procedente de esta república abarca hasta el final de diciembre. Al principio de ese mes se han suscitado disturbios en varios lugares en el departamento de Olancho, especialmente en Juticalpa, causados por algunas personas que regresan de la gran feria de San Miguel. Sin embargo, se restauró el orden rápidamente y el gobierno ha tomado todas las medidas necesarias para prevenir un nuevo brote de disturbios.
Fuente: The New York Times

1865-marzo-08

GUATEMALA Y HONDURAS

El presidente Carrera ha emitido un decreto de no-relaciones en contra de Costa Rica, similar al emitido por el presidente Dueñas, de El Salvador, y Nicaragua ha seguido su ejemplo. ¡Qué gran alboroto debido a que el pequeño estado de Costa Rica ha optado por darle asilo a Gral. Barrios!

Los revolucionarios en el distrito de Olancho, Honduras, en contra del gobierno del presidente Medina, aún se mantienen firmes, y, se dice, tienen las simpatías, si no la ayuda, de Guatemala, El Salvador y Nicaragua.

Fuente: The New York Times

1865-abril-27

Honduras y Costa Rica se encuentran en riña debido a que este último le dio asilo a Barrios.

El presidente de Honduras emitió un decreto de no-relación con Costa Rica sobre la base de que este último le había concedido asilo al Gral. Barrios.

Fuente: The New York Times

1865-abril-27

El presidente de Honduras ha emitido un decreto de no relaciones con Costa Rica por otorgarle asilo a Barrios.

Fuente: Philadelphia Inquirer

1865-abril-29

HONDURAS

Tenemos información hasta la fecha del primero de abril. Todo estaba en calma. La desafección y los movimientos se apagaron por completo, y ahora el Gral. Xatruch y sus partidarios no se preocupan por ninguna perturbación, y el Gral., desde San Miguel, en El Salvador, donde, aunque vicepresidente de Honduras, había sido nombrado gobernador militar, había planeado suplantar al Gral. Medina. En sus representaciones, el gobierno de El Salvador lo removió, con la condición de que el Gral. Medina se uniera al decreto de no relaciones en contra de Costa Rica. Esto se hizo para obtener tranquilidad y seguridad a nivel local, pero es bien sabido que el gobierno de Honduras no se interpondrá en el camino del levantamiento de los "Liberales" en Nicaragua en contra del Gral. Martínez, o en El Salvador en contra del Sr. Dueñas.

Fuente: The New York Times

1865-junio-26

El levantamiento revolucionario en Olancho, Honduras, no ha sido controlado.

Fuente: Philadelphia Inquirer

1865-junio-14

EL TRATADO ENTRE ESTADOS UNIDOS Y HONDURAS

Washington, martes 13 de junio.

El tratado entre Estados Unidos y la república de Honduras se ha proclamado oficialmente. Provee concordia perpetua y una libertad recíproca de comercio y navegación.

Honduras se compromete a entablar negociaciones abiertas con los diversos gobiernos con los que pueda tener relaciones, por su reconocimiento por separado de la neutralidad perpetua y para la protección del contemplado ferrocarril interoceánico de Honduras, desde el Atlántico hasta el Pacífico.

Honduras acepta que el derecho de paso o tránsito sobre dicha ruta debe estar, en todo momento, abierto y ser gratuito para el gobierno y los ciudadanos de Estados Unidos para todos los fines legales; y, en consideración de estas concesiones, Estados Unidos se compromete, junto con Honduras, a proteger los mismos de toda interrupción, incautación o confiscación de cualquier parte que pueda proceder el intento, siempre que se conserve el espíritu y la intención de este artículo sobre este tema.

Fuente: The New York Times

1865-junio-14

TRATADO CON HONDURAS

El tratado entre los Estados Unidos y la República de Honduras ha sido oficialmente proclamado. Establece amistad perpetua y libertad recíproca de comercio y navegación con los varios gobiernos con los que se tenga relación, reconocimiento separado de neutralidad perpetua, y protección del propuesto Ferrocarril Interoceánico de Honduras desde el Atlántico hasta el Pacífico.

Honduras acepta que el derecho de vía o la ruta estará en todo momento abierta y libre para el gobierno y los ciudadanos de los Estados Unidos para cualquier propósito lícito. En consideración de estas concesiones, Estados Unidos acuerda, junto con Honduras, proteger la vía de interrupciones, capturas o confiscaciones injustas de cualquier parte que vengan esos intentos, siempre y cuando se mantenga la intención y el espíritu de este artículo sobre el tema.

Fuente: Philadelphia Inquirer

1865-junio-14

EL FERROCARRIL INTEROCEÁNICO DE HONDURAS

Para el que no suele reflexionar, un tratado con Honduras le parecería de poca importancia, pero para la futura ampliación de nuestro comercio, se puede convertir en un asunto de gran interés. Honduras está al norte de Nicaragua y Panamá, y en el presente parece ofrecer facilidades para una ruta corta de ferrocarril entre las aguas de las costas este y oeste de Centroamérica, que solo necesitan desarrollarse para poder hacer disponible desde Puerto Caballos, en el Golfo de Honduras, y hasta un punto en el Golfo de Fonseca, que no está a más de ciento sesenta millas, un camino común que atraviese el país para un ferrocarril interoceánico, y las ventajas naturales de Honduras son tales que muchas ventajas al comercio beneficiarían a los Estados Unidos. Pero uno de los asuntos más importantes en esta conexión sería una comunicación más rápida con las costas occidentales en el Pacífico. Según un cálculo aproximado, se ahorrarían mil quinientas millas de viaje al usar un ferrocarril que atraviese Honduras en vez de Panamá, y se ahorrarían ochocientas millas del viaje necesario por una ruta nicaragüense. Las ventajas son patentes, y solo se necesita algo de trabajo para que esta ruta hacia el Pacífico sea exitosa.

Mediante un tratado secreto, Estados Unidos ha garantizado con Honduras privilegios comerciales valiosos y el derecho de vía por el ferrocarril interoceánico, al quedar construido, para "el gobierno y los ciudadanos de los Estados Unidos para todos los propósitos lícitos". Esta es una concesión que, si se hace disponible de forma apropiada, puede ser de gran interés para este país. Una concesión al gobierno se debe entender como permiso para transportar tropas a través de la vía y hacer transferencias

navales con material bélico. Se pueden recordar las recientes dificultades con Panamá, país que prohibió el uso de la vía en el istmo para la transferencia de piratas recientemente llevados en el buque *Salvador* en Panamá, y tal ferrocarril no puede usarse para transportar soldados. Honduras no cede ningún elemento de seguridad al tomar un camino diferente. El apoyo y la ayuda de los Estados Unidos será de suma importancia para el desarrollo de ese país, y si la vía propuesta llegara a construirse, se descubrirá que es una fuente de riqueza, poder e influencia que le dará a Honduras una importancia entre las naciones como la que nunca ha conseguido.
Fuente: Philadelphia Inquirer

1865-junio-29

Honduras. La revolución en el departamento de Olancho no ha sido sofocada; por el contrario, los revolucionarios atacaron y capturaron en el mes de abril Olanchito, Manto y San Francisco, y mataron a los oficiales partidarios del gobierno.
Fuente: The London Times

1865-agosto-12

HONDURAS
Nuestras noticias de esta pequeña república son de poca importancia, y las fechas llegan hasta el día 7 del mes pasado.
Se dice que el presidente Medina ha llegado a Yoro, donde recibió refuerzos, y procedió a Olancho para sofocar la revolución.
Fuente: The New York Times

1865-septiembre-09

HONDURAS
El presidente Medina finalmente ha reprimido la insurrección en Olancho. El líder de los rebeldes, Bernabé Antúnez, fue capturado en Gualaco por las autoridades del lugar y entregado al teniente-coronel Solís, quien estaba en persecución. El reporte de que el señor Palacios había muerto por las heridas recibidas a manos de un asesino era prematuro. El aún vive, pero no está fuera de peligro. La bala fue extraída el día 16 de julio.
Fuente: The New York Times

1865-septiembre-24

FIN DE LA REVOLUCIÓN EN HONDURAS
En Honduras la revolución está llegando a su fin, y la gente está volviendo su atención a la agricultura. Se dice que el gobierno ha exigido la entrega, por parte de El Salvador, del Gral. Latouche, por los mismos motivos que este último gobierno había reclamado y obtenido al Gral. Barrios, y se supone que lo ejecutarán si es entregado.
Fuente: The New York Times

LA REPÚBLICA DE HONDURAS — CAMBIOS POLÍTICOS

Nueva York, 4 de diciembre. — Los últimos comunicados de Honduras, por medio de San Salvador, reportan que se han producido varios cambios notables.

La insurrección en el departamento de Olancho ha terminado.

El congreso de la República de Honduras ha decidido eliminar la cámara del senado. La razón dada es que, en un país esencialmente democrático como Honduras, una cámara mayor, o senado, no se consideró necesario.

Por tanto, todos los miembros del congreso tendrán el mismo rango político, y se les llamará simplemente representantes del congreso de Honduras. La cuestión del castigo capital ha atraído mucha atención en Honduras.

Fuente: Philadelphia Inquirer

CENTROAMÉRICA
Libertad de la agitación política – El Gral. Medina es elegido presidente de Honduras
Se han recibido informes de San Salvador hasta el 20 de enero.

El cuerpo legislativo de la república estaba en sesión en la capital. El país estaba bastante libre de agitación política.

Después de una larga calma atmosférica, ocurrió la tormenta más violenta en San Salvador el día 4 de este mes. Las casas de la capital fueron destechadas, y en los pueblos del interior muchas construcciones fueron derribadas por la fuerza del viento.

En Honduras, la elección del Gral. Medina para la presidencia ha sido recibida con mucha aprobación.

Desde Colombia llega la información de que existe abundante paz en todos los estados.

Fuente: The New York Times

ATAJOS AL OCÉANO PACÍFICO

El discurso del presidente Murillo, de Colombia, al congreso de esa república, contiene una sugerencia de que el tratado con los Estados Unidos, que permite el pasaje de tropas estadounidenses por el istmo de Panamá, deberá ser anulado al expirar el tiempo concedido para ese privilegio por el actual tratado, a saber: durante el año 1868. Se han presentado quejas de que los oficiales militares y navales de los Estados Unidos no han cumplido de manera justa las disposiciones del tratado y que no se ha tenido en cuenta el espíritu del acuerdo. Se espera que Estados Unidos haga reparaciones por esos daños, y, sin lugar a dudas, el asunto será justamente considerado por el departamento de estado. Si Colombia retira el derecho de tránsito para las tropas a través del istmo de Panamá, afortunadamente tenemos los medios para evitar el daño mediante un tratado con Honduras, a través del territorio de cuyo estado está autorizado un ferrocarril, con permiso total para transportar tropas y suministros militares. La ruta de Honduras acortaría miles de millas de viaje a California, ya que está al norte de Panamá. Hasta ahora no se ha hecho ningún movimiento hacia la construcción de este ferrocarril, pero si Estados Unidos es expulsado de Panamá, sin duda se beneficiarán de sus privilegios en Honduras y pondrán el camino bajo contrato. El cambio sería una inmensa ventaja para este país y las naciones europeas que buscan una rápida comunicación con California, y perjudicaría muy gravemente la propiedad de Panamá, que naturalmente perdería una parte considerable de su comercio. Por estas razones puede ser dudoso que, cuando todo el tema sea considerado por el congreso colombiano, se autorice el aviso para la recisión del tratado con los Estados Unidos, lo cual es recomendable. Al considerarlo, se puede pensar que es mejor soportar los males que padecen que ir hacia los que no conocen, alentando la construcción de un camino rival hacia el Pacífico en perjuicio de su propio comercio. Pero el mismo hecho de que los Estados Unidos sigan dependiendo de países extranjeros para el acceso más corto al Pacífico debería estimular la construcción del gran ferrocarril del Pacífico, una medida que nos dará acceso sin restricciones a nuestro rico interior y territorios y países occidentales, y que hará de este país la carretera del mundo hacia y desde China.

Fuente: Philadelphia Inquirer

1866-marzo-28

REPÚBLICAS RECONOCIDAS

Madrid, 16 de marzo.

España ha reconocido a las repúblicas de Guatemala, Honduras, El Salvador, Nicaragua y Costa Rica. Los ministros de esos países han firmado tratados de paz con España.

Fuente: Philadelphia Inquirer

1866-junio-15

REBELIÓN EN HONDURAS

Nueva Orleans, jueves 14 de junio.

Informes de Honduras afirman que el Gral. Álvarez dirige a los insurgentes, y el Gral. Carbonez las tropas del gobierno.

La reciente acción duró veinticuatro horas en las que las tropas del gobierno fueron vencidas y el Gral. Carbonez capturado.

Se teme un préstamo forzado en Trujillo.

Fuente: The New York Times

1866-septiembre-01

Honduras ha firmado un tratado de paz y amnistía con España.

Fuente: Philadelphia Inquirer

1866-octubre-12

MINAS DE ÓPALO Y CULTIVOS EN HONDURAS

En Honduras se han encontrado más minas ricas de ópalo. La cosecha de tabaco será grande. "Debido al hecho de que muchos extranjeros sospechosos y problemáticos se han establecido en Honduras", el gobierno ha promulgado leyes muy estrictas con respecto a los extraños que visitan el Estado.

Fuente: The New York Times

1866-noviembre-01

Los países centroamericanos están todos en paz. El gobierno de Honduras ha decidido permanecer neutral en caso de que la guerra entre España y Perú y Chile continúe. Esta acción es considerada importante, ya que favorece a los aliados al mantener abiertos los puertos de Omoa y Trujillo, en el Atlántico, para fines corsarios, lo que les permite aprovecharse del comercio español.
Fuente: Philadelphia Inquirer

1867-febrero-01

El gobernador general de Jamaica, Sir Peter Grant, salió el día 12 en dirección a Honduras para suprimir la insurrección.
Fuente: Philadelphia Inquirer

1867-febrero-01

CONTRATO PARA UN FERROCARRIL ENTRE HONDURAS Y FRANCIA
No había nada importante de Perú.

Los documentos de Honduras declaran que el gobierno de Honduras ha entrado en un contrato con el gobierno francés para construir un ferrocarril interoceánico a través de la república.
Fuente: Philadelphia Inquirer

1867-julio-25

Un gran número de emigrantes de los países sureños han llegado a Honduras y están preparados para establecerse y ponerse a trabajar.
Fuente: Philadelphia Inquirer

1867-agosto-20

Bastantes emigrantes sureños están llegando a Honduras. Con verdadero instinto americano ya han establecido un periódico.
Fuentes: Philadelphia Inquirer

1867-agosto-20

Emigrantes están llegando a Honduras desde los países sureños de América, y estos ya han iniciado un periódico.
Fuentes: Philadelphia Inquirer

Se ha iniciado un periódico estadounidense en Honduras.
Fuentes: Philadelphia Inquirer

PRÉSTAMO FERROVIARIO DEL GOBIERNO DE HONDURAS

El *Times* declara que un préstamo de 1,000,000 libras esterlinas será contratado aquí y en Francia por el gobierno de Honduras, con el objetivo de construir un ferrocarril interoceánico desde Puerto Caballos, en el Atlántico, hasta la Bahía de Fonseca, en el Pacífico, donde se dice que existen buenos puertos. Se reporta que se hará un ahorro de cinco días en los viajes del Atlántico y Pacífico mediante esta ruta.

Fuente: The Economist

CENTROAMÉRICA
Propuesta de construcción de vías férreas a través de Honduras, desde el Atlántico hasta el Pacífico

Londres, lunes 11 de noviembre al mediodía.

Un préstamo de un millón de libras esterlinas para el ferrocarril de Honduras ha sido introducido al mercado aquí.

Este préstamo contempla la construcción de unas vías férreas a través de Honduras, Centroamérica, desde Puerto Cabello, en el Atlántico, hasta el Golfo de Fonseca, en el Pacífico, cuyas inspecciones fueron realizadas bajo la antigua subvención de Squiers hace unos ocho años por un grupo de ingenieros ingleses.

La ruta propuesta es de unas 250 millas de longitud, y el costo de construcción será de unas £6,000 por milla.

Fuente: The New York Times

HONDURAS BUSCA UN PRÉSTAMO

Londres, 11 de noviembre, mediodía.

Se ha presentado un préstamo de £1,000,000 para el ferrocarril de Honduras. Este préstamo tiene el propósito de la construcción de una vía férrea a través de Honduras, Centroamérica, desde Puerto Caballos, en el Atlántico, hasta el Golfo de Fonseca, en el Pacífico.

Fuente: Philadelphia Inquirer

Con buques desde y hacia Puerto Caballos y el Golfo de Fonseca, el tiempo entre Filadelfia y San Francisco puede reducirse al menos tres días y, por la reducción en la ruta que debe viajarse, se beneficiará mucho la comodidad de los pasajeros y el envío de cargamentos.

Fuente: Philadelphia Inquirer

1867-noviembre-14

UN FERROCARRIL INTEROCEÁNICO

Los intereses que algunos países centroamericanos parecen tener en el fomento de proyectos de ferrocarriles que buscan crear caminos desde el Atlántico hacia el Pacífico, muestran que muy pronto habrá un incremento en las opciones que el comercio mundial requiere. Costa Rica ha otorgado recientemente privilegios comerciales peculiares a uno de sus puertos, que será el depósito del Atlántico de un gran ferrocarril, que atravesará el continente hacia el océano Pacífico. Honduras ha enviado a un agenta a Inglaterra con el objetivo de pedir prestadas un millón de libras para la construcción de un ferrocarril que irá desde Puerto Caballos hasta el Golfo de Fonseca. La ruta será casi de norte a sur, y la vía será de unas doscientas veinte millas de largo. Esta vía será más larga que una por Costa Rica, pero tendrá la ventaja de estar unas cuatrocientas millas al norte, y estará unas mil millas más cerca de los Estados Unidos que la ruta del istmo de Panamá. Con una buena vía a través de Honduras, y regulares...

Fuente: Philadelphia Inquirer

1867-noviembre-16

PRÉSTAMO FERROVIARIO DE 10 POR CIENTO DE HONDURAS

El gobierno de Honduras ha contratado la emisión de un préstamo de 1,000,000£, cargando el 10 por ciento de interés, pagado semestralmente en Londres, y redimible a la par dentro de 17 años por sorteos anuales. El precio de emisión es de 80 por ciento; y los pagos deberán ser hechos de la siguiente manera: —

Depósitos...	15	Por ciento
1 de enero de 1868...	10	—
1 de julio de 1868...	15	—
1 de enero de 1869...	20	—
1 de abril de 1869...	20	—

Cada uno pago a realizar, menos intereses. El objetivo es la construcción de un ferrocarril interoceánico desde Puerto Caballos, en el Atlántico, hasta la Bahía de Fonseca, en el Pacífico. El Cnel. Stanton, R. E., ha inspeccionado la vía en nombre del gobierno de Su Majestad, y reporta favorablemente. Extractos del acuerdo con el gobierno británico acompañan el prospecto. Los ingresos de la línea están especialmente hipotecados para satisfacer los reclamos de los tenedores de bonos, junto con los productos de los bosques de caoba. Las suscripciones también están ofrecidas en la Bolsa de París.

Fuente: The Economist

1867-noviembre-16

Los Sres. Bischoffsheim, Goldschmidt y compañía, banqueros de Chaussée d'Antin, han, mediante propaganda en todos los periódicos, solicitado suscripciones a los 50,000 bonos ferroviarios de Honduras, de los cuales la emisión ha sido anunciada en Londres. Los capitalistas franceses y especuladores, sin conocer mucho de geografía, difícilmente sabían dónde estaba Honduras, y manifestaron una pequeña sorpresa ante la petición de dinero. Sin embargo, se afirma que, habiendo instituido investigaciones acerca del estado y sus recursos y acerca del valor de la garantía ofrecida, hicieron inversiones.
Fuente: The Economist

1867-noviembre-16

El anuncio de un préstamo ferroviario de 10 para el gobierno de Honduras, en la parte temprana de la semana, ha provocado muchos comentarios. En la *Americaine de l'Economic Politique*, la deuda actual de la república es declarada en 800,000 dólares en bonos del tesoro. Se declara que la población del país es de 350,000 habitantes, y su comercio es de 148,000£ en valor de importaciones y 165,000£ en valor de exportaciones, casi exclusivamente con Gran Bretaña. La aduana produce anualmente 52,000£; y el gasto del país es de 60,000£. Hay un estimado adicional de 120,000£ por año del tabaco y la caoba. Bajo estas circunstancias, sería bueno para los posibles suscriptores considerar si se puede encontrar suficiente seguridad para la realización del ferrocarril proyectado, o si el préstamo propuesto no está fuera de toda proporción con los recursos de la República de Honduras. El préstamo, después de ser de 3 ½ a 3 3/8 prem., bajó a 1 ½ a 2 prem.
Fuente: The Economist

1867-noviembre-23

Londres, 22 de noviembre por la noche.
Esta noche, en la Cámara de los Comunes, Lord Stanley declaró que el gobierno inglés no había prometido, ni estaba en ninguna manera comprometido a garantizar, los bonos del ferrocarril interoceánico en el país de Honduras.
Fuente: Philadelphia Inquirer

1867-noviembre-24

LAS VÍAS FÉRREAS DE HONDURAS
El préstamo propuesto para completar la vía — La cuestión del tránsito a través de Centroamérica.

Un préstamo de £1,000,000 es propuesto para un proyecto interesante en relación con la cuestión irrefrenable del tránsito a través de Centroamérica. En esta ocasión la ruta es una de 230 millas a través del estado de Honduras, desde Puerto Caballos, en el Atlántico, hasta la bahía de Fonseca, en el Pacífico, la cual, aunque es más largo que la de Panamá, tiene la ventaja de ahorrar 1.103 millas en el viaje a vapor entre Nueva York y California y Columbia Británica. La alegación es que se puede construir a £8,000 por milla, y, de hecho, se ha firmado un contrato para su finalización completa a esa tasa, incluidas las estaciones y el material rodante. Sin embargo, incluso con este costo bajo, el costo sería de cerca de £2,000,000 o el doble de la suma pedida. Para proporcionar un equilibrio, se ha acordado un plan comercial novedoso pero legítimo. El estado de Honduras va a hipotecar todos sus dominios y bosques de caoba como garantía del préstamo de £1,000,000 y su redención mediante sorteos anuales dentro de los próximos 17 años, y los ingresos de este préstamo son para hacer una sección del ferrocarril que llegará a estos bosques y permitirá que la madera sea traída para su envío. Según las opiniones de los proyectores, se proporcionarán fondos suficientes para todas las necesidades adicionales. Los bonos tienen un interés del 10 por ciento y se emitirán al precio de 80, con un fondo de amortización del 3 por ciento anual para su redención a la par. Cada bono también debe ir acompañado de una acción gratuita que da derecho al titular a una participación proporcional en la mitad de las ganancias netas del ferrocarril durante 15 años después de que el bono en sí debería haber sido reembolsado. En un sentido especulativo, estos términos parecen atractivos, pero requieren una ponderación cuidadosa. Sin menospreciar la honestidad de las intenciones del gobierno de Honduras, se puede suponer que su capacidad financiera es demasiado débil y no se ha probado, mientras que la experiencia de los préstamos de dinero a las pequeñas repúblicas de Sur y Centroamérica en general ha sido demasiado desalentadora para hacer que se otorgue un valor serio a su garantía de dicho préstamo; a menos que todo lo relacionado con este vaya bien. Aun así, con las facilidades que existen para determinar positivamente si la línea se puede construir en los términos bajos nombrados, y si la madera descrita está realmente disponible y también tiene el valor comercial declarado en los mercados europeos y estadounidenses, debería haber suficiente certeza para colocar el asunto en la posición de una empresa justa y racional. Tanto en Londres como en Nueva York se tiene una convicción general entre los de las clases mercantiles, mediante quienes se ha prestado atención a las perspectivas del tráfico futuro entre el Atlántico y el Pacífico de que si cada una de las rutas de vez en cuando sugeridas durante los últimos veinte años, a saber, la de Atrato, la de Chiriquí, la de Nicaragua, la de Honduras y la de Tehuantepec, se abrieran, cada una tendría un negocio extraordinario y todas producirían ingresos que aumentarían rápidamente. Cualquier desconfianza que pueda existir con respecto a estas es únicamente en relación con las probabilidades de que haya una partícula de buena fe en las estimaciones sobre las cuales se invitan suscripciones, o un motivo razonable para creer que los fondos no se desperdiciarán en una venta al por mayor entre promotores, ingenieros y contratistas. Si se pudieran disipar estas causas de falta de confianza, podría no ser en vano, incluso en la actualidad, intentar obtener la concurrencia en empresas como esta. La línea de Panamá el año pasado pagó 24 por ciento en dividendos, y dio un bono adicional del 40 por ciento de ganancias acumuladas, y esto ante el control del tráfico por tarifas enormemente altas y los peligros de su notorio clima. De la línea de Honduras, el coronel Stanton, quien la inspeccionó junto con un grupo de ingenieros reales, declara que los puertos en ambas terminales son intachables, y que puede ser construida sin ninguna curva pronunciada o inclinaciones más pesadas que las que se encuentran en las líneas existentes sobre las cuales las locomotoras funcionan sin dificultad. Es la cuestión de los bosques de caoba en la que se requiere principalmente una satisfacción más definida. Los prospectos declaran que "estimaciones cuidadosas han complacido al gobierno de Honduras" en ese respecto. Pero la estimación que probablemente satisfaga a un gobierno deseoso de pedir dinero prestado no es necesariamente convincente para las partes que están invitadas a prestarlo, por lo que deben obtenerse algunas declaraciones bien consideradas de personas de renombre en el comercio. Se puede tener esperanza y esperar que fortalezcan los reclamos de la empresa para su consideración. Los señores Bischoffsheim, Goldschmidt & Co., de París, son la firma mediante la cual se presenta en conjunto con el London and County Bank en este lado.

Fuente: The New York Times

1867-diciembre-14

ACCIONES EXTRANJERAS

El mercado ha estado inusualmente inactivo. Se han efectuado pocas transacciones de importancia, e incluso el negocio en el nuevo español de 3 por ciento ha caído mucho. No hay nueva información concerniente al último préstamo propuesto de Honduras. El asunto se trajo ante el parlamento antes del receso por el Sr. Ayrton, quien obtuvo por Lord Stanley que no se había celebrado ningún otro tratado que el de agosto de 1865, y que el tratado en cuestión solo garantizaba la neutralidad de la vía "a construir", siempre que Gran Bretaña goce de ciertos privilegios estipulados. Aún más, el tratado dice que la protección y garantía están otorgados condicionalmente, y puede ser retirado con un aviso de seis meses.

La longitud de la línea propuesta parece ser de 230 millas, y se asegura que se ha hecho un contrato para la construcción de la línea entera, de unos 8,000£ por milla. Se hace referencia al ferrocarril de Panamá de 35 millas, que cuesta 1,600,000£. Es improbable que el ferrocarril proyectado pueda ser hecho a un costo material menor que el que, en este caso, fue de 40,000£ por milla. A este ritmo, su costo sería de 9,200,000£, siendo el capital propuesto de 1,000,000£ simplemente para el comienzo más insuficiente de las obras. El costo en efectivo de las líneas hechas en paredes se estima en un promedio de 10,000£ por milla; y si se entregaran tierras en este país, los materiales y la mano de obra, a un precio razonable, alcanzarían las 8,000£ por milla. Si a estas cifras se les añade el costo de transporte, el de exportación de mano de obra, y el costo del transporte de material en un país tan deficiente en todos los artefactos mecánicos y en las carreteras, parecerá imposible que el intento proyectado pueda ser distinto de un fracaso desastroso.

Las estadísticas con respecto a Honduras son escazas, pero los movimientos comerciales parecen ser conducidos, casi en su totalidad, a través del asentamiento británico en Belice, donde también otros comercios con varias partes de Centroamérica son llevados a cabo. El número de habitantes se da variado mediante diferentes autores, de 100 a 360,000 habitantes, sobre los cuales, en la anterior cifra, el interés anual estipulado en el préstamo impondría la provisión de una suma igual o cerca de 6s por cabeza, una cantidad que evidentemente estaría fuera de su poder para satisfacer. Por lo tanto, en cada punto de vista, el proyecto parece estar igualmente en desesperanza y en dificultad de ejecución.
Fuente: The Economist

1868-mayo-11

HONDURAS
El decreto que hace a Amapala un puerto libre.
Trujillo, 19 de abril de 1868.

Amapala ha sido debidamente convertida en un puerto libre; y como esto, hasta cierto grado, puede interesarles a los comerciantes y transportistas estadounidenses, les doy una transcripción del decreto oficialmente promulgado de la siguiente manera:

Artículo 1. El puerto de Amapala es aquí declarado libre para la importación de mercancía extranjera por un término de veinte años, renovable. Todas las embarcaciones de diez o más toneladas que lleguen allí solo deberán pagar la cuota de entrada y dos dólares por anclaje, las sumas acumuladas serán empleadas en la construcción de un faro y otras mejoras al puerto.

Artículo 2. La mercancía importada hacia dicho puerto deberá ser guardada en el almacén que el gobierno establezca, bajo dirección del recaudador de aduanas, y después de la presentación de las facturas.

Artículo 3. Los bienes sacados para la venta o uso en el interior de la república deberán pagar los aranceles de importación existentes.

Artículo 4. Todas las personas que deseen sacar bienes del puerto para introducirlos hacia otros puertos de la república deberán llevarlos a los almacenes del gobierno, si es que no están allí ya, para que puedan ser anotados, y después embarcados, después de pagar las cuotas en presencia de los respectivos oficiales.

Artículo 5. Los bienes para su introducción en el interior de la república recibirán un expediente gratuito del recaudador de aduanas, que será retirado por el intendente, o en su defecto, por el receptor del lugar donde estos bienes se venden o usan. Si los artículos no están en conformidad con el expediente, el exceso será confiscado y puesto a disposición acorde a las leyes existentes.

Artículo 6. Para el reenvío de mercancías a puertos extranjeros no se deberán cobrar impuestos de ningún tipo, pero la exigencia de esto deberá estar en un documento estampado de cuarta clase.

Artículo 7. El índigo, café, algodón y azúcar enviados de Amapala estarán libres de impuestos de exportación, y, en los primeros dos artículos, se otorgará un retiro del cuatro por ciento, siempre y cuando se haya pagado por ellos el impuesto de importación como mercancía extranjera; el índigo será valuado a setenta y cinco centavos por libra, y el café a diez centavos. Esta concesión también deberá ser aplicable a los puertos de Omoa y Trujillo por cuatro años.

Artículo 8. La suprema corte nombrará una comisión para proponer y promover mejoras en el dicho puerto de Amapala.

El congreso ha autorizado al presidente a nombrar a un nuevo ministro para España, para abrir las negociaciones para la modificación del cuarto artículo del tratado contratado últimamente con dicha nación. Los otros artículos han sido aprobados en su totalidad. El congreso también ha aprobado un contrato con el señor Víctor Herrán para la introducción de emigrantes suizos y alemanes, siempre y cuando nada entre en conflicto con las concesiones hechas a la compañía ferroviaria.

Como una señal de apreciación de sus importantes servicios a la república, el presidente Medina y el general de división Juan López, han sido nombrados por representación nacional, respectivamente como capitán general y teniente general del ejército, "con todos los honores y emolumentos pertinentes".

Fuente: Philadelphia Inquirer

1868-mayo-15

HONDURAS
La torre de Isabel destruida por el fuego – Impuestos en importaciones.

La Habana, jueves 14 de mayo.

Se han recibido los últimos informes de Honduras.

El pueblo de Isabel fue destruido por una conflagración. El fuego fue obra de incendiarios. Solo tres casas permanecen en pie.

El gobierno ha promulgado un decreto que dice que todos los bienes de países extranjeros que entren por los puertos de Honduras deberán pagar impuestos por peso.

El presidente estaba haciendo una gira a través del interior del Estado.

Fuente: The New York Times

1868-mayo-15

Se han recibido los informes más recientes de Honduras. El gobierno ha promulgado un decreto de que todos los bienes de países extranjeros que lleguen al puerto de Honduras deberán pagar impuestos por peso.

Fuente: Philadelphia Inquirer

1868-julio-12

LA COLONIA DE HONDURAS

En la ira y la mortificación que acompañó a la caída de la Confederación, muchos sureños impulsivos se expatriaron ellos mismos "para nunca regresar". Se fueron en todas direcciones, a Inglaterra, Francia, Canadá, México, Brasil, Las Antillas, Honduras. El mundo estaba ante ellos para elegir, y muchas colonias fueron el fruto de esta emigración nacida de la vejación y la decisión precipitada.

Uno tras otro, estos proyectos de colonización fracasaron. Brasil ofrecía las mayores tentaciones y se ha probado, quizá, como el mayor fracaso. Algunos aventureros incluso fueron a Perú, otros a la confederación argentina; muchos trataron en Centroamérica; la mayor parte, tal vez, siguió la fortuna del desafortunado Maximiliano. Muchos de estos exiliados, al ver que el sur aún no se había entregado a la destrucción y especialmente decepcionados por las nuevas poblaciones entre las que intentaron encontrar otros hogares, han regresado. Price, Harris, Magruder, Maury, y el resto, quienes condujeron a sus cohortes a la expatriación, desde entonces los han llevado de regreso. Hay comparativamente pocos de los muchos intentos de exilio que han tenido éxito; y estamos muy contentos de registrar el hecho.

Honduras ofreció, en algunos aspectos, ventajas peculiares para los aventureros. El clima, las instituciones y la conexión con el gobierno británico, que prometió ayudar en sus planes. El gobernador Austin ofreció tierras para cultivos y privilegios peculiares de ciudadanía y comercio. Él cumplió sus promesas; pero el gobierno de origen revertió su decisión y el resultado fue el regreso de muchos sureños a su antiguo hogar. Sin embargo, una colonia sureña parece florecer en la Honduras hispana, ya que encontramos, de vez en cuando, relatos brillantes, pintados con todo el encanto de la fantasía de un subastador, rivalizando incluso con las visiones mexicanas de Maury y otros, de las atracciones de Honduras para los exiliados nacidos en el sur.

Pero nos alegra ver que los periódicos sureños generalmente aconsejan a su gente en contra de estas tentaciones. El diario *The Macon* les dice a los jóvenes georgianos no desertar su estado por esta empresa. "No huyan de la tierra que guarda las cenizas de sus padres", dice, agregando mucho más en la forma del consejo patriótico. Seguramente, si algo se puede aprender de la experiencia, es en contra de todos estos planes. Todos ellos han fallado miserablemente. El verdadero lugar para los sureños es el sur, o, por lo menos, la Unión. Su verdadera política es soportar los males que tienen, en lugar de volar a otros que conocen. Encontrarán en Centroamérica regiones con peor clima, peor gobierno, gran falta de energía, sin dispositivos mecánicos, manos de campo y mano de obra en la que no se puede confiar, guerras constantes y derrocamiento de los gobiernos actuales, de amigos, y del espíritu de emprender.

Fuente: The New York Times

1868-diciembre-02

LAS VÍAS FÉRREAS DE HONDURAS — NOTA DEL HONORABLE E. E. SQUIER.

Al editor del New-York Times:

El siguiente párrafo aparece en su correspondencia de Panamá con fecha del 5 de noviembre:

"En Honduras estaban muy felices por el ferrocarril que se iba a hacer entre el Atlántico y el Pacífico. Dicen: 'El gobierno ha sido notificado oficialmente de que se formó una compañía para construir la vía en Londres, y los Sres. Warin Brothers y McCandlish habían contratado construirla a una tasa de $40,000 por milla'. Patrañas."

La inspiración de párrafos como este en la correspondencia de Panamá en general, ya sea relacionada con proyectos interoceánicos en Honduras, Nicaragua, Costa Rica o Colombia, es suficientemente obvia. Pero el público, tanto europeo como estadounidense, tiene derecho a saber lo que realmente está sucediendo con respecto a los tránsitos del istmo, sin ser tratado por insultos sin sentido de escritores subsidiados en interés de ese gigantesco monopolio, el ferrocarril de Panamá, cuyo arrendamiento de poder se acerca rápidamente a su fin.

Su corresponsal dice del anuncio del ferrocarril de Honduras, del cual yo era el proyector, y en el fomento del cual pasé muchos de los mejores años de mi vida (sin mencionar lo que el tren inmortal llamaría dos semanas en una "bastilla británica"), que son "patrañas". Ahora, si realmente supiera algo del asunto, habría dicho que el gobierno de Honduras en el otoño del año pasado recaudó un préstamo en Londres, París y Ámsterdam para la construcción de la obra; que ese préstamo se tomó en un solo día, y que desde entonces ha sido una prima constante. Habría dicho que los estudios hechos por la Old Honduras Company, de la cual el Sr. W. Brown, (Brown, Shipley & Co.) de Liverpool, era presidente, y que fueron verificados por un destacamento de ingenieros reales, encabezados por el coronel Stanton, enviado por el gobierno británico, nuevamente han sido probados y encontrados correctos, y, lo que es más importante, que el trabajo está en curso de construcción. La "planta", el material y los hombres para construir las primeras cincuenta millas, desde Puerto Cortés (originalmente Puerto Caballos) hasta Santiago, están en el sitio, y los contratistas, los Sres. Warin Bros. & McCandlish, después de una inspección personal de la vía, se han comprometido a terminar y equipar el camino dentro de tres años a partir del primero de junio de este mes. Tal es la información que recibí de los Sres. Bischoffscheim, Goldschmidt & Co., los bien conocidos banqueros de Londres y París, que son los agentes y administradores del préstamo de Honduras.

Lamento que no haya dinero o influencia estadounidense en este proyecto, que seguramente se llevará a cabo, a pesar del Ferrocarril de Panamá o sus escritores venales en el Istmo. Sin embargo, sin importar quién tenga la propiedad, será de interés para el público estadounidense tener una ruta del istmo que acorte el paso entre Nueva York y San Francisco en ocho días menos que a través de Panamá.

Respetuosamente,
E. Geo. Squier

Fuente: The New York Times

Parte 4

El ferrocarril: Triunfo y fracaso

1869-73

LA MAQUINACIÓN FERROVIARIA DE HONDURAS
la proposición de unas vías férreas a través de Honduras.

Noté, poco tiempo desde entonces, en el *Times*, una carta de E. G. Squier, en la que alegó excepciones ante su corresponsal por cuestionar la sinceridad de la parte que anuncia que están haciendo unas vías férreas a través de Honduras. El Sr. Squier, siguiendo su inclinación natural a economizar la verdad, afirma que cincuenta millas de este camino ya están en construcción. Aquellos que tengan alguna idea de invertir en este asunto falso tuvieron que, antes de hacerlo, leer el *Panama Star* y el *Herald*, que habla del asunto de la siguiente manera:

"Mes tras mes intentamos en vano obtener información confiable de esta gran empresa, pero hasta ahora no hemos podido saber nada satisfactorio en cuanto a su progreso. Con cada barco a vapor que viene desde Centroamérica revisamos nuestra información y preguntamos a los pasajeros qué se está haciendo realmente, pero ni los periódicos ni las personas parecen saber nada al respecto. Ha pasado un mes desde que nos encontramos con un caballero del asiento de operaciones, quien nos dijo que el cuerpo ferroviario, compuesto por dos ingenieros y cuatro hombres, había comenzado una expedición minera, pero que no se había hecho nada para hacer una inspección del camino. Lamentamos decir que creemos que este es el caso, y que sospechamos que todo el asunto es falso por el hecho de que, aunque está tan cerca de la localidad, los únicos elementos que nos llegan con relación a esto son bocanadas a través de periódicos estadounidenses o ingleses".

Fuente: The New York Times

EL SALVADOR

La república está progresando de forma próspera, aunque lamentamos escuchar que se ha presentado una dificultad entre esta y su vecino, Honduras, la cual, si no se arregla pronto de forma amigable, podría llevar a una guerra entre esos dos países. Sin embargo, confiamos en que una legislación juiciosa logre prevenir cualquier infortunio de ese tipo.

Fuente: Philadelphia Inquirer

El presidente ha reconocido a E. G. Squier como cónsul general de la República de Honduras.
Fuente: Philadelphia Inquirer

RECONOCIMIENTO AL CÓNSUL GENERAL

El presidente ha reconocido al Sr. E. G. Squier, antiguo comisionado de los Estados Unidos en Perú, como cónsul general para la República de Honduras, residiendo en Nueva York.
Fuente: Philadelphia Inquirer

NOTICIAS COMERCIALES Y DIVERSAS

Los honorables señores del comité del consejo privado de comercio han recibido, a través del secretario de estado de asuntos exteriores del cónsul de Su Majestad en Cartagena, información de que los cargos portuarios para el puerto han sido resueltos definitivamente de la siguiente manera: — Por cada 1,000 kilos de cargamento destinado al puerto de Cartagena, 10 reales, y 2 ½ reales por los trabajos del puerto. Estas cuotas incluyen todo, de modo que una embarcación que recibe carga ya no paga en Cartagena ni en ningún otro puerto en la costa, y las embarcaciones que entran en lastre no pagan ninguna cuota.

El Sr. Corbett, encargado de los asuntos de su majestad en Centroamérica, ha transmitido al conde de Clarendon el siguiente decreto emitido por el gobierno de Honduras, con fecha del 18 de diciembre de 1868: —

(Traducción)

Art. I. Todos los tenedores de bonos del Estado, facturas del tesoro u otros documentos relacionados con la deuda interna del tesoro nacional, deben presentarlos ante los controladores de ingresos de la república dentro del plazo de tres meses a partir de la fecha actual. bajo la estricta pena de perder sus valores. Sin embargo, aquellos que residan fuera de la república tendrán un plazo de seis meses, con la misma pena.

Art. II. Dichos documentos serán "visados" en las intendencias de las provincias, y en las aduanas de los puertos marítimos, y, si son legales, se les pondrá el sello de la oficina, reconocimiento de presentación, la fecha y la firma del controlador.

Algún tiempo atrás, la legislatura del estado de Nueva York emitió una comisión para examinar la cuestión de los supuestos problemas de existencias en el ferrocarril de Erie, y también en las líneas Central de Nueva York, Hudson y Harlem; y los informes anuncian que el cronograma de la compañía Erie, bajo su sello corporativo y con la declaración jurada del secretario, muestra que el total de acciones ordinarias será de $57,000,000, todo lo cual fue creado antes del 20 de octubre pasado; que las acciones preferentes todavía consisten en los $8,000,000 emitidos en su reorganización hace algunos años, y que la deuda del bono es de $22,000,000. Como estas cifras no confirman las declaraciones y pruebas recientemente dadas sobre la emisión excesiva de nuevas acciones por parte de la junta de dirección existente, se supone que dichas emisiones deben haber sido en forma de promesas de préstamos, y que han sido retiradas del mercado por la descarga de los préstamos.

La cantidad evaluada para el impuesto sobre la renta en 1866-7 en la ciudad de Londres fue de 23,601,000£ en 1865-6. Sin embargo, en Marylebone, la evaluación mostró en 1866-7 un incremento de 47,000£; en Greenwich, etc., un incremento de 71,000£; en Bloomsbury, un incremento de 103,000£; en Kensington, un incremento de 103,000£; en Westminster, un incremento de 115,000£; en Holborn, un incremento de 120,000£; en Southwark, un incremento de 130,000£; y en Finsbury, un incremento de 271,000£. La disminución de 1,052,000£, que ocurrió en la ciudad propiamente dicha, fue entonces compensado en los otros distritos metropolitanos en la medida de 960,000£, dejando una disminución eventual de 92,000£.

Uno más de los grandes trabajos de ingeniería del país está terminado, por el paso por el gran viaducto en Runcorn del servicio de tren directo ordinario entre Londres y Liverpool. El viaducto Runcorn, que es el trabajo principal en la nueva línea, tiene aproximadamente una milla y media de longitud, incluidos los accesos, que consisten en viaductos de ladrillo azul Staffordshire, 65 arcos en el lado de Lancashire y 32 en el lado de Cheshire. La parte principal del trabajo consiste en el puente de vigas de celosía abierta de hierro forjado sobre el Mersey. Consiste de tres aperturas, cada una de 305 pies de anchura. El viaje de Londres a Liverpool se realizará, se espera, en un poco más de cuatro horas, la distancia es de poco más de 200 millas. No habrá interrupción en el camino, el suministro de agua será recogido por la licitación de los tanques colocados entre los rieles en el vecindario de Rugby. Los tanques son suministrados por un pozo artesiano que se ha hecho para tal fin. Las obras de Runcorn son altamente acreditables para el Sr. Baker, ingeniero, y para los directores de la London and North-Western Railway Company, para quienes han sido ejecutadas.

El comercio de tránsito a través del Istmo de Panamá en el año 1867, de bienes y tesoros, se estima en 18,438,396£, a saber, 12,592,637£ importados en Panamá y exportados en Colón, y 5,845,759£ importados en Colón y exportados en Panamá. El tráfico a través del Istmo por el ferrocarril de Panamá en 1867 estuvo compuesto de 35,076 pasajeros; oro, $30,366,076 (una gran disminución comparado con 1866), y plata, $14,830,727; joyería, $793,428; moneda de los Estados Unidos, $5,000; Correos estadounidenses, 923,521 lb, y correos ingleses y franceses, 149,273 lb, ambos más grandes que en 1866; equipaje, 789,665 lb, también una cantidad mayor; flete expreso, 36,270 pies; flete de primera clase, 1,697,573 pies; segunda clase, 8,928,768 lb; tercera clase, 10,914,272 lb; cuarta clase, 52,465,596 lb; quinta clase, 14,637,791 lb; sexta clase, 577,201 lb; flete especial, 8,837,214 lb, 712,980 pies; carbón, 41,579,138 lb; flete local o por vía, $4,128. Del tesoro reenviado por el Istmo la cantidad enviada a Inglaterra fue del valor de 3,873,134£. El estado de Panamá comprende todo el istmo de ese nombre, conocido históricamente como el Istmo de Darién. Le extensión de territorio, incluyendo a las islas, es de unas 21,100 millas geográficas. La población, exclusiva de 8,000 indios salvajes, se declaró el año pasado en 221,500.

Durante la semana que termina el 31 de marzo, las importaciones de metales preciosos fueron de: — Oro, 137,899£; plata, 273,071£. Las exportaciones fueron de: — Oro, 146,259£; plata, 413,671£.

La siguiente declaración muestra el estado de la circulación de billetes en el Reino Unido durante las cuatro semanas que finalizan el 24 de febrero: —

	30 de enero, 1869	27 de febrero, 1869	Incremento	Disminución
	£	£	£	£
Banco de Inglaterra...	23911118	23275893	...	635225
Bancos privados...	2860183	2742985	...	117198
Bancos de acciones conjuntas...	2351546	2323218	...	28328
Total en Inglaterra...	29122847	28342096	...	780751
Escocia...	4644945	4534795	...	110150
Irlanda...	6705372	6665586	...	39786
Reino Unido...	40473164	39542477	...	930687

Y, en comparación con el mes que termina el 29 de febrero de 1868, la anterior declaración muestra una disminución de 99,560£ en la circulación de billetes en Inglaterra, y un incremento de 648,378£ en la circulación del Reino Unido. Al comparar lo anterior con las emisiones fijos de varios bancos, el siguiente es el estado de la circulación: — Los bancos privados de Inglaterra están por debajo de su emisión fija 1,299,641£, Los bancos ingleses de acciones conjuntas están por debajo de su emisión fija 415,422£ — el total bajo emisión fija en Inglaterra, 1,715,063£; Los bancos escoceses están por encima de su emisión fija 1,785,524£; los bancos irlandeses están por encima de su emisión fija 311,092£. El stock promedio de lingotes en poder del Banco de Inglaterra en ambos departamentos durante el mes que finalizó el 24 de febrero de 1869 fue de 18,415,473£, lo que representa una disminución de 249,071£ en comparación con el mes anterior, y una disminución de 3,060,310£ en comparación con el mismo periodo del año pasado. Las siguientes son las cantidades de especies en poder de los bancos escoceses e irlandeses durante el mes que finaliza el 27 de febrero: —Oro y plata en poder de los bancos escoceses, 2,788,270£; oro y plata en poder de los bancos irlandeses, 2,515,993£ — en total, 5,304,263£; habiendo una disminución de 97,186£ en comparación con la declaración anterior, y un incremento de 179,502£ cuando se compara con el periodo correspondiente del año pasado.

La siguiente es una declaración del número de indigentes (exclusivo de lunáticos en asilos y vagabundos) del último día de la tercera semana de marzo de 1869, y de la correspondiente semana en 1868,1867 y 1866: —

	Indigentes				
	Interior	Exterior		Total	Total, correspondiente en 1868
	Adultos y niños	Adultos	Niños menores de 16	Tercera semana de marzo de 1869	
Distrito oeste...	5,836	8,250	6,562	20,648	19,580
Distrito norte...	6,372	11,702	9,232	27,306	27,303
Distrito central...	6,996	8,024	6,311	21,331	23,193
Distrito este...	8,433	13,018	13,299	34,750	37,709
Distrito sur...	9,190	18,088	18,050	45,328	42,874
Total, de la metrópolis...	36,827	59,082	53,454	149,363	150,659

El distrito oeste incluye a Kensington, Fulham, Paddington, Chelsea, Saint George (Plaza Hanover), Saint Margaret y Saint John, y Westminster.

El distrito norte incluye a Saint Marylebone, Hampstead, Saint Pancras, Islington, y Hackney. — No se han recibido declaraciones de pauperismo esta semana de las parroquias de Saint Marylebone y Saint Pancras.

El distrito central incluye a Saint Giles y Saint George (Bloomsbury), Strand, Holborn, Clerkenwell, Saint Luke, este de Londres, oeste de Londres y la ciudad de Londres.

El distrito este incluye a Shoreditch, Bethnal Green, Whitechapel, Saint George del este, Stepney, la vieja ciudad Mile-end y Poplar.

El distrito sur incluye a Saint Saviour (Southwark), Saint Olave (Southwark), Bermondsey, Saint George (Southwark), Newington, Lambeth, Wandsworth y Clapham, Camberwell, Rotherhithe, Greenwich, Woolwich y Lewisham.

Pauperismo total de la metrópolis. — Población en 1861, 2,802,000.

Número de indigentes.					
			Interior	Exterior	Total
Tercera semana de marzo	1869...		36,827...	112,536...	149,363
—	—	1868...	36,064...	114,595...	150,659
—	—	1867...	34,611...	118,206...	152,817
—	—	1866...	32,236...	76,174...	108,410

Fuente: The Economist

1869-abril-13

Más de los sureños disgustados que emigraron a Honduras al final de la guerra han regresado.

Fuente: Philadelphia Inquirer

1869-mayo-22

HONDURAS
Nuevo préstamo para ferroviario.

Informes de París declaran que otro préstamo de 2,000,000£ para la terminación del ferrocarril interoceánico ha sido anunciado. Los bonos por 12£ cada uno (300 francos) tienen un interés del 6 2/3 por ciento, o 20 francos; el precio de emisión es de 9£ (225 francos), y el conjunto se puede canjear a la par por sorteos semestrales. Los banqueros extranjeros se han suscrito en gran medida.

Fuente: The Economist

1869-mayo-22

Un préstamo suplementario de Honduras por dos millones ha sido emitido esta semana en Paris, Ámsterdam, Amberes, Hamburgo y Berlín. Se declara que el préstamo es para la terminación del ferrocarril interoceánico, para el cual el préstamo de 1,000,000£ emitido en Londres en noviembre de 1867 fue para construir la primera sección. Los periódicos de París declaran que la operación ha atraído atención allí debido a que los bonos son de la pequeña cantidad de 300f (12£) cada uno, y emitidos a 225f (9£). Cargan 20f (16s) de interés, y serán redimibles a la par por sorteos semestrales. El tono fue decididamente mejor hoy, habiéndose alcanzado grandes cantidades en la mayoría de los casos.

Adjuntos están los precios de cierre de las acciones negociadas hoy: —

Argentina 6 por ciento, 1868, 78 a 79. Austriaco 5 por ciento, 1859, 64 a 66. Brasileño 5 por ciento, 1865, 79 a 80. Chileno 6 por ciento, 1867, 96 a 97; ídem 7 por ciento, 1866, 103 a 104; ídem $4\frac{1}{2}$ por ciento, 1858, 73 a 75; Egipcio 7 por ciento, 1862, 80 a 82; ídem obligaciones ferroviarias, 98 a 99; ídem 9 por ciento, préstamo virrey, $97\frac{1}{2}$ a 98; ídem 7 por ciento ídem, $79\frac{1}{4}$ por sorteo a $79\frac{3}{4}$; ídem 1868, $75\frac{1}{2}$ a $75\frac{3}{4}$. Préstamo ferroviario del gobierno de Honduras, 83 a 85. Italiano 5 por ciento, 1861, $56\frac{1}{2}$ a $56\frac{3}{4}$; ídem dominio del estado, $82\frac{1}{2}$ a $83\frac{1}{2}$; ídem préstamo de tabaco, 85 a 86. Mexicano, $12\frac{1}{2}$ a 13. Obligaciones Orel y Vitebsk, $78\frac{1}{4}$ a $78\frac{1}{2}$. Peruano 5 por ciento, 1865, 77 a $77\frac{1}{4}$. Portugués, $34\frac{1}{4}$ a $34\frac{3}{4}$. Ruso $4\frac{1}{2}$ por ciento, 1862, 88 a 90; ídem 3 por ciento, 52 a 53; ídem 5 por ciento, 1862, 84 a 85; ídem angloholandés, 1866, 88 a 90; ídem Moscú, 79 a 80; ídem Nicolas, $63\frac{1}{4}$ a $63\frac{3}{4}$; ídem Charkof-Krementschug, 76 a $76\frac{1}{2}$. Nuevos tres españoles, 28 a 29; ídem 1869, 2 a 1. Turco 6 por ciento, 1854, 81 a 83; ídem, 1858, 63 a 64; ídem, 1862, $66\frac{1}{4}$ por sorteo a $66\frac{3}{4}$; ídem 5 por ciento, 1865, $42\frac{1}{2}$ a 43.

Adjunta está una lista de los precios más altos y más bajos de las consolas cada día, y de las cotizaciones de cierre de las principales acciones inglesas y foráneas del viernes pasado y de hoy.
Fuente: The Economist

1869-julio-02

Informes desde Honduras dicen que el país está tranquilo. Hay dos mil trabajadores empleados en el ferrocarril interoceánico.
Fuente: Philadelphia Inquirer

1869-julio-12

El *Star* de Panamá declara, después de anunciar que un préstamo de dos millones se ha negociado en París para completar el ferrocarril interoceánico en Honduras, que no se ha colocado ni un solo riel ni se ha trabajado en el terreno para comenzar la vía, y que tampoco se ha realizado el estudio topográfico para la ruta.
Fuente: Philadelphia Inquirer

1869-octubre-07

SUR Y CENTROAMÉRICA
Honduras
El Gral. Rousseau, fallecido ministro residente de los Estados Unidos, se despidió del gobierno de Honduras el día 10, y su sucesor, el Gral. A. Baxter, presentó sus credenciales al presidente. El congreso nacional ha publicado un decreto declarando al capitán general y actual presidente, Don José María Medina, reelegido a la presidencia por el periodo que comienza el 1 de febrero de 1870 y termina en 1874. Por otro decreto del congreso, el presidente Medina está autorizado a portar las condecoraciones que otras naciones le presentaron. El congreso cerró sus sesiones el 19 de agosto.
Fuente: The New York Times

1869-octubre-24

SUR Y CENTROAMÉRICA
Negociación de un préstamo para el ferrocarril interoceánico
Honduras.
Las noticias de esta república son muy escasas. El señor C. Gutiérrez, ministro de Honduras en Londres, confía que tendrá éxito en la negociación de un préstamo de £2,000,000 esterlinas para la construcción del ferrocarril interoceánico. Los ingenieros recomendaron que la construcción del camino debería comenzar simultáneamente en los dos mares, y piensan que puede finalizarse en unos dos años.
Fuente: The New York Times

1869-diciembre-13

De Honduras las fechas son hasta el 15 de noviembre. La construcción del ferrocarril está progresando. El congreso es convocado a reunirse del 1 al 15 de enero. Se han ratificado los tratados con El Salvador y Guatemala.
Fuente: Philadelphia Inquirer

1870-mayo-21

Las transacciones registradas en la lista oficial son de la siguiente manera: — Argentina 6 por ciento, $93\frac{5}{8}$ $3\frac{1}{4}$ $\frac{1}{2}$. Brasileña 5 por ciento, 1865, $91\frac{1}{4}$ $\frac{1}{8}$ $\frac{1}{2}$ 1. Buenos Aires 6 por ciento, 98. Chilena 7 por ciento, 1866, $105\frac{1}{2}$; ídem 6 por ciento, 1867, 101; ídem 5 por ciento, 1870, $89\frac{3}{4}$ $\frac{7}{8}$; ídem 5 por ciento, vale, $6\frac{8}{8}$ $7\frac{3}{8}$ $7\frac{1}{2}$ prima. Egipcia 7 por ciento, 1862, 100£, 88; ídem 7 por ciento, 1868, $81\frac{5}{8}$ $\frac{3}{4}$; ídem, 100£, $81\frac{5}{8}$ $\frac{3}{4}$. Préstamo del ferrocarril del gobierno de Honduras, $84\frac{3}{4}$ $\frac{1}{2}$; ídem 100£, $86\frac{1}{2}$ 6. Ferrocarril italiano Maremmana, $57\frac{7}{8}$ $\frac{1}{2}$. Vale de Japón, 20£ pagado, 4 dis. Nueva Granada aplazado, 11. Peruana 5 por ciento, 1865, 88 $7\frac{3}{4}$ $8\frac{1}{4}$. Portuguesa 3 por ciento, 1853, $34\frac{3}{8}$ 4; ídem 1867, $34\frac{1}{2}$; ídem 1869, $34\frac{1}{4}$. Rusa 5 por ciento, 1822, $85\frac{3}{4}$ 5; ídem 3 por ciento, 1859, $53\frac{5}{8}$; ídem 5 por ciento, 1862, 85 $\frac{1}{8}$; ídem 5 por ciento, Angloholandesa, 1864, 100£, $93\frac{3}{4}$; ídem, 1866, 100£, $93\frac{3}{4}$; ídem 4 por ciento, Ferrocarril Nicolas, $68\frac{1}{2}$ $\frac{3}{4}$ $\frac{3}{8}$ $\frac{5}{8}$; ídem 5 por ciento, 1870, Vale, todo pagado, $86\frac{1}{8}$ $\frac{1}{4}$ $6\frac{5}{8}$ 7 $\frac{5}{8}$. Española, 1867, $31\frac{3}{8}$ $\frac{1}{4}$ $1\frac{3}{8}$; ídem 1869, 30 $\frac{3}{8}$. Turca 6 por ciento, 1858, $70\frac{7}{8}$.
Fuente: The Economist

1870-mayo-21

En 1869, el préstamo ferroviario de Honduras de 2,000,000£ había sido anunciado. Los mercados de valores habían continuado con firmeza, y la tendencia de los precios había sido al alza. La cotización de mercado abierto para papel corto fue del 4 ½ por ciento.
Fuente: The Economist

1870-mayo-21

EL FERROCARRIL DE HONDURAS
El contrato para la construcción del ferrocarril de Honduras fue firmado aquí el día jueves, y el trabajo empezará en un plazo de un año.
Fuente: Philadelphia Inquirer

FERROCARRIL EN HONDURAS

Recientemente han zarpado barcos desde Inglaterra hacia Honduras con vagones, maquinaria, etc., para la nueva vía que se construye en ese país.

Fuente: Philadelphia Inquirer

1870-junio-17

NOTICIAS DE HONDURAS

Se han realizado varios arrestos de ofensores políticos en Honduras, y se les ordenó a cincuenta o sesenta nicaragüenses dejar la república. La revolución fue considerada satisfactoria en todo el país, y todas las provincias han declarado su adhesión al nuevo gobierno. La construcción del ferrocarril interoceánico está avanzando rápidamente.

Fuente: Philadelphia Inquirer

1870-junio-25

PRÉSTAMO FERROVIARIO DE 10 POR CIENTO DE HONDURAS POR 2,500,000£

Para terminar el ferrocarril interoceánico ahora bajo construcción entre Puerto Cabello y la Bahía de Fonseca, este segundo préstamo de 10 por ciento es recaudado por el gobierno de Honduras. Los Sres. Waring, Brothers y McCandlish han contratado para completar toda la línea en 1872; y los ingresos ferroviarios e ingresos de los dominios estatales se hipotecan al servicio del préstamo. El plenipotenciario del gobierno de Honduras ha instruido al banco de Londres y County para recibir aplicaciones por la emisión anterior en 25,000 bonos de 100£ cada uno; siendo el precio de emisión 80 por ciento, pagable hasta el 15 de diciembre siguiente, en cuotas mensuales. El primer cupón medio anticipado vence el 1 de enero próximo. La redención se prevé a la par en 15 años por un fondo de amortización acumulativo del 3 por ciento, que se aplicará anualmente el 31 de diciembre, a partir de este año. Inglaterra, Francia y Estados Unidos garantizan la neutralidad de la línea cuando se termine. La primera sección de la línea estará lista para noviembre.

Fuente: The Economist

1870-junio-25

Esta semana se les ha dado amplio impulso a los promotores de préstamos foráneos. Difícilmente ha sido tomado un préstamo español a menos que la tasa actual por tan solo la fuerza del nombre de los agentes financieros y la promesa dudosa de garantías especiales, y un préstamo peruano de cantidad mucho mayor, pedido por un país casi sin ningún ingreso de ningún tipo, y bajo circunstancias muy sospechosas, que hemos encontrado a otros gobiernos proporcionándose a sí mismos con dinero en nuestros mercados con casi igual facilidad. El Estado de Buenos Aires ha obtenido un préstamo de un millón a lo que es casi siete por ciento; y Honduras, 7,000,000£, a lo que equivale a un 13 por ciento. Nuestra alarma por la actitud mostrada por el público en el préstamo español es, creemos, ampliamente justificada por estos nuevos incidentes. Ninguno de los Estados ante nosotros esta semana debería ser capaz de endeudarse sin que antes sus afirmaciones sean escudriñadas, y uno de los préstamos es tal vez tan malo como cualquier cosa que pueda imaginarse. Esta facilidad de endeudamiento promoverá las acciones malintencionadas, como lo mostrará la más simple investigación de los valores ofrecidos.

En lo relacionado a Buenos Aires, aunque tal vez haya una menor necesidad de advertencia que en el caso de algunas propuestas, al menos es necesario tener precaución. La peculiaridad es que Buenos Aires actualmente no es una república independiente, sino una provincia de un Estado mayor, y hay dudas sobre sus recursos. El prospecto habla con mucha ambigüedad de los recursos provinciales de ingresos y no presenta ninguna *cuenta* de recibos y gastos provinciales con los que pudiera guiarse un inversionista. No tenemos dudas de que sea cierto, como se ha declarado, el que cinco sextos de los ingresos aduaneros de la República de Argentina vienen de Buenos Aires; pero si el gobierno central tiene esos ingresos, no es una garantía para los acreedores del Estado independiente. Es evidente que nadie debería de prestarle a un Estado dentro de un Estado sin conocer la constitución y cuál es la naturaleza y la cantidad de los ingresos y los límites del poder fiscal que mantiene el Estado dependiente. Además, hay una falla en el carácter de Buenos Aires. Cuando era independiente realizó una anulación, aunque después hizo algo para reparar su morosidad al emitir bonos representando intereses diferidos. Tampoco hay estabilidad perfecta como para satisfacer a la gente tranquila en las regiones del Plate. La guerra en Paraguay ha dejado heridas severas aquí al igual que en Brasil, y la turbulencia de las facciones políticas no se ha extinguido por completo. Los que conocen el país y a las personas y la naturaleza de la inmigración (que es una de las mejores señales de su futuro) también sabrán si prestarle o no; pero estamos hablando con personas que no tienen conocimiento y que de forma confiada escucharán las presiones de algunos para que arriesguen su dinero de todas formas.

Pero el préstamo de Honduras es el más significativo sobre la actitud del público. La verdad es que, si las personas están dispuestas a prestarles grandes cantidades a países como Honduras, no hay gobierno, por desconocido que sea o sin recursos o que no haya tenido relaciones con Inglaterra, que no pueda, por el simple hecho de tener el nombre de un gobierno y un representante en Londres, endeudarse con libertad en nuestro mercado. La dificultad sobre Honduras es que es difícil obtener información certera. Está ciertamente muy lejos de tener la condición de un Estado con un gobierno tangible establecido en el que las personas puedan confiar. Los pocos hechos que obtenemos en el *Annuaire de l'Economie Politique* son que tiene un ingreso de 172,000£, de los cuales 50,000£ son de aduana y unos 120,000£ del tabaco y la caoba; que su población es de 400,000 y que sus importaciones y exportaciones son de un poco más de 300,000£, principalmente de y hacia Inglaterra; aunque tenemos sospechas de que en este último caso las cantidades son las de Honduras británica y no las del Estado nativo. Los hechos, tal y como son, no llevarían a alguien a pensar que tal Estado podría hace dos años ser capaz de endeudarse con 1,000,000£, con 10 porciento de interés, y ahora un préstamo adicional de 2,500,000£ con la misma tasa. Tan solo los intereses y retiros del primer préstamo serían casi igual al total de ingresos del Estado, y los de los dos préstamos juntos representarían una cantidad de casi medio millón, o el triple de sus ingresos anuales. Claro que los intereses han sido y serán pagados con el capital que los prestamistas han adelantado, pero el proceso no puede seguir a largo plazo. Se dirá que los prestamistas están entrando en la especulación de un ferrocarril, que en lo que confían es en una parte de las ganancias del comercio del transporte que ahora es un monopolio de la vía de Panamá y el Ferrocarril del Atlántico y el Pacífico; pero el préstamo también se ha presentado como un préstamo gubernamental, y los prestamistas deben saber en qué tipo de Estado están confiando. Pero al ser un préstamo ferroviario con la garantía de los ingresos del futuro ferrocarril, hay muchas cosas que los prestamistas deben considerar. Es una buena regla general que donde no es seguro prestar a un gobierno extranjero, no es muy seguro invertir capital en su territorio. Pero los prestamistas no están invirtiendo siquiera independientemente del gobierno. Solo están ayudando a darle a un gobierno muy pobre, el gobierno medio civilizado de un Estado tosco y subdesarrollado, una fuente rentable de ingresos que no será más beneficiosa para ellos que las garantías especiales ordinarias que los gobiernos necesitados ofrecen y que siempre deben protegerse celosamente. En nuestro caso, debemos dudar en gran medida de los prospectos de grandes ganancias que se presentan. La vía de Panamá se ha vuelto muy rentable, tal vez la vía férrea más rentable jamás construida; pero no es ni un tercio de la longitud de la propuesta vía de Honduras, de modo que sin importar cuál haya sido el costo original los gastos de trabajo debieron haber sido mucho menores. Tampoco es el monopolio de Panamá lo que solía ser. El Ferrocarril del Atlántico y el Pacífico ha atraído una gran parte de su tráfico de California; una vía de buques de vapor de Liverpool y Valparaíso ha dañado su comercio sudamericano. En el prospecto del primer préstamo de 1867, los agentes del gobierno de Honduras fueron cuidadosos al mencionar las ganancias de la vía de Panamá, y su silencio ahora sobre este punto es significativo. La vía de Honduras competirá por la porción de un monopolio ya dañado, en el que ganancias del 12 por ciento difícilmente pueden tomarse como certeras. Y hay prospectos de más competencia. No sería fácil mencionar los muchos proyectos para cruzar el istmo de Centroamérica por canal o ferrocarril, pero no sorprendería el que uno o más de estos proyectos se intentaran aparte del de Honduras. Tan solo esta semana se ha anunciado que el gobierno de México está a punto de proponer un arreglo para su deuda externa basándose en el proyecto de un camino y un ferrocarril a través del istmo de Tehuantepec. Puede que este proyecto no avance, pero se ha promovido con seriedad, hay territorio que puede abrirse, y las ventajas son comparables a las de Honduras o Nicaragua para hacer que la amenaza de competencia sea formidable. Las personas sanguinarias dirán que hay negocio para todos, pero ciertamente este no será parecido al que ha llenado los bolsillos de los accionistas de Panamá.

Además, hay contrastes curiosos entre el prospecto original y el actual a los que se les debe dar atención. Algunas cosas que fueron prominentes en el primer prospecto, como las ganancias del ferrocarril de Panamá, son comparativamente relegadas en el segundo. De nuevo, una característica de ambos prospectos es la hipoteca de los dominios del Estado de Honduras, pero, aunque la frase solo se utiliza de pasada en el nuevo prospecto, el hecho de una primera hipoteca siendo dada sobre la totalidad de los dominios y los bosques de caoba del Estado de Honduras, que de acuerdo con informes oficiales son "de inmenso valor", se representa de una forma más importante en el primer prospecto. También se dice que se ha "acordado que todo el producto de los ya mencionados dominios y bosques hipotecados se le consignarán directamente a Londres por el gobierno de Honduras a los Sres. Bischoffsheim y Goldschmidt, quienes pasarán las ganancias de las ventas hacia los intereses anuales y el fondo de amortización y a la construcción de las secciones restantes de la vía". Nos gustaría saber un poco sobre cuál es la historia real de estas consignaciones y qué fondos se han obtenido para la construcción de la vía. También se declaró: "Estimaciones cuidadosas han satisfecho al gobierno de Honduras de que los ingresos excedentes de los dominios y bosques del Estado serán muy suficientes para completar toda la vía sin necesidad de emitir otras acciones; pero en caso de que se considere ventajoso, *debido al incremento del tráfico*, el acelerar la apertura de las vías de mar a mar mediante obtener más dinero, se emitirán más acciones para la construcción de las secciones restantes de la vía". Por tanto, ha habido un desvío del programa original; no solo se han emitido acciones sin un incremento de tráfico, sino que se han emitido incluso antes de que la primera sección esté completada para el tráfico. La probable razón en este cambio del programa es obvia.

De esta manera hemos descrito los hechos disponibles acerca de nuestros nuevos prestatarios. Debemos repetir la alarma sobre la facilidad con que estos Estados pueden obtener dinero por anticipado. Muestra que la actitud del público es de nuevo más favorable ante proyectos que no son plausibles; que hay una libertad para verse tentado ante intereses y ganancias altos y garantías ilusas. Es tolerablemente certero que se realizarán más intentos de hurgar en los bolsillos del público con consecuencias que no son difíciles de prever.

Fuente: The Economist

1870-septiembre-13

SUR Y CENTROAMÉRICA
Recaudación de diezmos
Honduras.

El elemento principal que encontramos en la *Gaceta Oficial* de Honduras, del día 5 de este mes, es un comunicado del obispo de Honduras para el gobierno supremo en relación a la recaudación de diezmos de la gente. Parece ser que ha sido emitido un decreto por el gobierno suprimiendo este impuesto y poniendo en su lugar una contribución. Como la gente parecía inclinada a resistir las demandas de la iglesia y seguir las disposiciones del gobierno, el obispo insiste en que, sin la aprobación de su Santidad el Papa, la iglesia no podría ser privada de su derecho a los diezmos y la recaudación de estos.
Fuente: The New York Times

1871-enero-25

PROBABILIDAD DE OTRA GUERRA

Kingston, 24 de enero.

[Especial del *New York World*] — La guerra es inminente entre El Salvador y Honduras.
Fuente: Philadelphia Inquirer

1871-febrero-25

Honduras declaró la guerra con San Salvador el día 1, y, para el día 9, seiscientas tropas estaban a una marcha de dos días de San Miguel. San Salvador está virtualmente en revolución contra Dueñas.

La revolución y la guerra de Honduras están controladas por los mismos líderes. Es probable que Dueñas deje el país y les pida mediación a otras repúblicas. Los generales principales han dejado a Dueñas y se han unido al partido de Honduras. Guatemala no interferirá.

La cosecha de café está reducida por toda Centroamérica.
Fuente: Philadelphia Inquirer

1871-marzo-02

Hay sentimientos de hostilidad entre los países de Centroamérica. Honduras ha declarado la guerra en contra de San Salvador y rápidamente ha colocado a 600 hombres en el campo. Las autoridades de este último país no pueden defenderse siquiera de esta fuerza tan pequeña, ya que apenas si son capaces de mantenerse a sí mismos.
Fuente: Philadelphia Inquirer

1871-marzo-23

SE HA DECLARADO LA GUERRA

Honduras ha declarado formalmente la guerra en contra de San Salvador. No parece ser que se arregle pronto el malentendido. El presidente Medina ha emitido un decreto suspendiendo la operación de los tratados con San Salvador hasta que ese país esté dispuesto a observarlos. Si sobreviene la guerra, el presidente Medina dice que San Salvador debe asumir la responsabilidad, e insinúa a los extranjeros que, si hay daños al ferrocarril, San Salvador será el culpable.

Los salvadoreños invasores han regresado a su propio territorio.
Fuente: Philadelphia Inquirer

1871-marzo-27

El ministro Torbett le ha enviado un comunicado a San Salvador de parte de Estados Unidos e Inglaterra, pidiéndole a ese país que excluya a la vía férrea de Honduras de las operaciones hostiles durante la guerra.
Fuente: Philadelphia Inquirer

1871-abril-13

Informes de parte del gobierno británico anuncian la determinación del gabinete de hacer a Honduras una colonia de la corona para formar parte de la Federación de las Indias Occidentales.
Fuente: Philadelphia Inquirer

1871-abril-19

EL SALVADOR Y HONDURAS
Al editor del Times.

Señor, he notado en el *The Times* de hoy los extractos que el secretario de la Reuter's Telegram Company ha proporcionado con referencia a mi carta del 14 de este mes, y yo ruego que usted acepte alguna explicación.

Mi carta dice, primero, que El Salvador "no ha declarado guerra en contra de Honduras", y los extractos muestran que Honduras declaró la guerra contra El Salvador. Consecuentemente, mi declaración es correcta.

Después digo, por consiguiente, que "el Sr. Arbizu nunca desertó su puesto". Este extracto requiere alguna explicación. Que el Sr. Arbizu dejó su puesto yo no lo niego; pero sí negué que él lo abandonó, y continuaré negando esa acusación hasta que haya pruebas que digan lo contrario. Él dejó la capital en compañía del secretario de guerra, el Sr. Zaldívar, un seguidor devoto del presidente, el Sr. Dueñas, hacía otra parte de la República; y los últimos comunicados recibidos por mí de mi gobierno, todos fechados después de su partida, están firmados por el subsecretario de relaciones exteriores en ausencia del ministro. Y presento que esto es conclusivo de que el Sr. Arbizu no desertó.

En referencia a los términos de la proclamación del presidente de Honduras (la declaración de guerra), y la alegada invasión salvadoreña en Choluteca, no diré nada durante las conferencias diplomáticas de paz ahora en progreso entre Guatemala, Nicaragua y Costa Rica.

Tengo el honor de quedar, con la mayor consideración, señor, a su entera disposición,

P. R. Negrete.
1, Brunswick square, W.C. 18 de abril.

Fuente: The London Times

1871-abril-26

La guerra entre El Salvador y Honduras ha terminado. El primero tiene el territorio del último, habiendo derrotado al ejército de Honduras en todos lados. El Gral. Hartwick ha sido hecho presidente provisional. Se construyen atrincheramientos en las calles de la capital, de la cual los familiares del jefe han huido. San Miguel fue capturada por las fuerzas rebeldes aliadas de Honduras.

El ejército de Hartwick, según se informa, ha sido atraído hacia las montañas de Honduras y su retirada interrumpida.

Fuente: Philadelphia Inquirer

1871-mayo-09

Los informes de San Salvador son hasta el día 20. Ocurrió un enfrentamiento en Sabaneta, que duró tres días. Los salvadoreños fueron completamente derrotados. Ciento noventa hondureños y ochocientos salvadoreños fueron asesinados y heridos, y el Gral. González fue elegido como presidente provisional. El presidente Dueñas, Martínez y el comandante en jefe huyeron a la embajada estadounidense por seguridad. La multitud liberó a todos los prisioneros en el capitolio, y saquearon los cuarteles y la casa del presidente. La anarquía reinó por tres días, durante la cual se llevaron a cabo muchos asesinatos.

Los extranjeros mantuvieron la guardia y el orden hasta la llegada de los victoriosos hondureños.

El Gral. Xatruch y el ejército de El Salvador, que invadió Honduras, ha sido ordenado a rendirse.

Los miembros del nuevo gobierno de Honduras son: Gallardo, ministro de interior; Arango, ministro de finanzas, y Ardezu, ministro de relaciones exteriores.

Fuente: Philadelphia Inquirer

1871-mayo-26

Las noticias de Honduras hasta el 12 de mayo indican que prevalece la paz. Las lluvias han interrumpido el trabajo de las vías férreas.

Fuente: Philadelphia Inquirer

1871-julio-10

NOTICIAS DE HONDURAS

Al 11 de junio, dicen que el ministro no es popular, y se amenaza con una revolución. Los habitantes que desean emigrar tuvieron que pagar $1,000 por un pasaporte que les permitiera salir del lugar.

Fuente: Philadelphia Inquirer

1871-julio-10

Se informa que es muy probable que se desate una revolución en Honduras.

Fuente: Philadelphia Inquirer

CENTRO Y SURAMÉRICA
Las noticias más recientes.

El trabajo en el ferrocarril interoceánico de Honduras se ha reanudado.
Fuente: Philadelphia Inquirer

1871-agosto-01

El trabajo en el ferrocarril de Honduras, suspendido durante la guerra, ha sido reanudado.
Fuente: Philadelphia Inquirer

1871-09-09

NOTICIAS DE HONDURAS

Anuncie que el ferrocarril de Honduras está progresando. Ya se han colocado rieles en dos millas y se están erigiendo puentes.
Fuente: Philadelphia Inquirer

1871-noviembre-27

Las fechas de la capital de Honduras son hasta el día 14 de este mes. El presidente Medina ha reasumido las riendas del gobierno y se ha otorgado amnistía a los revolucionarios, condicional a que se entreguen a las autoridades. Ocurrió una batalla el 4 de noviembre en Langue, resultando en la derrota de los rebeldes, quienes huyeron a las montañas. Una línea de barcos a vapor ha sido establecida entre Liverpool y el puerto de Honduras. El ferrocarril interoceánico está progresando.

Los informes de Callao son hasta el 24 de este mes. Los asuntos políticos de Perú están en un estado muy complicado. El editor del *Nacional* ha sido arrestado y se ha colocado a toda la prensa bajo una severa censura. Se le ha prohibido al *Nacional* circular por los correos, y hay amenazas de una revuelta. Una proclamación presidencial se esfuerza por anular la reciente elección. Se ha contratado a Henry Meigs para construir un ferrocarril de Honduras a Chimbote, por un costo de $24,000,000.
Fuente: Philadelphia Inquirer

1871-diciembre-09

Pronto se llevará a cabo una conferencia de los representantes de Guatemala, San Salvador y Honduras para discutir un proyecto para la formación de la confederación centroamericana.
Fuente: Philadelphia Inquirer

1871-diciembre-09

SUR Y CENTROAMÉRICA
Formación proyectada de la confederación.

Kingston, 8 de diciembre. — El barco a vapor *Henry Chauncey* ha llegado desde Aspinwall y zarpó hacia Nueva York. Las fechas de Aspinwall son hasta el día 3 de este mes. Una conferencia de los representantes de Guatemala, San Salvador y Honduras se llevará a cabo para discutir un proyecto para la formación de la confederación centroamericana.
Fuente: Philadelphia Inquirer

1872-enero-16

Las noticias de Honduras indican que la revuelta india es tan fuerte que el gobierno se ha visto obligado a reconocer su beligerancia y a tratar con ellos.
Fuente: Philadelphia Inquirer

1872-febrero-24

Se escucha el rumor de que El Salvador y Guatemala han hecho una alianza en contra de Honduras.
Fuente: Philadelphia Inquirer

1872-marzo-21

EL EXTRANJERO
Se anticipa una ruptura entre Honduras y El Salvador.
Fuente: Philadelphia Inquirer

1872-abril-02

Guatemala sigue agitada debido a la recepción de los jesuitas por Nicaragua. Se sospecha que Honduras está tratando de poner a Nicaragua de su parte para el conflicto en contra de Guatemala y El Salvador. Los departamentos y la capital se han declarado bajo ley marcial.
Fuente: Philadelphia Inquirer

1872-abril-12

Guatemala les ha declarado la guerra a Honduras y San Salvador.
Fuente: Philadelphia Inquirer

1872-abril-26

NOTICIAS DESDE ASPINWALL
Se han recibido hasta la fecha del 20 de abril. El barco a vapor *Virginius* estaba listo para salir a la mar y esperaba la llegada del barco a vapor *Wyoming* antes de partir. Se ha declarado un estado de asedio en Honduras.
Fuente: Philadelphia Inquirer

Debido al estado amenazante de los asuntos entre Honduras y El Salvador, todos los ciudadanos sanos de este último país están siendo organizados en un ejército.

Fuente: Philadelphia Inquirer

EL PRÉSTAMO DEL FERROCARRIL PARA BARCOS DE HONDURAS

Uno de los planes más impresionantes jamás lanzados ha sido ofrecido al público esta semana. La república de Honduras propone construir un ferrocarril capaz de transportar barcos de gran tonelaje entre los océanos Atlántico y Pacífico. El barco será tomado del mar en un lado, llevado a través del istmo en ferrocarril, y después bajado hacia el mar en el otro lado. Esta peculiar empresa costará 15,000,000£, y, por lo tanto, naturalmente requiere una buena base de cálculo. De manera acorde, se declara que: —

"De acuerdo a los reportes oficiales presentados a ambas cámaras del parlamento por el gobierno de Su Majestad, y otras estadísticas, el tonelaje total anual autorizado para envíos alrededor de Cabo de Hornos es de la siguiente manera:

De y para	Gran Bretaña…	16	**Millones de toneladas**
=	Otros países europeos…	10	=
=	Centroamérica…	8	=
=	Estados Unidos de América…	20	=
=	**Total…**	**54**	**Millones de toneladas"**

Por consiguiente, se estima que, si el ferrocarril para barco transporta solo la mitad de este tonelaje al año y obtiene 16s por tonelada, habrá una ganancia de 10,000,000£ esterlinas después de pagar los gastos de trabajo. Lamentablemente, las estadísticas oficiales a las que se hace referencia no transmiten información tan brillante. Hasta ahora, desde Inglaterra enviando 16,000,000 toneladas de envío anualmente alrededor del Cabo de Hornos, la cantidad que pasó en 1870 no superó las 2,000,000 toneladas. Las siguientes son las estadísticas actuales incluyendo, pensamos, cada tonelada de cargamento que posiblemente pudo ir alrededor de Cabo de Hornos hacia Inglaterra: —

Entradas y salidas en puertos en el Reino Unido de y para los siguientes países.
(De las declaraciones de comercio y navegación de 1870)

	Toneladas de entrada		Toneladas de salida
Rusia — Puertos del Pacífico…	125	…	440
Puerto Rico…	21,466	…	8,870
Islas Filipinas…	30,693	…	15,633
Estados Unidos — Puertos del Pacífico…	138,263	…	69,009
México…	5,572	…	1,846

Centroamérica...	8,196	...	6,368
Nueva Granada...	...	...	2,374
Chile...	86,281	...	125,350
Bolivia...	1,799	...	588
Perú...	224,131	...	116,537
China (excluyendo Hong Kong y Macao) ...	98,963	...	74,245
Japón...	3,667	...	33,379
Colombia británica y la Isla de Vancouver...	2,224	...	2,290
Asentamientos de la Compañía de la Bahía de Hudson...	948	...	947
Australia...	220,899	...	324,636
Hong Kong...	6,278	...	90,330
	849,505	...	872,842 toneladas
Entradas...		...	849,505
Salidas...		...	872,842
Total...		**...**	**1,722,347**

Esta verdad es fundamental (pues todo depende del tonelaje que será transportado). Siendo tan diferente de la declaración en el prospecto, no nos importa examinar muy bien sus cifras posteriores, especialmente ya que se refieren a un problema complicado en dinámica e hidráulica, en el que casi nadie tiene mucha experiencia. Si lo que podemos probar está tan mal, lo que no podemos probar puede estar igual de mal. No nos podemos aventurar a especular en las probables ganancias o pérdidas de tan extraña empresa; está demasiado alejado de los datos reales para cualquier estimación sólida o bien fundamentada.

Por lo tanto, los prestamistas del dinero, a nuestro juicio, deberán mirar no a las ganancias del ferrocarril, que son figuras en el aire y que tal vez nunca se realicen, sino a la buena fe y los recursos pecuniarios del Estado de Honduras. ¿Cuál, por lo tanto, es la condición financiera de ese Estado?

Lamentamos decir que no podemos obtener cuentas posteriores a los últimos dos años; pero, de lo último que podemos obtener, parece que el ingreso anual fue de solo 172,000£, de los cuales 60,000£ fueron de aduanas; y como 10 por ciento, el interés prometido sobre los 15,000,000£ requeridos para el ferrocarril de barco, asciende a 1,500,000£, alrededor de diez veces los ingresos totales del Estado se requerirían para pagarlo, sin dejar nada para el gasto ordinario del gobierno o para su obligaciones anteriores.

También deseamos que este prospecto, que está muy completo en muchos otros asuntos, haya brindado información igualmente cuidadosa sobre el estado actual de un ferrocarril que habría sido construido a partir de un préstamo de 2,000,000£ obtenido en este mercado en junio de 1870. Como este ferrocarril era de un tipo ordinario, quisiéramos tener alguna información al respecto antes de invertir en la empresa nueva y singular actual. Habría fortalecido grandemente la confianza del público en el estado de Honduras si se hubiera anexado a su prospecto solicitando un nuevo préstamo ferroviario alguna cuenta de los recibos de su préstamo ferroviario anterior y de la forma en que se había gastado.

Fuente: The Economist

1872-mayo-29

El préstamo de Honduras de nuevo ha estado débil, habiendo ocurrido una gran caída hoy. Se declara en el *Telegraph* que, de acuerdo a los informes recibidos por el correo West India, "el proyecto

del ferrocarril interoceánico es una falla virtual, habiéndose completado solamente 60 de las 200 millas, mientras que las 140 millas restantes, que presentan las mayores dificultades de ingeniería, aún están sin tocar. Se añade que toda la empresa ha sido abandonada, y que los topógrafos ingleses, ingenieros y los asentadores de vías han dejado el país y se han ido a Inglaterra". Una declaración distinta de este tipo hace que sea más imperativo que nunca que el gobierno de Honduras proporcione la cuenta que le hemos cuestionado con frecuencia sobre el estado actual del ferrocarril y el saldo de dinero restante para hacerlo.
Fuente: The Economist

1872-mayo-30

Las hostilidades han comenzado entre El Salvador y Honduras. Una fuerza de El Salvador avanzó y tomó posesión de Amapala, el único puerto de Honduras en la costa del Pacífico. El presidente González, de El Salvador, se dirigiría al campo con 7,500 hombres. Guatemala ha organizado una fuerza de 2,000 hombres que está lista para marchar hacia la frontera para ayudar a El Salvador.
Fuente: Philadelphia Inquirer

1872-junio-18

REVOLUCIÓN EN HONDURAS
Se ha desatado una revolución en Honduras para derrocar al presidente Medina, quien se ha fortificado en Gracias esperando un ataque de las fuerzas aliadas de El Salvador y Guatemala.
Fuente: Philadelphia Inquirer

1872-junio-19

Lo siguiente se refiere a la República de Honduras, en los bonos de cuyo Estado ha habido una caída del 12 por ciento hoy además de una caída del 7 por ciento que ocurrió ayer:

"Legación de Honduras, Londres, 18 de junio.

"El abajo firmante, ministro plenipotenciario de Honduras en esta corte, habiendo recibido un gran número de cartas con consultas respecto a los eventos políticos que parece que tomaron lugar últimamente en esa República y siendo incapaz de responder a cada carta por separado, tiene el honor de informar a los escritores, mediante la presente, que, de acuerdo a las noticias recibidas por el último barco a vapor, las tropas que han invadido Honduras estaban comandadas por el presidente de El Salvador y por el bien conocido Gral. de Honduras, el Sr. Don Juan López (cuñado del abajo firmante), quien ha sido nominado como candidato para la presidencia de la República de Honduras.

Estos eventos políticos de carácter meramente transitorio no pueden afectar de ninguna manera la autonomía e independencia de Honduras, ni perjudicar su crédito o el del Ferrocarril Interoceánico ahora en construcción.

"Carlos Gutiérrez"

Fuente: The London Times

1872-junio-22

NOTAS DE NEGOCIOS

La realidad de algunos riesgos de los préstamos foráneos. — El evento de esta semana en el mercado de acciones foráneo — la gran caída en los préstamos del estado de Honduras — debe ser una advertencia para los inversionistas sobre los peligros que corren cuando toman bonos de ciertos préstamos foráneos que prometen una gran tasa de interés. Lo que ha ocurrido es una caída de casi el 50 por ciento en el precio cotizado de las acciones; los préstamos que se mantuvieron en 80 la semana pasada y el martes fueron tan bajos como 40 a 50, siendo las acciones, de hecho, en un cierto período del día, no vendibles. Tal caída tan repentina, debido a causas especiales, indica un peligro real al que las acciones están sujetas, incluso aunque ha habido una recuperación desde el martes del punto extremo de depresión. Al menos, un inversionista debe estar muy seguro del estado de su deudor y de su propia capacidad de mantenerse por tiempo indefinido antes de entrometerse en acciones que pueden sufrir fluctuaciones tan graves. Desde este punto de vista, es de muy poca consecuencia para el inversionista si ha habido una seria invasión al estado, o solo una invasión transitoria, de acuerdo a la explicación del ministro de Honduras. En cualquier caso, se encuentra a sí mismo "atrapado" con valores desacreditados y no vendibles. Sin embargo, debemos decir que dudamos si los reportes de la invasión de Honduras son la causa de toda la situación, y el actual colapso es, en realidad, solo lo que esperábamos desde el principio. Se debe recordar que, tan solo unas semanas atrás, el gobierno de Honduras estaba en el mercado para tomar prestado 8,000,000£ a 12 por ciento o más, para uno de los proyectos de ingeniería más descabellados jamás ventilados, y el proyecto fue visto tan desfavorablemente por el público que tuvo que ser retirado. Tal falla solo podía desacreditar los préstamos anteriores del estado más aún ya que el gobierno de Honduras estaba claramente desafiado a decir qué había pasado con el dinero previamente obtenido para construir el ferrocarril interoceánico, que debía estar casi terminado antes de esto y en cuya terminación yace la única esperanza de los inversionistas de recibir pago por sus intereses y capital; pero el gobierno de Honduras no dirá o no se atreve a decir cuánto del ferrocarril se ha hecho en realidad, y cuánto dinero se tiene en mano para terminarlo. Se afirma que se proporcionarán los siguientes cupones, pero es bastante fácil pagar dividendos por un tiempo con el dinero de los inversores. El verdadero punto que el gobierno de Honduras tiene que explicar ahora no es si el siguiente cupón o el siguiente después de este está provisto, sino qué progreso se ha hecho en las obras de reproducción, que son las únicas seguridades para los inversionistas cuando todo su propio dinero ha sido gastado. El silencio obstinado que se mantiene en este punto es desafortunado e indigno para el gobierno en cuestión.

Fuente: The Economist

1872-junio-26

Honduras está en guerra con El Salvador y Guatemala, y un malentendido representa una amenaza entre Brasil y la República de Argentina.

Fuente: Philadelphia Inquirer

1872-julio-06

LOS MERCADOS DE VALORES

La semana de nuevo ha mostrado la tendencia característica de los mercados de valores desde hace algún tiempo: una extrema prontitud para recaer en la inactividad a la más ligera ocasión. La semana pasada algunos de los mercados exhibieron una tendencia algo flotante, con el arreglo del problema de Alabama combinándose con dinero barato para impartir un buen tono, aunque no hubo una gran cantidad de transacciones y el efecto del colapso de Honduras se sintió en los mercados. Pero esta semana, después de mostrar algo de firmeza hasta el lunes, los mercados se deprimieron de nuevo por el anuncio de que el gobierno alemán había continuado su retiro de oro de Londres, y había tomado o estaba a punto de tomar un millón en total; la mitad del mercado abierto y la otra mitad del banco. Las ventas fueron sin duda a gran escala especulativas, y muy pocas compras fueron suficientes para que los negociantes se dieran la vuelta repentinamente; pero los incidentes, sin embargo, han revivido y fortalecido el sentimiento incómodo que se sentido ya por un tiempo. Los valores centroamericanos continúan excepcionalmente planos, y la continua depresión de los valores franceses, debido al inminente préstamo, ha tenido un efecto perjudicial en todos los valores principales en el mercado foráneo. Hoy los mercados, después de haber estado pasivos por la mañana, cerraron con una mayor firmeza debido al cierre de compromisos, pero no hay un cambio sustancial en la posición.

Valores De Gobiernos Extranjeros.

A pesar de la mejora del lunes, el tono durante la mayor parte de la semana ha sido de pasividad. Como ya hemos explicado, las acciones centroamericanas han sido excepcionalmente pasivas debido al fracaso de Honduras, y la depresión de los valores franceses mantiene débil al mercado foráneo. Los españoles también han estado muy planos. También en general ha habido menos inversiones en este periodo que lo habitual, y parece haber una tendencia entre los inversionistas de intercambios a postponer sus recompras por un breve periodo para ver qué sucede. Sin embargo, las principales ventas siguen siendo especulativas, y un marcado rebote hacia arriba no es improbable en la siguiente cuenta debido a la escasez en la bolsa, aunque la sensación que se mantiene en el mercado es que se verán precios más bajos antes del final del año. Hoy, después de un tono muy pasivo en la mañana, hubo un marcado movimiento hacia arriba, apoyado hasta el cierre, y los precios en general finalmente cerraron no muy por debajo de los precios de cierre de la semana pasada. La recuperación fue especialmente marcada en los valores centroamericanos como los de Honduras, que de nuevo ha estado tan bajo como en 40 42 durante la semana, recuperándose a casi 50.

Se ha dicho que una reunión de los tenedores de bonos de Honduras se convocará muy pronto "para recibir declaraciones oficiales y el informe de los ingenieros". Sentimos que en realidad es muy tarde para que las acciones de los tenedores de bonos hagan algún bien.

Fuente: The Economist

1872-julio-10

EL MERCADO DE VALORES

Ha sido una semana de gran depresión, aproximándose el miércoles casi al pánico, especialmente en los dos departamentos que han estado muy débiles últimamente: por un lado, las acciones centro y sudamericanas y por otro los ferrocarriles ingleses. La causa aparente en la que más se insistió, a principios de semana, fue el flujo continuo de oro del banco y la probabilidad de un avance en el valor del dinero, y su causa sin duda tuvo algún efecto, una recuperación en la tasa del banco que se eleva con su acompañamiento habitual de facilidad momentánea en el mercado monetario. Sin embargo, los dos departamentos más débiles han estado débiles, sin duda, por otras causas, sobre las que hemos hablado a menudo. Los valores centroamericanos y sudamericanos del tipo que han sufrido más sensiblemente siempre han sido intrínsecamente débiles, y el colapso casi completo de las acciones de Honduras, aunque era de esperarse, ha deprimido naturalmente las acciones de los países geográficamente adyacentes, de los cuales los inversores saben igualmente poco. Creemos que, en una o dos instancias, la depresión es infundada, pero a medida que el público embarca su dinero sin juzgar, es natural que la depresión no sea razonable. …

Valores de gobiernos foráneos.

161

Como hemos declarado, el evento de la semana ha sido la gran disminución en los valores de Sudamérica. El jueves, Honduras había caído a 34, habiéndose recibido información adicional confirmando los reportes adversos respecto al ferrocarril interoceánico, y también ha habido una fuerte caída en las acciones de Perú, Paraguay, Costa Rica, Bolivia y Santo Domingo. Desafortunadamente, las perspectivas de complicaciones graves, si no la guerra entre la República Argentina y Brasil, han ocurrido en el mismo momento para desacreditar los valores de Sudamérica, de modo que todo el continente sudamericano, que últimamente ha pedido prestado mucho de Inglaterra, está bajo una nube. En general, todo el mercado extranjero ha estado débil, con grandes ventas de acciones turcas, egipcias y españolas, y con las acciones francesas sin haber mantenido el avance reaccionario que estaba en progreso hace una semana. Ayer, en el avance de la taza del banco a solo 3 ½ por ciento, habiéndose esperado el 4 por ciento, hubo un repunte en las acciones líderes; pero los precios no cerraron muy encima de lo peor. Hoy, en su mayoría, el mercado estuvo inactivo, pero los precios fueron buenos al cierre, con el mercado cerrando con una apariencia firme.

Con respecto a los asuntos de Honduras, se da la siguiente explicación singular por el ministro de Honduras en este país: —

Los comunicados recibidos en la Legación de Honduras indican que el presidente Medina se estaba retirando con sus fuerzas, y que se había formado un gobierno provisional, cuyos miembros estaban plenamente conscientes de la importancia de proteger al máximo el ferrocarril interoceánico, y estaban preparados para reenviar sus intereses, y en consecuencia los de los tenedores de bonos, por todos los medios en su poder.

No es de sorprender que, ante tales explicaciones ridículas, las acciones de Honduras deberían caer significativamente.

Fuente: The Economist

1872-agosto-01

HONDURAS Y EL SALVADOR

Hemos recibido el siguiente anuncio de la Legación de El Salvador, fechado en Londres, 31 de julio:

"Tenemos el placer de anunciar al comercio inglés haciendo negocio con Centroamérica que la guerra entre El Salvador y Honduras felizmente ha terminado. Su duración fue tan corta como el número de sus víctimas. El presidente de Honduras, Don José María Medina, declaró la guerra en contra de El Salvador el pasado mes de marzo, haciendo uso de expresiones ambiguas para este propósito, y en abril, el presidente de El Salvador, el alguacil Don Santiago González, quien no pudo permanecer pasivo ante las preparaciones de guerra de sus vecinos ni aguantar sus provocaciones y amenazas, declaró la guerra, y, con el fin de prohibir la ventaja del enemigo de tomar la iniciativa, marchó en persona al frente de su ejército e invadió Honduras. El presidente Medina se fortifico en una ciudad, pero al acercarse el alguacil González para atacarlo, el primero huyó sin dar la menor resistencia. Esto ocurrió en mayo. En el mismo mes, y con muy pocas vidas perdidas, una de las divisiones del ejército de El Salvador tomó la capital de la República de Honduras. El presidente Medina fue perseguido no solo por los invasores, sino por su propia gente.

A las operaciones de guerra les siguió la reorganización política. Poco después, el Sr. Arias fue proclamado y reconocido como presidente de Honduras, restaurándose así la paz entre El Salvador y ese país. El ejército de Guatemala, como aliado de El Salvador, tomó parte en esta campaña bajo el mando inmediato de su presidente, el capitán general Don Miguel García Granados, y, finalmente, esta campaña fue desbaratada de la misma manera que la de El Salvador. Las fuerzas ahora están reducidas a una base de paz; los asuntos de agricultura y de comercio, que apenas se vieron afectados, continúan con su curso usual; se ha restablecido la confianza en Centroamérica, y, por esta razón, el comercio inglés con estos países puede seguir con la misma seguridad como con otros países pacíficos y prósperos".

Gral. Negrete, ministro de El Salvador en Londres.

Fuente: The London Times

1872-agosto-01

Recientemente se hizo el intento de iniciar una revolución en Honduras, pero fue suprimido y varios insurgentes murieron.

Fuente: Philadelphia Inquirer

1872-agosto-02

CENTROAMÉRICA
Batalla entre hondureños y salvadoreños.

Belice, Honduras, 23 de julio, por La Habana, 31 de julio. — Las tropas de San Salvador, comandadas por Medina, alias Mendineta, ocuparon Omoa, en Honduras, el 15 de julio. La ciudad misma estaba indefensa, y pronto estuvo en manos de los salvadoreños. El fuerte hondureño disparó hacia la ciudad, matando a siete salvadoreños. Algunos proyectiles penetraron el consulado británico y otros edificios.

Los salvadoreños después tomaron a las mujeres y a los niños de la ciudad, incluyendo a la esposa del presidente de Honduras, y los colocaron en la calle principal, donde permanecieron como rehenes, con los salvadoreños amenazando con dispararles a menos que el fuerte se rindiera. El comandante hondureño se rindió el 16 de julio. Mendineta ha obligado al actual presidente, Crescencio Gómez, a que lo nomine a él (Mendineta) para presidente de Honduras, con la inauguración ocurriendo el día 17.

José María Medina, el presidente real de Honduras, está cerca de San Pedro, y es probable que ataque Omoa. Los cónsules británico y español piden que los buques de guerra protejan los intereses británicos y españoles.

Fuente: Philadelphia Inquirer

1872-agosto-16

CENTROAMÉRICA
La guerra en Honduras.

La Habana, 14 de agosto. — El barco a vapor de guerra español *Tornado* ha regresado a La Habana. Dejó Omoa, Honduras, el día 9 de este mes, y reporta que el día 7 Mendineta se proclamó a sí mismo presidente e inauguró las operaciones para un ataque hacia el presidente Medina y capturó embarcaciones extranjeras en Omoa y Puerto Cortés.

El 29 del mes pasado, Mendineta regresó a Omoa después de capturar Trujillo, acompañado por Medina, quien, bajo ciertas garantías, reconoció a Mendineta como presidente. Ambos se hospedaron en la casa del cónsul español. El Gral. Sánchez, segundo al mando de las fuerzas de Medina, se enteró de esto, y, estando en desacuerdo con este arreglo, ordenó el arresto de Medina, rodeó la casa y capturó a Medina en su cuarto, permitiendo que Mendineta escapara.

El día 30 Sánchez exigió $10,000 por la vida de Medina, cantidad que pagó el cónsul británico, pero Sánchez no pudo mantener su promesa y llevó a Medina como prisionero hacia Comayagua para ser juzgado. Sánchez dejó Omoa el día 2, dejando la ciudad y el castillo sin tropas hasta la llegada del Gral. Osorio el día 4. Antes de la partida de Sánchez ejecutó al Gral. Chamorro, y se negó a permitir que el cónsul español se fuera.

Fuente: Philadelphia Inquirer

1872-agosto-19

LO ÚLTIMO DE HONDURAS

El gobierno provisional ha sido reconocido por todas las repúblicas centroamericanas.

Fuente: The New York Times

1872-septiembre-11

De Honduras se afirma que el presidente Arias encuentra difícil avanzar por falta de dinero, y ha pedido ayuda financiera a El Salvador.

El Centinela de Amapala publica un extra, con fecha del 5 de agosto, dando las últimas noticias, el contenido de las cuales es el siguiente:

El 26 de julio pasado, las fuerzas aliadas de El Salvador, Guatemala y Honduras obtuvieron una gran victoria en Santa Bárbara, el expresidente Medina, con sus generales y Miranda, habiendo tomado posesión de esta ciudad con 600 hombres. El Gral. Espinoza marchó con una fuerza allí para desalojarlo. Después de una pelea de seis horas con bala y bayoneta, Medina fue derrotado y sus fuerzas dispersadas, dejando atrás dos metralletas y toda su artillería. El Gral. Juan Antonio Medina, llamado Medinata, se volvió traidor en el puerto de Omoa y se pronunció presidente provisional, y, junto con Medina, intentó sorprender y tomar posesión de la capital.

El gobierno provisional estaba preparado y llamó a los generales van Severen y Streber. Actualmente hay 800 hombres en Comayagua.

El actual gobierno de Honduras declaró el 27 de julio al ya mencionado Gral. Medinata y a todos los que lo ayudaron traidores. El *Nicaragüense Semanal* del 1 de agosto, en un artículo principal sobre las noticias de El Salvador y Honduras, después de aludir a los rumores de que el presidente provisional de Honduras tuvo que dejar la capital con sus ministros debido a las amenazas de las fuerzas del ex presidente y a la traición del ex Gral. Medinata, observa que si la acción pronta y enérgica de los gobiernos aliados de El Salvador y Guatemala no ponen un final a esta guerra civil en Honduras, la ruina del país es segura.

Fuente: The London Times

1872-octubre-07

LA ACTUAL POSICIÓN DE LOS NUEVOS PRÉSTAMOS SUR Y CENTROAMERICANOS
Una advertencia para los inversionistas en valores de gobiernos extranjeros

En ciertos momentos parece inútil advertir a la gente acerca de los riesgos de algunas inversiones extranjeras. Si bien un Estado no debería poder pedir prestado más que un individuo con su propia aceptación sin la mayor investigación por parte de los prestamistas sobre su carácter, recursos y crédito, hay ciertos momentos en que casi cualquier comunidad que se autodenomina Estado puede obtener grandes sumas de personas que ciertamente hacen muy poca investigación. Son tentados por el nombre de un Estado, la alta tasa de interés, por el hecho de que todos hacen lo mismo, y otras razones irrelevantes, asistido con demasiada frecuencia, se teme, por una prima artificial sobre las emisiones que los promotores logran mantener en la bolsa de valores. Sin embargo, tarde o temprano se descubre que los riesgos en estos asuntos son muy reales, y cuán serios son se ha demostrado con respecto a la masa de los nuevos préstamos sudamericanos y centroamericanos, que han tenido un lugar tan destacado ante el público durante los últimos dos años. Como estos préstamos están frescos en la memoria de las personas, puede valer la pena mirar a su posición actual, comparada con las expectaciones que se formó por los suscriptores, para tener una idea de la cantidad de riesgo en que se ha incurrido.

Las siguientes emisiones durante los últimos dos años por Estados en Centro y Sudamérica *están ahora en depreciación*: —

	Cantidad nominal		Precio de emisión		Capital requerido
	£		£		£
Bolivia 6 por ciento, 1872...	1,700,000	...	68	...	1,156,000
Costa Rica 6 por ciento, 1871 (1er emisión)	500,000	...	72	...	360,000
—— (2da emisión)	500,000	...	74	...	370,000
— 7 por ciento, 1872...	2,400,000	...	82	...	1,968,000
Honduras 10 por ciento, 1870...	2,500,000	...	80	...	2,000,000
Paraguay 8 por ciento, 1871...	1,000,000	...	80	...	800,000
—— 1872...	2,000,000	...	85	...	1,700,000
Santo Domingo 6 por ciento, 1869...	757,000	...	70	...	530,000
	11,357,000				8,884,000
Peruano 6 por ciento, 1870...	11,920,000	...	$81\frac{1}{4}$	...	9,685,000
— 5 por ciento, 1872...	15,000,000	...	77	...	11,625,000
	38,277,000				30,194,000

En total, los suscriptores de 38,277,000£ de capital nominal, y de 30,194,000£ en dinero real, han puesto su dinero en valores que, en dos años a partir de su emisión, en algunos casos en unos pocos meses a partir de esa emisión, tienen una depreciación. Quizás sea incierto si en todos los casos el nuevo dinero requerido se obtuvo realmente del público, y esto es especialmente dudoso con respecto a los préstamos peruanos, que se mezclaron estrechamente con una operación de conversión, pero, excluyendo a Perú, todavía hay un capital nominal de 11,357,000£, y un capital real de 8,884,000£, de los cuales casi todos, sin duda, se suscribieron....

La depreciación, como hemos dicho, ha sido muy seria, como muestra la siguiente tabla:

	Precio de emisión	Precio actual	Pérdida por nom. 100%	Porcentaje real de pérdida	Capital afectado*	Depreciación total
	£	£	£	£	£	£
Bolivia 6%, 1872	68	58	10	15	1,156,000	173,400
Costa Rica 6%, 1871	72	67	5	7	360,000	25,200
- (2da. emisión)	74	67	7	9	370,000	33,300
7%, 1872	82	73 ½	9 ½	12	1,968,000	236,200
Honduras 10%, 1870	80	36	44	55	2,000,000	1,100,000
Paraguay 8%, 1871	80	75	5	6	800,000	48,000
1872	85	78	7	6	1,700,000	102,000
San Domingo 6%, 1869	70	50	20	28	530,000	148,400
Perú 6%, 1870	81 ¼	75 ¼	6	7 ½	9,685,000	726,400
5%, 1872	77 ½	71 ½	6	7 ½	11,625,000	871,900
					30,194,000	**3,464,800**

Por lo tanto, los suscriptores de 30,000,000£ de capital si quisieran darse cuenta tendrían que someterse a una pérdida promedio de aproximadamente 11 o 12 por ciento, y esto, debe recordarse, dentro de unos pocos meses de su suscripción. En otras palabras, se han involucrado en una empresa que, en opinión del mercado en una fecha muy temprana posterior a sus suscripciones, vale mucho menos que el precio que han pagado. Sería innecesario indagar en la decepción del inversionista implicado en tales cifras. Por supuesto, no hay nada que le importe demasiado al hombre prudente que ha hecho un cálculo cuidadoso de antemano y está bastante seguro del Estado en el que ha confiado, cualquiera que sea su desacreditación momentánea. Le importa algo, porque las circunstancias pueden cambiar, y puede desear vender, aunque no esperaba hacerlo, o tal vez pedir prestado de sus valores, en cuyo caso igualmente su posibilidad de venta se convierte en una cuestión vital. Pero si bien este es el caso incluso con el inversionista prudente, las cifras muestran que muchas ventas deben haber sido forzadas, que hay personas que venden en gran parte a quienes la pérdida es consecuencia del hecho de que venden lo que adquirieron tan recientemente. Esta gran depreciación es siempre desagradable, y significa una pérdida real de dinero para muchos.

En tres casos la pérdida y sufrimiento debe haber sido muy grande. En Bolivia la caída es de 15 por ciento del precio de emisión, en Santo Domingo 28 por ciento y en Honduras no menos del 55 por ciento. El capital agregado afectado en estos casos es casi 4,000,000£, y la depreciación agregada 1,500,000£. Pero, incluso en casos donde el descuento es comparativamente pequeño, de un 6 o 7 por ciento, aún debe considerarse muy serio. Tal porcentaje hace un buen agujero en el capital de un pequeño inversionista y en los ingresos que luego puede obtener. Tampoco es lo anterior la cuenta completa de la pérdida. Todas las emisiones fueron, en algún tiempo una prima, y los inversionistas que compraron con una prima deben verse afectados aún más desastrosamente por la depreciación.

Dudamos si un desastre tan grande le ha sucedido durante mucho tiempo a la inversión de una cantidad de capital tan considerable en valores de la bolsa. La depreciación está casi en la escala que ocurre cuando hay un gran colapso de las empresas de burbujas, aunque, afortunadamente, las víctimas aquí se ahorraron la peor agravación de las "llamadas". Es al menos en una escala mucho mayor de lo que ocurre temporalmente en un "pánico" ordinario de la bolsa de valores, con esta diferencia, que ha ocurrido en un momento tranquilo, y de algún vicio inherente en las cosas mismas aparte de la condición del mercado. Circunstancias como estas ciertamente deberían dar alguna advertencia a aquellos que han sufrido ahora, o que puedan estar tentados hacia acciones que envuelvan riesgos similares en el futuro. Hay un riesgo muy serio, después de todo, en inversiones foráneas, y no se puede dar ilustración más sorprendente.

Al prestar a los Estados mencionados, el inversor ha violado, en general, casi todas las reglas de prudencia que podrían establecerse de antemano. La mayoría de ellos eran nuevos prestatarios; algunos de ellos, cuando obtuvieron un poco de dinero, siguieron viniendo y viniendo; varios tomaron prestado para obras públicas en una escala tan grande que el préstamo no estaba garantizado por los ingresos existentes, sino solo por el retorno prometido de las obras, que por supuesto no es garantía; la promesa de ingresos especiales se daba comúnmente, también una seguridad ilusoria; finalmente, nada se sabía, ni se podía saber, de un tipo favorable por parte del inversionista ordinario aquí con respecto a la constitución y la estabilidad de los Estados a los que se le pidió que prestara. Es bastante claro que no se debería haber prestado el dinero prestado a estos nuevos prestatarios. Incluso si hubieran podido pedir prestado un poco a los capitalistas que sabían lo que querían, no tenían una seguridad real que ofrecer por las enormes sumas que pedían, y fue una desgracia para ellos, así como para sus acreedores, que pudieran obtener tanto. El peor caso parece ser el de Honduras, que pidió prestado en gran medida sin ingresos para hablar en comparación con los intereses de su préstamo; que prometió hacer un ferrocarril para poder pagar ese interés, pero no hizo el ferrocarril, y, quizá, no podría haberlo hecho con el pequeño balance de dinero real que obtuvo; que no tenía una constitución política estable; y que, finalmente, tuvo el descaro de pedirle 12,000,000£ basado en declaraciones de uno de los prospectos más salvajes que recordamos haber leído. Pero ¿cuántos inversionistas, si se examinan, podrían decir algo más de Bolivia o Santo Domingo de lo que podrían decir de Honduras, o dar la razón más débil para pensar que están más seguros de recibir un pago que los tenedores de bonos de Honduras? El peligro en todos estos préstamos ha sido no solo que en casi todos los casos la seguridad real era mala, sino que incluso en los casos menos desfavorables, las personas que prestaron el dinero no sabían nada sobre el asunto.

Estamos lejos de decir que todo el dinero que se ha invertido en los préstamos anteriores se perderá, aunque en uno o dos casos es de temer que la pérdida sea total o casi total. Pero incluso cuando no se deba temer una gran pérdida, la posibilidad de una depreciación tan grande debería advertir a los inversionistas de la necesidad de buscar su máxima seguridad. Con ese objetivo, ellos deben considerar no solo su propio juicio, sino cuál es la opinión del mercado. Debería haber sido bastante claro para ellos que el tipo de endeudamiento por parte de Estados pequeños y desconocidos que ha estado de moda durante dos años no podría durar mucho tiempo. Entre una clase de prestatarios que en su mayoría eran débiles, alguien seguramente sería desacreditado, y el descrédito del resto seguiría, porque muchas de las personas que confiaron en ellos habían actuado con ignorancia e imprudencia y no sabían que hubiera seguridad, incluso cuando resultara ser así.

Fuente: The Economist

1872-noviembre-02

VALORES DE GOBIERNOS FORÁNEOS

La semana ha estado marcada generalmente por una gran cantidad de compras constantes y los precios en general han mejorado, aunque las cotizaciones continentales fueron ocasionalmente débiles. Los valores del gobierno francés ahora se compran más libremente, y el mercado de las acciones continentales egipcias, turcas, españolas, italianas y otras también es más fuerte, como se verá en nuestra lista habitual de cambios para la semana. Hasta cierto punto, la mejora se debe a la reducción del mercado de inversión aquí, causada por la desventaja de los nuevos préstamos de Sur y Centroamérica, que naturalmente ha llevado a los inversionistas a las acciones más antiguas. En los valores sudamericanos en sí, ha habido grandes fluctuaciones, especialmente el nuevo de Paraguay, que cayó a casi 20 de descuento una vez esta semana, pero se recuperó bruscamente de inmediato después. Honduras también tuvo un levantamiento rápido esta semana; también las acciones peruanas, que, sin embargo, no habían tenido un descuento tan fuerte como las demás. Hay todo tipo de rumores circulando sobre la causa de esta reacción; Paraguay, por ejemplo, alegando haber mejorado en el informe de un acuerdo entre Brasil y la República Argentina; Honduras, con mejores reportes respecto al ferrocarril; y Perú, por una interpretación favorable del último presupuesto del ministro de hacienda. Pero, en la realidad, el tono del mercado no ha mejorado. Tales manifestaciones son el resultado natural de grandes recompras por parte de operadores especulativos para la caída que pueden obtener una gran ganancia, y al cerrar sus cuentas evitan fuertes retrasos.

Fuente: The Economist

1872-noviembre-06

El ferrocarril interoceánico de Honduras ha quedado paralizado debido a falta de fondos. En el lado del Atlántico ya se han completado sesenta y dos millas de vía, con puentes, locomotoras, maquinarias y talleres de reparación, todo en buen estado. Las 107 millas faltantes ya han sido inspeccionadas, y la mayor parte de los materiales y bases ya están en el terreno. El tráfico interno en la parte de la vía ya completada no podrá pagar el trabajo, y si es abandonada, en algunos años la vía quedará cubierta por la maleza, arruinando al mismo tiempo la maquinaria y bases. Los accionistas ingleses han enviado a un agente especial para recibir informes sobre la condición y prospectos de la vía.

Fuente: Philadelphia Inquirer

1872-noviembre-30

Como anticipamos, los nuevos préstamos sudamericanos, especialmente el de Honduras y Santo Domingo, han perdido rápidamente el avance de la semana pasada. Se está generando un gran interés en la cuestión del pago de los próximos dividendos y giros, y se afirma, con respecto a Honduras, que hay una negociación en pie para obtener un nuevo préstamo en París para completar el ferrocarril y pagar los intereses de los préstamos anteriores.

Fuente: The Economist

1872-diciembre-28

	19 de diciembre	26 de diciembre

	f	c	f	c
Threes	53	42 ½	53	10
Fives, 28f 50c pagado	86	95	86	75
Todo pagado	84	57 ½	84	45
Four-and-Half	76	0	76	27
Morgan Loan (efectivo)	498	75	498	75
Italia	67	90	68	0
Tabaco italiano	85	0	487	50
Fives otomanos	55	50	55	75
Otomano, 1869	325	25	320	0
Rusia, 1870	97		96	
Spanish Exterior	28 ½		29	
Estados Unidos 5-20	104 ¾		104 ¾	
Perú	80	0	80	25
Honduras	156	0	135	0
Banco de Francia (efectivo)	4350	0	4425	0
Comptoir d'Escompte	620	0	615	0
Credit Foncier	850	0	850	0
Credit Mobilier	420	0	412	50
Société Générale	573	75	572	50
Banque de Paris et des P. Bas	1270	0	1262	50
Gas parisino	700	0	690	0
Northern Railway	980	0	985	0
Western	500	0	523	75
Orleans	820	0	820	0
Eastern	512	50	508	75
Paris-Mediterranean	835	0	832	50
Southern	592	50	590	0
South Austrian Lombard	438	75	436	25
Canal de Suez	390	0	398	75

El préstamo de cinco millones de francos, que debió abrirse aquí hoy para el gobierno de Honduras, se ha colapsado de repente. El Sr. Eugene Pelletier, cónsul general de Honduras, publicó a último momento una protesta formal en su contra, declarando que él no había recibido instrucciones de su gobierno relacionadas a esta operación financiera y que la desconocía por completo.

El Sr. Bedford Pim, mediante quien se había anunciado la suscripción, como comisionado especial de Honduras, publicó hoy una carta que le había escrito al ministro francés de relaciones exteriores explicando su rol en este asunto y anunciando que la operación había quedado suspendida. El resultado del conflicto ha sido una caída de 20f en los viejos bonos.

Fuente: The Economist

1872-diciembre-28

VALORES DE GOBIERNOS EXTRANJEROS

Como hemos dicho, los valores aquí han estado en demanda. Los turcos, egipcios, peruanos, italianos, y los Rentes austriacos de 5 por ciento fueron muy solicitados antes de las vacaciones; el último en noticias favorables en cuanto a un considerable excedente en el presupuesto. Los valores franceses también fueron comprados. El tono en relación a los valores sudamericanos de esta semana también fue mejor hasta hoy, en parte debido al informe de que el siguiente pago de los cupones de Honduras ha sido asegurado, pero se entenderá que no hay compras de inversiones en progreso, y la elevación en el precio se debe solo a las recompras de operadores débiles debido a una caída. Se verá en la carta de nuestro corresponsal en París que la negociación en progreso para un nuevo préstamo mediante el cual se pagarían los dividendos de Honduras se ha ido abajo, y esta información por supuesto ha tenido un mal efecto en el mercado hoy.

Fuente: The Economist

1873-enero-02

De nuevo se ha iniciado un proyecto para formar una confederación de las cinco repúblicas de Centroamérica. Un circular sobre el tema, dirigido a la prensa de Centroamérica, fue emitido en Tegucigalpa, Honduras el 18 de octubre. El tipo de gobierno de los Estados Unidos se ha propuesto para la nueva confederación.

Fuente: Philadelphia Inquirer

1873-enero-18

El ministro de Honduras en París ha escrito una carta a los periódicos aparentemente en respuesta a la cuestión o quejas de los tenedores de bonos del préstamo contratado en Francia en 1869, informando al público que los fondos del préstamo y los bonos restantes fueron entregados a los Sres. Bischoffsheim y Goldschmidt de Londres, que un comité, compuesto por los Sres. Carlos Gutiérrez, Leopold David, y R. Barnes, fue nombrado fideicomisario general para supervisar la construcción del ferrocarril y pagar los dividendos y las facturas del contratista, y que esos banqueros y fideicomisarios han establecido una agencia en París, a la cual las partes interesadas deben abordar sus solicitudes y sobre las cuales él, el ministro, de acuerdo con las instrucciones de su gobierno, no tiene control más allá de uno de "orden público". No está claro el valor preciso de estas últimas palabras, pero, evidentemente, el ministro quiere decir que se niega a ayudar a los tenedores de bonos de cualquier manera, o intervenir entre ellos y los fideicomisarios o su propio gobierno.

Fuente: The Economist

1873-enero-18

NOTICIAS E INFORMES
Acciones

Reunión de los tenedores de bonos de Honduras. — En esta reunión, el capitán Bedford Pim describió las causas que llevaron al fracaso del nuevo préstamo en París, y por sugerencia de ese caballero, se aprobó una resolución que designa un comité de grandes tenedores de bonos para investigar la posición y las perspectivas del ferrocarril y las finanzas de Honduras con respecto a cada uno de los préstamos existentes, y para considerar qué pasos se deben tomar para recaudar los fondos necesarios para la continuación de las obras y para asegurar los derechos e intereses de los tenedores de bonos existentes y ubicar sus asuntos de manera satisfactoria.

Fuente: The Economist

1873-enero-26

EL PRÉSTAMO FERROVIARIO DE HONDURAS

Se ha hablado mucho sobre el préstamo ferroviario de Honduras y se han planteado dudas sobre la buena fe del gobierno. El capitán Bedford Pim, un oficial de la marina inglesa que actúa como comisionado del gobierno de Honduras, fue capturado en París el otro día y encarcelado por la instigación de algunos de los acreedores de ese gobierno, pero pronto fue puesto en libertad. Hubo una reunión de acreedores ayer en Londres, en la cual el capitán Pim afirmó que los préstamos habían sido aplicados realmente a los fines del ferrocarril con la excepción de un pequeño porcentaje, y que no había probabilidad de incumplimiento. Se ha designado un comité para investigar el estado de la especulación, y se sugiere que los envíos de madera y otros bienes como muestras de los productos de la región que se abrirán deben investigarse especialmente, con el fin de determinar si hay más productos del mismo tipo en su lugar de origen.

Fuente: The New York Times

... Honduras ha caído significativamente; las acciones turcas están en demanda y las italianas están firmes. Se han hecho buenos negocios con las vías férreas a tarifas avanzadas. Las acciones del Canal de Suez también han mejorado. La audiencia de la demanda con los Messageries ha sido suspendida en más de una ocasión a consecuencia de la enfermedad de uno de los consejeros. Las acciones de Messageries se cotizan en 545. Adjuntos están los precios de hoy para la cuenta:

	13 de febrero		20 de febrero	
	f	c	f	c
Threes	55	60	56	40
Fives, 35f 50 pagado	89	35	90	65
Todo pagado	87	35	88	55
Four-and-Half	82	0	82	25
Morgan Loan (efectivo)	513	75	515	0
Italia	65	95	66	0
Tabaco italiano	478	75	481	25
Fives otomanos	54	25	54	50
Otomano, 1869	336	0	337	0
Rusia, 1870	94	0	94	
Spanish Exterior	25	0	25 1/2	
Estados Unidos 5-20	104 3/8		104 3/4	
Perú	78	50	78	0
Honduras	112	50	80	0
Banco de Francia (efectivo)	4400	0	4495	0
Comptoir d'Escompte	598	75	595	0
Credit Foncier	817	50	825	0
Credit Mobilier	423	75	438	75
Société Générale	595	0	592	50

Banque de Paris et des P. Bas	1200	0	1242	50
Gas parisino	718	0	725	0
Northern Railway	1000	0	1007	50
Western	525	0	523	75
Orleans	855	0	865	0
Eastern	521	25	523	75
Paris-Mediterranean	875	0	883	75
Southern	581	25	587	50
South Austrian Lombard	451	25	443	75
Canal de Suez	391	25	406	25

Fuente: Te Economista

1874-marzo-01

HONDURAS
la rendición de Comayagua y la capitulación del Presidente Arias.

PANAMÁ, 16 de febrero. La llegada del buque a vapor *Salvador* desde Centroamérica, y el buque a vapor *Oreya* desde la costa sur el día 13, nos da información de fechas posteriores de esas localidades que las que se enviaron por el buque a vapor *Acapulco*, que zarpó desde Aspinwall hacia Nueva York la noche del día 12 de este mes. El presidente Arias, después de ser asediado en Comayagua, la capital, por las fuerzas unidas de El Salvador y Guatemala, se rindió el día 13 del mes pasado. Fue hecho prisionero junto con su ministro, el señor De Cid. Hubo un derramamiento de sangre considerable antes de la rendición de la ciudad. Los sitiados también sufrían de falta de agua. Las condiciones de la capitulación aún son desconocidas. El señor Leiva, como presidente, permanece ahora en posesión total del gobierno de Honduras

Fuente: The New York Times

1873-marzo-29

VALORES DE GOBIERNOS EXTRANJEROS

Los valores foráneos han exhibido, en su mayoría, muy poca emoción durante la semana, y aunque durante los últimos dos días los precios han sido más estables, pero el balance de fluctuación ha sido, si es que se ha movido, en dirección descendente. Aun así, en muchos casos los movimientos son de mucha importancia; tan solo el préstamo boliviano sufrió severamente debido a una declaración de que las vías férreas para las que se había solicitado el préstamo no han tenido el progreso deseado. Las costarricenses, paraguayas, peruanas y las emisiones chilenas recientes (este último por la introducción de un nuevo préstamo para propósitos ferroviarios) también han retrocedido en su valor en el mercado. Los préstamos del gobierno egipcio y del virrey han sido llanos; mientras que, con respecto a las acciones turcas, algunas son más altas, aunque el Porte ha contratado para la emisión de un préstamo de 5 porciento de dimensiones muy considerables. Este hecho aparentemente ha influido en una dirección favorable al actual de 5 porciento. Se recordará que el año pasado Turquía obtuvo un préstamo de once millones, y los informes desde entonces han indicado que se han efectuado otros préstamos, y por tanto les incumbe a los posibles suscriptores el entender por completo el propósito por el que se hace esta nueva solicitud, así como la naturaleza de la garantía ofrecida. Las garantías rusas han mantenido sus posiciones; mientras que las portuguesas se han elevado un poco. Las españolas también muestran una ligera mejora, aunque la crisis en ese país no parece estar cerca de su fin. Los bonos de San Domingo y Honduras han sido investigados durante la semana, el primero por una representación estadounidense. Con respecto a los Rentes franceses, los cambios han sido sin importancia, aunque ha habido una ligera mejora el día de hoy.

Los siguientes son los cambios de la semana tomando las más recientes cotizaciones no oficiales:

	Precios de cierre del viernes pasado.	Precios de cierre de hoy.	Aumento o disminución.
Honduras 5%, 1870	24 ½ 5 ½	26 7	+ 1 ½

Fuente: The Economist

VALORES DE GOBIERNOS EXTRANJEROS

Las variaciones de la semana en los valores foráneos han resultado ser muy numerosas, pero de carácter misceláneo. Sin embargo, las más notables han ocurrido en los Rentes franceses de todo tipo, que, después de mantenerse firmes el sábado, cayeron rápidamente ante la derrota del Sr. Rémusat, el Ministro de Relaciones Exteriores, en las elecciones de París el domingo pasado, y hasta ayer por la noche los de Tres por ciento en la bolsa parisina exhibieron una caída de 1 ¾ por ciento en comparación con el viernes pasado. Las inferencias alarmantes tomadas del incidente por la prensa parisina parecen, sin embargo, haber sido un poco exageradas, y hoy se ha visto una recuperación. Las acciones españolas no se han recuperado esta semana; y las garantías egipcias han caído aún más. Los Cinco por ciento italianos de 1861 han fluctuado considerablemente en relación con los intercambios y negocios en cuenta extranjera y la renuncia del Ministro, y el resultado neto al final de la semana ha sido que han bajado de nuevo. Las garantías de Costa Rica, Honduras, y los "Hard-Dollars" de Argentina han avanzado, los primeros con la notificación de que los Sres. Bischoffsheim han recibido fondos suficientes para pagar los siguientes tres cupones semestrales. También se han hecho arreglos con respecto a la conversión de las deudas actuales de Nueva Granada, que se enviarán el 7 de este mes para su aprobación. Las acciones peruanas, turcas y rusas han variado muy poco; y los demás movimientos han sido de un carácter insignificante. Los movimientos de hoy fueron adversos; los italianos y españoles retrocedieron en precio.

Los siguientes son los cambios de la semana tomando las más recientes cotizaciones no oficiales:

	Precios de cierre del viernes pasado.	Precios de cierre de hoy.	Aumento o disminución.
Honduras 5%, 1870	26 7	26 ½ 7 ½	+ ½

Fuente: The Economist

SE TEMEN DISTURBIOS EN GUATEMALA Y HONDURAS

El barco a vapor *General Sherman*, con su sospechoso cargamento, zarpó el día 23 del mes presente desde Aspinwall. Aún sigue la creencia de que forma parte de una expedición para levantar una revolución en Guatemala y Honduras.

Fuente: The New York Times

SE ANTICIPA UNA REVOLUCIÓN EN GUATEMALA

El barco a vapor *General Sherman*, con su cargamento sospechoso, izó velas el día 23 de este mes desde Aspinwall. Todavía se cree que forma parte de la expedición para levantar una revolución en Guatemala y Honduras.

Fuente: Philadelphia Inquirer

En 1870, el dinero era muy abundante, y el préstamo del Ferrocarril de Honduras encontró una base. La dificultad del Ferrocarril de St. Gothard entre Francia y Prusia había sido suavizada.

Fuente: Philadelphia Inquirer

HONDURAS EN LAS MANOS DE FILIBUSTEROS

Se han recibido noticias de Honduras, mediante Jamaica, de que el barco a vapor filibustero *General Sherman* había desembarcado a su grupo revolucionario dirigido por E. Palacios en Utila, Honduras. El gobierno de Honduras ha sido derrocado por ellos y se ha instalado uno nuevo.

Fuente: The New York Times

LA ÚLTIMA REVOLUCIÓN EN HONDURAS
De un corresponsal ocasional.

Trujillo, Honduras, vía Batabano, Cuba. Jueves 12 de junio de 1873.

El gobierno de Honduras está en manos del presidente Arias, quien derrocó a Medina hace un año estando este último ahora en prisión en el interior, retenido en un calabozo sucio, y se dice que es torturado gradualmente hasta la muerte. Sus amigos, sin embargo, no han estado inactivos, aunque fueron derrotados el año pasado y se han unido con otros grupos en Guatemala también opositores de su actual gobierno. Así unidos, los dos grupos han comprado y equipado el barco a vapor *General Sherman* con el propósito de derrocar los gobiernos actuales de Guatemala y Honduras. Esto como explicación. El *General Sherman* salió de Aspinwall cerca del 22 de mayo y procedió a Belice, donde algunos reclutas estaban listos para unírsele. Sin embargo, no tuvo oportunidad de embarcarlos, pues estaba siendo observado por las autoridades inglesas que deseaban mantener una estricta neutralidad. En consecuencia, se fue a la isla de Utila, perteneciente a la república de Honduras, y tomó posesión de ella. Allí una gran cantidad de amigos del movimiento los estaban esperando, entre ellos el Gral. Palacios, el candidato a la siguiente presidencia de Guatemala y quien se hizo cargo de la expedición. Después de organizar y armar a las fuerzas, el *General Sherman* navegó hacia la isla de Roatán y tomo posesión de ella sin resistencia. Se obtuvieron más reclutas allí y, el domingo 8 de junio, el barco a vapor se detuvo frente a Trujillo, la parte más importante de Honduras. Tan pronto como fuera visto en la ciudad se esperaba que se hiciera un ataque, pues había llegado información allí de sus movimientos. Antes de que el barco de vapor pudiera estar completamente listo hubo una estampida de gente hacia las montañas. Sin embargo, el comandante de la ciudad reunió a todas las fuerzas que pudo y cargó las armas del fuerte para repeler cualquier ataque. El barco a vapor se detuvo a unas seis millas al oeste de la ciudad, evidentemente con el propósito de desembarcar tropas. Varias canoas largas se despacharon por el comandante de Trujillo para conocer el nombre y las intenciones del barco a vapor; todas las canoas llegaron a su destino, pero ninguna regresó. El barco a vapor se paró frente a la costa de nuevo y gradualmente se movió hacia la bahía, con las autoridades aún en duda sobre si el barco a vapor era el *Sherman* o no. Ellos ahora se pusieron de acuerdo con el capitán de la goleta estadounidense *E. E. Rackett* para ponerse en camino y hacer un esfuerzo por averiguar el nombre del barco y qué es lo que quería. La goleta se detuvo y siguió hacia el costado, y se aseguró de que el barco a vapor era en realidad el *Sherman* y de que estaba lleno de tropas y armas listas para la acción. Al ser saludada, la *Rackett* navegó a su alrededor y se le solicitó que llevara una bandera de tregua a Trujillo, y fue abordada en unos momentos por dos oficiales y cuatro soldados, todos bien armados y equipados. La *Rackett* regresó a Trujillo, portadora de las primeras comunicaciones de las fuerzas revolucionarias bajo el Gral. Palacios, quien demandó nada menos que la rendición de la ciudad, dándoles dos horas para decidirse y también pidiendo que, en caso de negarse a sus demandas, las mujeres y los niños fueran evacuados a un lugar seguro, ya que atacaría el lugar de inmediato. Este mensaje causó revuelo en toda la ciudad. El comandante tomó consejo con los cónsules extranjeros y accedió finalmente a rendirse, pero pidió tiempo hasta el siguiente día. Mientras esta respuesta estaba siendo llevada a la goleta, el mayor Turcios (segundo al mando), objetando a la rendición, apuntó las armas y empezó a disparar hacia el barco a vapor, aunque estaba a más de seis millas de distancia. La consecuencia de esto fue que casi hundía el *Rackett*, pues estaba directamente al alcance de las armas. El mayor Turcios después empezó, con algunos ochenta hombres, a colocarse frente al barco a vapor para luchar contra ellos; pero, con la oscuridad acercándose, regresó al puerto como virtual comandante de Trujillo. A la luz del día siguiente (9 de junio) se abrieron de nuevo las comunicaciones por el Gral. Palacios, dándole al comandante de Trujillo hasta las 10 a.m. para evacuar la ciudad. En consecuencia, el mayor y sus hombres, con todas sus armas, se fueron a las 9:30, retirándose hacia las montañas. A las 11, las fuerzas revolucionarias entraron a la ciudad, gritando "vivas" para las repúblicas unidas de Guatemala y Honduras y el presidente Medina. Una fuerza de unos 100 hombres tomó posesión del lugar, cargando con ellos una ametralladora, la primera observada en esta parte del mundo. Enseguida izaron las banderas de Guatemala y Honduras juntas y se proclamó el nuevo gobierno. Al atardecer, y sin ninguna advertencia, el mayor Turcios regresó con cerca de sesenta hombres (prometiéndoles que, si triunfaban, les daría la ciudad para saquearla), e inmediatamente atacaron a los centinelas de los revolucionarios; pero resultó un asunto desastroso para él, pues para las 9 en punto todo su grupo estaba muerto o escapando de vuelta a las montañas. La ametralladora y los rifles Enfield fueron demasiado para ellos. El mayor Turcios perdió veintidós hombres asesinados, seis heridos y tres prisioneros, mientras que sus oponentes solo tuvieron un hombre herido.

Todo está ahora en calma, pero no sabemos en qué momento una fuerza grande desde el interior pueda venir a atacar. En tal caso, la ciudad tendría una baja probabilidad, pues el Gral. Palacios no tiene una fuerza suficiente para pelear con un gran grupo afuera de las fortificaciones, y los desafortunados habitantes tendrían que esperar un muy mal resultado. Las tropas del Gral. Palacios se portaron bien y se mantuvieron en buen orden, y la gente estaría satisfecha de que se quedaran si sus anteriores amigos se mantuvieran alejados. Es de lamentar que los buques de guerra estadounidenses no visiten ocasionalmente los puertos de esta república para proteger los intereses estadounidenses y a sus ciudadanos, ya que su presencia es muy necesitada.

Fuente: The New York Times

1873-julio-04

HONDURAS

Panamá, 3 de julio. — Hemos recibido noticias de Honduras, vía Jamaica, diciendo que el barco filibustero *General Sherman* ha desembarcado a su grupo revolucionario, dirigido por E. Palacios, en Utila, Honduras. El gobierno de Honduras ha sido derrocado por ellos. Palacios y sus seguidores estaban marchando en Guatemala, y, si tienen éxito al entrar a ese territorio (una marcha de dos o tres días), es casi seguro que derroten al actual gobierno del presidente Barrios y restablezcan el de los jesuitas o el partido de la iglesia.

Fuente: Philadelphia Inquirer

1873-julio-05

VALORES DE GOBIERNOS EXTRANJEROS

Este mercado se mantuvo con poca actividad al inicio de la semana, pero se ha reanimado un poco desde entonces, y con unas cuantas excepciones el balance de fluctuaciones puede considerarse positivo para ventaja de los tenedores de bonos. El lunes, el día en el que el cupón español de 3% cumplió su plazo, hubo un incremento repentino en esas acciones debido a una declaración del nuevo Ministro de Finanzas de que se había involucrado en hacer arreglos para el pago del cupón; pero, aunque desde entonces han surgido varios rumores acerca de esos arreglos, no se ha recibido ningún otro anuncio definitivo; y después de varias fluctuaciones, la bolsa de valores cerró esta noche apenas fraccionalmente más alta que la semana pasada. Los Rentes franceses han avanzado en respuesta al movimiento positivo en París; y los italianos han mejorado un poco. La recuperación en los varios valores egipcios también ha llamado la atención, habiendo tenido un buen efecto el aplazamiento del nuevo préstamo que, según se entiende, no aparecerá este mes. Las acciones hondureñas y uruguayas exhiben una ligera recuperación, pero las paraguayas han recaído de nuevo de manera significativa; y las peruanas y las mexicanas han mostrado ligeras debilidades en ocasiones. Se encontrará un epítome de la reunión de tenedores de bonos bolivianos en "Noticias e informes", y no ha habido una recuperación en las acciones, aunque es una característica especial el que 44 por ciento de la cantidad nominal del préstamo sigue en manos de los fideicomisarios. Con relación a las acciones turcas, los cambios a informar han sido muy pequeños; mientras que los rusos se han mantenido constantes. Hoy, las acciones paraguayas de nuevo han caído significativamente, y las de Cinco por ciento francesas, egipcias y turcas han tenido poca actividad.

Los siguientes son los cambios de la semana tomando las más recientes cotizaciones no oficiales:

	Precios de cierre del viernes pasado.	Precios de cierre de hoy.	Aumento o disminución.
Honduras 10%, 1870	17 ½ 8 ½	18 ½ 9 ½	+ 1

Fuente: The Economist

1873-julio-17

INVASIÓN DE HONDURAS

La misma correspondencia dice que las noticias de que la expedición del *Sherman*, con Palacios y su grupo, ha desembarcado y comenzado a atacar a Honduras y ha exaltado a los gobiernos de Guatemala y El Salvador. Se están haciendo todas las preparaciones para repeler la invasión, y se han decidido acciones combinadas. Se considera que el partido clerical, teniendo su sede en Nicaragua, está al fondo del movimiento y que provee los fondos por los cuales es llevado a cabo.

No se han recibido noticias adicionales en cuanto al progreso de la expedición del *Sherman*.

Fuente: Philadelphia Inquirer

1873-julio-26

LAS CAUSAS Y EFECTOS DE LAS RECIENTES CAÍDAS EN LAS ACCIONES DE LOS GOBIERNOS

El continuo descrédito de grandes clases de acciones de gobiernos extranjeros ha sido recientemente el tema de mucha conversación, y en más de una ocasión nos hemos referido a este tema. Sin embargo, en las últimas semanas hemos visto que se ha dado otro paso importante en el gran declive constante, siendo la clase de los nuevos valores sudamericanos el objetivo de otra gran caída, especialmente en las acciones bolivianas y paraguayas, de manera que solo hay uno o dos en toda la lista que se cotizan en más de la mitad de su precio original de emisión. También hay una inactividad impregnante en el campo general de los valores foráneos, aunque las acciones francesas han vuelto a su punto más alto desde la guerra, y las acciones del gobierno de los Estados Unidos han tenido un favorecimiento bastante excepcional. Una investigación cuidadosa sobre las causas y posibles efectos de este descrédito constante puede ser de alguna utilidad. Creemos que la experiencia de los últimos meses ha sido muy instructiva, y la lección debe estudiarse mientras los hechos siguen frescos en la mente.

La magnitud del fenómeno está entre los puntos más importantes. En la tabla que adjuntamos, parece ser que el declive en las nuevas emisiones sudamericanas se genera desde el precio de emisión, y en acciones foráneas antiguas desde el valor de nivel mantenido a una fecha muy reciente, representa una diferencia agregada en el valor del mercado de unos 50,000,000£, y una reducción de casi 30 por ciento del agregado más alto al más bajo. Una gran cantidad de propiedad, que suma unos 180,000,000£, ha sido objeto de esta enorme depreciación, y en muchos casos la depreciación llega casi a la desaparición total del valor del mercado de la propiedad afectada. Claro, el valor del mercado no es lo mismo que el valor real. La propiedad en su totalidad no podría haber sido vendida de una vez a un precio alto, y no será vendida ahora a un precio bajo, pero un cambio de esta magnitud debe afectar significativamente a muchos intereses e individuos.

¿Cuáles entonces han sido las causas de este gran cambio? En *primer* lugar, no hay duda de que ha habido una causa general que ha afectado a todos los valores. Los ahorros del país han sido muy pocos durante el último semestre, y en algunas transacciones ha habido pérdidas grandes que obligan a la conversión. Últimamente ha habido menos dinero para invertir en valores, buenos o malos, y las ventas obligadas no han sido compensadas por el poco dinero que sí llega al mercado. Dudamos el si esta causa por sí misma habría sido suficiente para cualquier gran caída. La escasez de todas las inversiones de primera clase (títulos de deuda consolidada nacional, obligaciones de acciones del ferrocarril inglés, valores indios y coloniales) se mantiene de forma singular, y apenas si se ve una caída en el precio. Una causa general como la que hemos descrito probablemente haya tenido un efecto de suspender la emisión de préstamos nuevos, de modo que los valores anteriores se quedaran casi estáticos. Sin embargo, es posible que las acciones de primera clase se mantengan parcialmente por la desviación de dinero que, a no ser por el nuevo descrédito, habría ido hacia la clase descreditada de las inversiones. Si no hubiera habido más que valores de primera clase, la causa general que hemos descrito habría tenido un efecto más uniforme que el que parece haber tenido. Podemos creer que en realidad ha tenido un efecto desproporcionado en los valores inferiores.

Una *segunda* causa general de gran influencia ha sido el colapso de las bolsas continentales. Este colapso ha sido parcialmente producido por circunstancias económicas en el continente, similar a lo que ya hemos mencionado, acompañadas por el desglose de una especulación extravagante en nuevas compañías; pero el resultado es que se ha debilitado el mercado de ciertos valores foráneos aquí. Una gran porción de estos (egipcios, italianos, turcos y otros) son internacionales, siendo el principal y los intereses pagados indiferentemente en cualquier de los varios centros monetarios, y se llevan a cabo grandes transacciones de estos en varias bolsas. Por tanto, el colapso de cualquiera de estas bolsas esparce sus efectos inmediatamente. Puede que primero tenga lugar en una clase de valores que en sí misma no sea internacional; pero tal colapso derrumba los otros valores también y estos se venden por preferencia, no en los mercados en los que ocurrió el colapso, sino en los que se mantienen en pie. El reciente colapso en Viena y las dificultades en las bolsas alemanas fueron, de hecho, las causas notables de grandes ventas de valores turcos, italianos y otros en el mercado londinense; y las dificultades continentales todavía suelen mantener a todo el mercado en la inestabilidad.

Las anteriores son causas generales, pero las causas especiales son, tal vez, más importantes. Una de estas (la *tercera* causa que mencionaremos), es la emisión forzada de préstamos nuevos cuando el mercado no está en condiciones de absorberlos. Ya hemos dicho que el efecto principal de un mal estado para las transacciones, y consecuentes pequeños ahorros, en un mercado que es solo para buenas inversiones, habría sido la suspensión de nuevas emisiones. Las necesidades de las naciones de primera clase con buen crédito en momentos de paz son, de acuerdo a la hipótesis, pocas, y la consideración del crédito nacional induciría el aplazamiento de cualquier préstamo opcional; es decir, para cualquier propósito nuevo que no sea absolutamente imperativo. Pero ahora estamos lidiando con prestatarios nacionales que no pueden esperar. Países como Egipto y Turquía piden dinero prestado para pagar los intereses de préstamos anteriores, y por tanto, a cualquier costo, con el riesgo de depreciar las emisiones anteriores, se debe hacer un intento de flotar nuevos préstamos. Nadie supone que un año como este, de entre todos los demás, sería elegido por el virrey egipcio para triplicar su deuda estatal financiada, si por cualquier posibilidad el propósito del préstamo pudiera ser deferido. Nadie supone que Turquía simplemente propondría tomar prestado 10,000,000£ anualmente por varios años si una suma anual de 10,000,000£ no fuera necesariamente indispensable para mantener el país en funcionamiento. Como los derroches más necesitados en la vida privada, cuya propiedad es devorada por las deudas, estos Estados deben tener dinero para evitar la siempre inminente insolvencia. Es por esto la inevitable depreciación de las emisiones anteriores que contribuye al disturbio de todo el mercado foráneo. En un año como 1871, cuando un caudal de dinero nuevo fue vaciado sobre los mercados de valores, era muy posible que se presentaran nuevos préstamos y se elevaran en precio junto con los otros valores, sin importar lo malos que fueran. Hubo una dificultad para encontrar salidas para el dinero nuevo, y la circunstancia favoreció a muchos Estados a los que no se les debió haber permitido obtener préstamos en primer lugar. Pero 1873 es muy diferente, y las nuevas emisiones forzadas no solo muy probablemente caerán ellas mismas en un descuento, sino que también depreciarán a las emisiones anteriores con las que compiten.

Pero finalmente y más importante, un gran número de valores que han sido descreditados le deben tal descrédito a la ocurrencia de algún accidente ante el que siempre estuvieron expuestos, o a alguna revelación palpable de su podredumbre intrínseca. Los eventos adversos de esta naturaleza durante los últimos meses llenarían un gran catálogo. El primer incidente fue el colapso de Honduras, consecuente del agotamiento del dinero que se quedó aquí para pagar los dividendos, y el fracaso total del proyecto de trabajos públicos mediante el cual un Estado sin recursos sería capaz de pagar los intereses de sus préstamos. Desde entonces, San Domingo ha, justificada o injustificadamente, repudiado el préstamo que se llevó a cabo en su nombre; Paraguay ha caído en la anarquía; el proyecto boliviano de trabajos públicos, al igual que el de Honduras, se ha quedado en la nada, aunque afortunadamente una gran porción del dinero suscrito no se ha gastado. El acontecimiento de estos y otros eventos poco tiempo después de que se hicieran estos préstamos han difundido una gran desconfianza, y con mucha justificación, a los países vecinos como Perú, Entre Ríos, y Uruguay, que se han mantenido más firmes, pero que en muchos aspectos se parecen a aquellos Estados cuyo crédito se ha colapsado más rápido. Sin embargo, el evento más grande ha sido la anarquía en España y el consecuente declive de los 3 porciento de España a alrededor de una mitad del precio al que fueron cotizados el año pasado. En España durante años no ha habido margen de garantía para el acreedor foráneo. Las dificultades financieras han aumentado cada año, siendo los intereses de la deuda pagados tan solo con préstamos nuevos, y la carga ha adquirido año por año dimensiones cada vez más incontrolables. Los disturbios internos que han causado estas dificultades financieras finalmente culminan en levantamientos prolongados y guerra civil, y el acreedor español se queda sin su pago. Tal calamidad pudo haber ocurrido sin que la crisis política se volviera tan grave como lo es ahora; pero siempre hay la posibilidad de que algún accidente apresure los días malos.

Es por tanto sencillo el poder explicar el declive que ha ocurrido, y ahora tenemos que considerar la cuestión de los efectos.

El primero y más importante de estos efectos es, sin duda, la tendencia a una depreciación mayor que la que ya se ha generado. Las semillas sembradas de desconfianza seguramente brotarán abundantemente, y ciertamente esperamos ver las ventas persistentes de tenedores asustados de los dudosos valores cuyos méritos ahora ven la necesidad de analizar cuidadosamente. El tema no resultará en una investigación, y, mientras la desconfianza se ve apoyada por las nuevas emisiones constantes en un mercado sin medios mientras que probablemente haya uno o dos colapsos más, no vemos qué podría detener la caída. Las personas ya no ganan tanto como antes, y las pérdidas realizadas reales han sido terribles para muchas de las clases inversionistas. Una diferencia de 50,000,000£ en alrededor de 180,000,000£ de valor de propiedad, junto con la casi extinción total de esa propiedad en algunos casos, no se puede recuperar pronto. En lugar del sentimiento de flotación de hace dos años, cuando todo iba en aumento, ahora hay celos y cautela, y tal estado de ánimo tan solo agravará la temida depreciación.

Otra razón para esperar una mayor depreciación, a pesar de todos los esfuerzos actuales para darle un impulso al mercado, se puede encontrar en la distribución probable de la pérdida que se ha sufrido. Ha caído en gran medida sobre el inversionista privado, pero también ha caído significativamente sobre la comitiva de la bolsa de valores; los sindicatos y los corredores externos, sin mencionar a los miembros del mercado bursátil mismo sobre cuyos recursos depende en gran medida cualquier especulación de aumento. Los rangos y filas de esta clase, y tal vez algunos de los líderes, son sin duda más pobres que antes. Se han quedado "atorados" con todo tipo de cosas que no se pueden vender que esperaban poder pasar al público, y que ahora solo pueden convertir con una seria pérdida. La gran depreciación de los valores españoles y otros es entonces una causa distintiva del deseo de apoyo a otros mercados. Una porción de estos valores representaba mucho capital flotante del mercado, y su valor disminuido de canje reduce ese capital. Traen de forma considerable menos dinero por venta o préstamo que lo que solían traer, y sus dueños tienen menos para especular.

Por lo tanto, por estas dos razones (la desconfianza creada en la clase inversionista y la pobreza de la clase especulativa) debemos esperar que la depreciación que se ha visto recientemente se extienda; y otras influencias también cooperarán. Mientras el comercio siga siendo malo, existirá la necesidad de conversiones ocasionales, y la desesperación entre los especuladores de tener un buen aumento hará que el mercado se quede solo. El especulador, al igual que el inversionista, tiene buenas razones para desconfiar. Claro, existen muchas causas reales que, si llegaran a existir, cambiarían el estado de las cosas. Una buena cosecha, acompañada de una caída establecida en los precios del carbón y los materiales en bruto, pueden lograr mucho para incrementar las ganancias del comercio y los consecuentes ahorros del país. Se puede crear un fondo de nuevo con el que se pueden impulsar los mercados que han quedado en pedazos. Pero lejos de tal resurrección, no vemos cómo los precios de una clase descreditada de valores, cuya cantidad debe incrementarse constantemente, puede por el presente mantener su nivel.

Sin duda se llegará a decir que la baratura del dinero que han producido las malas transacciones, apoyada por la renuencia del público por invertir, será fuerza suficiente para mantener los mercados. La tendencia parece apuntar a eso. Los especuladores son capaces de pedir préstamos más baratos que hace un poco. Si deciden tomar prestado para comprar acciones con el propósito para revenderlo al público, puede que sus operaciones tengan un efecto inmediato más grande en los precios. Pero creemos que hay mucha desconfianza en el exterior como para fomentar tal tipo de operaciones. Ahora se ha difundido la creencia de que el mercado bursátil es traicionero a muy alto grado. Hay un temor justo de que la tranquilidad de hoy pueda cambiar muy rápido por una tensión alarmante, en donde las especulaciones como las que hemos descrito llegarían a un cierre prematuro. La clase especulativa es sin duda muy insensata, pero la combinación de su pobreza y nerviosismo sin duda tendrá un efecto. En cualquier caso, si se ven tentados a realizar operaciones, su selección será de clases elevadas de valores foráneos, y si esta fuera su elección serían capaces por un periodo de tiempo de resistir la operación de las otras causas ya mencionadas. El resultado de las constantes conversiones, las emisiones en incremento, y el descubrimiento de vez en cuando de alguna cosa podrida, puede ser que se vean involucrados en pérdidas nuevas que al final agravarían todas las otras causas de la depreciación.

Segundo, se puede anticipar, como otro resultado de este descrédito, que se volvería más difícil para ciertas clases de países extranjeros el obtener préstamos. Esto es solo presentar el hecho de la depreciación en una forma distinta. En algunos casos, esta depreciación ha ido tan lejos que los Estados en cuestión no pueden obtener préstamos. La idea de que Honduras, San Domingo, Paraguay o Bolivia se presentaran en el mercado en la actualidad, con sus antiguos préstamos a un descuento de 50 a 70 porciento, sería algo completamente absurdo. Y esta dificultad se extenderá a mayor o menor grado a todos los Estados que han tenido ofensas similares. Entre los perores ofensores de todos, debemos mencionar a Turquía y Egipto, que durante mucho tiempo han sido reforzados, y cuyos prospectos financieros inmediatos creemos deben ahora volverse el problema del mercado. La idea de que tales Estados sean obligados a anular es a veces tonta. Se han hecho buenos cálculos para el periodo en el que pueden continuar basándose en la suposición de que en realidad sus ingresos van en aumento, y que el incremento de su deuda es solo en pequeño grado más rápido que este incremento de ingresos. Pero la experiencia de España debe servir como advertencia. Los intereses de la deuda española de hace dos o tres años eran de un poco más de la mitad de los ingresos, mientras que en los casos de Turquí y Egipto ya está entre los dos tercios o tres cuartos. En tal situación, con intereses a diez o doce por ciento y un déficit anual que equivale a la cantidad del interés de la deuda, la carga se acumula con abrumadora rapidez, y España estaba, de hecho, en tal abismo financiero antes de que aparecieran los problemas actuales que una anulación parcial se ha vuelto necesaria. Turquí y Egipto poseen, no más que España, inmunidad sobre las reglas de la aritmética financiera, y no podemos dejar de creer que la misma necesidad inexorable muy pronto se presentará. En estas circunstancias debe ser más difícil que en años anteriores para Turquía y Egipto y países similares el obtener préstamos, y sin duda el descrédito que ha habido los afectará a ellos y a otros prestatarios. Las circunstancias de este momento son muy complicadas, y el público ha tenido bastante advertencia. Las siguientes semanas mostrarán que tanto se han acatado estas advertencias, y cuál será el efecto real de la presente depreciación en la capacidad de estos Estados para solicitar préstamos. Cuál será el problema desastroso de cualquier gran fracaso de parte de estos Estados, sería superfluo señalarlo.

No hay duda sobre la conclusión práctica de todos estos hechos. Ya ha quedado demostrado que las reglas de la prudencia que en varias ocasiones se han explicado para otorgar préstamos a Estados foráneos son realmente necesarias. Los prestamistas ahora han entendido que hay casi una completa certeza de que perderán su dinero si les prestan a Estados de carácter político incierto o que constantemente piden prestado para pagar los intereses de préstamos anteriores, o que, tal vez, combinan ambos defectos. También han aprendido que ningún juramento de prenda ni ninguna supuesta excelencia en el objetivo del préstamo les dará la garantía suficiente si los Estados que piden prestado no son de confianza. El ejemplo de España también ha demostrado que un colapso aplazado puede llegar muy de repente, y que el constante argumento para prestarles a prestatarios incesantes como Turquía y Egipto, que siempre han pagado sus intereses, es completamente irrelevante. Es por eso que debemos repetir nuestras advertencias con más énfasis que nunca. Las personas que les prestan a Estados como España y Turquía y Egipto merecen perder su dinero, y las personas astutas que piensan que podrán entrar por un corto espacio de tiempo y salir antes de la desgracia, son las que tienen más probabilidades de perder.

Tabla que muestra la depreciación de ciertas clases de valores foráneos.

	Precio de emisión	Precio actual	Pérdida por £100 nominal	Pérdida porcentual real	Capital afectado	Depreciación total
	£	£	£	£	£	£
Bolivia 6%, 1872	68	40	28	41	1,156,000	474,000
Costa Rica, 1871 (1ra. emisión)	72	52	20	28	360,000	101,000
(2da. emisión)	74	52	22	30	370,000	111,000
7%, 1872	82	56	26	32	1,968,000	630,000
Honduras 10%, 1870	80	17 ½	62 ½	78	2,000,000	1,560,000
Paraguay 8%, 1871	80	36	44	55	800,000	440,000
1872	85	32 ½	52 ½	62	1,700,000	1,054,000
San Domingo 6%, 1869	70	22	48	68	530,000	360,000
Perú 6%, 1870	81 ¼	71 ½	9 ¾	12	9,685,000	1,162,000
5%, 1872	77 ½	59 ¼	18 ¼	24	11,625,000	2,790,000
	Precio, 1872				29,594,000	8,582,000
España 3%	34	18	16	47	*78,200,000	36,800,000
Egipto, 1868	92 ½	87	5 ½	6	*27,750,000	1,650,000
Turquía 5%	54 ½	52	2 ½	5	*43,600,000	2,180,000
					179,144,000	49,212,000

* Estos son estimados del valor del mercado agregado de las varias acciones de España, Turquía y Egipto, que han sido sujetos de depreciación.
Fuente: The Economist

1873-agosto-02

VALORES DE GOBIERNOS EXTRANJEROS
El día sábado por la mañana los dos eventos principales de la semana se hicieron públicos. El prospecto del nuevo préstamo egipcio de 32,000,000£ fue emitido, y se recibieron suscripciones aquí hasta la noche del miércoles. Se ha dicho que las aplicaciones fueron insignificantes, y naturalmente ha habido algunas fluctuaciones considerables en las acciones existentes, específicamente en el préstamo de

1868, lo que ha resultado en una recaída parcial en las cotizaciones. El otro evento fue la publicación de un anuncio del comisionado financiero español en el que dijo que el cupón, anunciado dos días antes para pago, no se pagaría como se había dicho, y que él había sido engañado por un telegrama falsificado. Esto produjo una recaída de ¾ en las acciones, aunque fue evidente que las dificultades conocidas de España habían causado que se recibiera la notificación anterior con precaución, lo que había prevenido un aumento mayor en el valor de la garantía. No parece probable que vaya a descubrirse quién fue el autor de este acto deshonesto. Al ver el estado actual de las cosas en ese país, con la sublevación de la flota, el creciente atrevimiento de los carlistas, y los movimientos de insurrección en todos lados, el prospecto en realidad se ve sombrío. Los bonos franceses han sido bien sostenidos esta semana, los 6 porciento mostrando un avance, y los préstamos rusos han seguido firmes. Los bonos de Honduras han mejorado gracias a una notificación que se puede encontrar bajo el encabezado "Avisos e informes" y los italianos han exhibido algo de mejora. Las acciones turcas se vieron afectadas de forma simpatética con las egipcias al principio de la semana, pero desde entonces se han recuperado. Por otro lado, ha habido una depresión en las acciones de Paraguay, Costa Rica, Bolivia, Uruguay y Perú, con la caída de los tres primeros siendo muy grande. Una reunión bastante tumultuosa de los tenedores de bonos bolivianos se llevó a cabo el miércoles, cuando se hicieron declaraciones de carácter conflictivo. Estas han sido las variaciones principales de esta semana, y se entenderá que han sido de importancia tanto positiva como negativamente. Hoy, los precios se mantuvieron de forma constante, y los turcos y uruguayos mostraron mejoras.

Los siguientes son los cambios de la semana tomando las más recientes cotizaciones no oficiales:

	Precios de cierre del viernes pasado.	Precios de cierre de hoy.	Aumento o disminución.
Honduras 10%, 1870	16 ½ 17 ½	18 19	+ 1½

Fuente: The Economist

1873-agosto-02

PRÉSTAMO DE HONDURAS

El comité de tenedores de bonos informa que han entrado en comunicación directa con el gobierno de Honduras para la transferencia a la propuesta "Compañía ferroviaria interoceánica de Honduras, limitada" de esa porción de la línea de ferrocarril, desde Santiago hasta Comayagua, que ahora está en trabajo, con la planta, el material rodante, el material al respecto, y el terreno necesario para completar toda la línea; también por una cesión de cinco millas de tierra en cada lado de la línea del ferrocarril de mar a mar; y una concesión de derecho exclusivo para la compañía, o sus nominados, para explorar y trabajar todas las minas en Honduras, de todo tipo, a disposición del gobierno, sujeto a una pequeña regalía, pagadera solo después de que se haya declarado un dividendo del 10 por ciento sobre todo el capital de la empresa; y el derecho de cortar y exportar madera en las tierras de la empresa, libre de impuestos, con otros privilegios valiosos. Se han firmado los documentos necesarios por el ministro de Honduras y el comisionado especial en Londres, y enviados por correo a Honduras para la ratificación del gobierno. El comité tiene el placer de agregar que los ingenieros enviados por ellos especialmente para informar sobre la condición de la línea y el costo de su finalización han ejecutado su tarea de una manera satisfactoria. Tan pronto como los documentos ya mencionados sean devueltos, con la ratificación adecuada, los prospectos de la "Compañía ferroviaria interoceánica de Honduras, limitada", serán emitidos, y los tenedores de bonos serán invitados a cambiar sus bonos por acciones.

Fuente: The Economist

LOS PRÉSTAMOS DE HONDURAS

El comité designado en la reunión celebrada en la London Tavern el 15 de enero pasado, ruega notificar a los titulares de bonos de Honduras que, con el fin de llevar a cabo las recomendaciones formuladas en su primer informe, les complacerá saber que han tenido la aprobación general de los titulares de los bonos, han entrado en comunicación directa con el gobierno de Honduras para la transferencia a la propuesta "Compañía Ferroviaria Interoceánica de Honduras, Limitada", de la porción de la línea de ferrocarril desde la ciudad de Santiago hasta el pueblo de Comayagua, que ya ha sido construido y ahora está en funcionamiento, con la planta, el material rodante y el material al respecto; y la tierra necesaria para la finalización de la línea entera; también por una cesión de cinco millas de tierra en cada lado de la línea del ferrocarril de mar a mar; y una concesión de derecho exclusiva para la compañía, o sus nominados, para explorar y trabajar todas las minas en Honduras de todo tipo, a disposición del gobierno, sujeto a una pequeña regalía, pagable solamente después de un dividendo del 10 por ciento, ha sido declarada en el capital de la compañía; y el derecho de cortar y exportar madera en las tierras de la compañía, libre de impuestos, junto a otros privilegios valiosos. Los documentos necesarios han sido firmados por el ministro de Honduras y el comisionado especial ahora en Londres, y enviados por correo a Honduras para ratificación del gobierno. El comité tiene el placer de agregar que los ingenieros enviados por ellos, especialmente para informar sobre la condición de la línea y el costo de su finalización, han ejecutado su tarea de la manera más satisfactoria, y su informe, que confirma totalmente el de los Sres. Brooks y Alberga, será publicado dentro de poco. En cuanto los documentos mencionados regresen, con la debida ratificación del gobierno de Honduras, los prospectos de la "Compañía Ferroviaria Interoceánica de Honduras, Limitada", serán emitidos al público, y los tenedores de bonos serán invitados a intercambiar sus bonos por acciones en una medida que el comité, después de seria consideración, ha aprobado. Mientras tanto, se les pide a los tenedores de bonos que envíen sus nombres y direcciones con detalles de los bonos a su poder, a las oficinas de la compañía, 4 Westminster Chambers, Victoria street, Westminster, donde se puede obtener toda la información, y los borradores de artículos de la compañía pueden ser inspeccionados. — Por orden del comité,

John Tucker, secretario honorario.
Londres, 29 de julio de 1873.

Fuente: The Economist

THE HERALD

Entre las mejoras importantes en el progreso de la vía férrea es uno que tiene que ver en gran medida con los intereses comerciales actuales entre Nueva York y San Francisco. Actualmente se está organizando una compañía en Londres en base a concesiones extraordinarias del gobierno de Honduras, cuyo objetivo es asegurar, sin retraso, la finalización de la vía interoceánica desde Puerto Caballos, en la costa del Atlántico, hasta la Bahía de Fonseca, en el océano Pacífico. Se dice que la extensión de toda la vía es de 220 millas, 70 de las cuales ya se han completado y están en operación. Se dice que, mediante esta ruta, la distancia entre Nueva York y San Francisco se reduce casi 1,200 millas, en comparación con la ruta de Panamá. También se dice que un agente de los capitalistas ingleses interesados en el proyecto llegará a esta ciudad en algunos días con el propósito de conferir con la Pacific Mail Steamship Company, con el objetivo de ofrecer incentivos para que sus buques lleguen a Puerto Caballos y Fonseca al terminarse la vía. Se dice que, si este acuerdo llega a realizarse, hará una diferencia de cuatro días en el

tiempo requerido para la transportación de correo y carga entre Nueva York y San Francisco, en comparación con la ruta de Panamá.
Fuente: Philadelphia Inquirer

EL NEW YORK TRIBUNE COMENTA

Declaraciones han estado en circulación desde hace algún tiempo de que se está organizando una compañía en Londres en base a concesiones extraordinarias del gobierno de Honduras, cuyo objetivo es asegurar, sin retraso, la finalización de la vía interoceánica desde Puerto Caballos, en la costa del Atlántico, hasta la Bahía de Fonseca, en el océano Pacífico. Se dice que la extensión de toda la vía es de 220 millas, 70 de las cuales ya se han completado y están en operación. Se dice que, mediante esta ruta, la distancia entre Nueva York y San Francisco se reduce casi 1,200 millas, en comparación con la ruta de Panamá. También se dice que un agente de los capitalistas ingleses interesados en el proyecto llegará a esta ciudad en algunos días con el propósito de conferir con la Pacific Mail Steamship Company, con el objetivo de ofrecer incentivos para que sus buques lleguen a Puerto Caballos y Fonseca al terminarse la vía. Se dice que, si este acuerdo llega a realizarse, hará una diferencia de cuatro días en el tiempo requerido para la transportación de correo y carga entre Nueva York y San Francisco, en comparación con la ruta de Panamá.

Con el objetivo de averiguar qué verdad había en estas declaraciones, un reportero del *Tribune* buscó al capitán Bradbury, presidente de la Pacific Mail Steamship Company, el día de ayer, y le pidió información. El capitán Bradbury dijo que había leído y escuchado estas declaraciones, pero no tenía conocimiento personal sobre el asunto, y ni siquiera sabía el nombre del agente en cuestión. Como los Sres. Bischoffsheim y Goldschmidt, los banqueros de Londres, habían sido previamente identificados con el proyecto del ferrocarril interoceánico, se les hizo una solicitud a los Sres. E. H. Biederman & Co., sus representantes en Nueva York. El Sr. Biederman dijo que Bischoffsheim y Goldschmidt habían estado previamente interesados en el proyecto, pero que ya no lo estaban. No pudo dar más información.
Fuente: Philadelphia Inquirer

NOMBRAMIENTO PRESIDENCIAL

El presidente ha nombrado a George A. K. Morris como cónsul de los Estados Unidos en Amapala, Honduras.
Fuente: Philadelphia Inquirer

HONDURAS

Las últimas noticias de este Estado son que hay un regocijo general a cuenta del fracaso del ataque de Palacios en el barco a vapor estadounidense *General Sherman* debido a las actividades de las tropas del gobierno que obligaron a estos filibusteros a abandonar sus esperanzas y a volver a subir al barco. La república de Guatemala está lista para respaldar a Honduras con cualquier asistencia que ella llegue a necesitar para restaurar el orden en el país y establecer un gobierno sólido, y ya ha enviado algunas tropas con ese propósito.

1873-septiembre-04

FILIBUSTEROS DE HONDURAS

El grupo filibustero al mando de Palacios, que desembarcaron en la costa de Honduras y trataron de revolucionar Centroamérica en el interés del partido clerical, han tenido que reembarcar a bordo del barco a vapor estadounidense *General Sherman*, pero el barco continúa navegando por las costas de Honduras y Guatemala.

Por lo tanto, estos países permanecen en un estado continuo de alarma, y la gente, naturalmente, se siente indignada de que el gobierno de los Estados Unidos no tome medidas para prevenir que su bandera sea usada para proteger intentos hostiles sobre sus vecinos republicanos con quienes sus relaciones son de una naturaleza completamente amigable, especialmente cuando ningún país centroamericano tiene una fuerza naval como España para defender sus costas. La gente dice que esto es indigno de una gran nación como los Estados Unidos y la potencia del continente americano.

El barco a vapor estadounidense *Benicia*, de la costa centroamericana, llegó aquí el día 12 de este mes, y permanecerá hasta que el buque insignia *Pensacola* llegue.

Fuente: Philadelphia Inquirer

1873-septiembre-11

LA INSURRECCIÓN EN HONDURAS

Nueva Orleans, 10 de septiembre.

El capitán George J. Gordon, almirante de la marina hondureña y comandante del *Colonel Ariza,* conocido anteriormente como el *General Sherman*, y el ingeniero en jefe Camberson, del mismo servicio y barco, están en esta ciudad.

Estos caballeros dejaron el escenario de la guerra hace dos semanas, dejando el *Ariza* en Puerto Caballos, a siete millas de Omoa, el puerto marítimo principal de Honduras en el Atlántico, y llegaron a esta ciudad en la goleta *Lilly of the Valley* de camino a Nueva York en una diligencia especial.

El capitán Gordon ofrece una narración interesante sobre los asuntos en Honduras cuando se fue, y particularmente del bombardeo de Omoa y la conducta traicionera de la guarnición del fuerte comandada por el Gral. Straeber del gobierno usurpador.

Después de la captura de Trujillo por Pataccans con el *Colonel Ariza* y su ocupación pacífica del fuerte, hubo un ataque nocturno por parte de Arias o el partido provisional, en el que este último fue repelido con 25 muertos y un gran número de heridos. Pataccans, quien declara ser comandante en jefe del ejército y la marina de Honduras, bajo el nombramiento de Medina, el presidente legítimo de Honduras, al haber tenido éxito en restaurar Trujillo a la autoridad de su jefe, procedió en el *Ariza* hacia Omoa con intención de capturarlo, después de lo cual se proponía marchar un ejército hacia el interior.

Fuente: Philadelphia Inquirer

1873-septiembre-28

HONDURAS
Indignación En Contra De Extranjeros Y No Combatientes.

Kingston, Jamaica, 27 de septiembre.

La balandra a vapor británica *Niobe* llegó aquí el día de hoy desde Omoa, Honduras, trayendo la siguiente información:

Las tropas del Gral. Estrada, después de asesinar al destacamento de las fuerzas de Palacios que se acercaron al fuerte ondeando una bandera de tregua, saquearon Omoa y encarcelaron a todos los súbditos británicos, destriparon los consulados de Estados Unidos, Inglaterra, España y Portugal, destrozaron la bandera estadounidense y saquearon los almacenes y las cajas fuertes de los comerciantes, dejándolos en la perfecta ruina. El *Niobe* llegó poco después y exigió la entrega de los extranjeros encarcelados y explicaciones por ese acto indignante. Las autoridades fueron obstinadas y se negaron a acceder a las demandas del comandante del *Niobe*, a lo que siguió un bombardeo hasta que una bandera de tregua fue izada. Los prisioneros fueron entregados y se garantizó una compensación.

Fuente: The New York Times

1873-noviembre-04

LA GUERRA CIVIL EN HONDURAS

Panamá, 25 de octubre.

Todos los estados de Centroamérica, excepto Honduras, están en paz. En esa república, el Gral. Miranda, del partido de Palacios, ocupó la ciudad de Opoteca, a cinco leguas de Comayagua, con 700 hombres, y su vanguardia, bajo el Gral. Barahona, la ciudad de Espino, a una legua de Opoteca y a cuatro leguas de Comayagua. Se creía que su intención era sitiar la capital. La ocupación de Opoteca fue confirmada por medio de Corinto y la derrota del coronel Turcios el día 23 del mes pasado. En el día 20, el Gral. Ordóñez dejó Comayagua para atacar a los invasores. Cuando el correo salió el día 27, fuertes disparos de artillería se escucharon en dirección a Opoteca. El resultado fue desconocido, aunque, para aquel tiempo, las probabilidades estaban a favor de Honduras. El Gral. Espinoza, de Guatemala, estaba en Pasaquina con 1,000 hombres en camino a Honduras para ayudar al presidente Arias. El Gral. Ordóñez, con 300 hombres, hizo un reconocimiento de la ciudad de Opoteca, y hallándola fortificada, se retiró.

Fuente: The New York Times

1873-noviembre-04

El *Star and Herald* de Panamá dice que Honduras finalmente ha caído en una condición tan deplorable de descrédito y anarquía administrativa que otros países centroamericanos han llegado a la conclusión de unirse y dividirse su territorio entre ellos.

Fuente: Philadelphia Inquirer

1873-noviembre-18

CENTROAMÉRICA
El buque filibustero "General Sherman" ha sido detenido por el buque estadounidense "Wyoming".

Panamá, 9 de noviembre.

El capitán W. B. Cushing, del buque de vapor estadounidense *Wyoming*, que ahora está en Aspinwall, ha tomado posesión del buque de vapor *Colonel Ariza*, que antes era el *General Sherman*, por usar documentos de navegación ilegales y navegar bajo la bandera de Honduras, mientras se ha probado que nunca ha cambiado su nacionalidad y sigue siendo legalmente una embarcación estadounidense, ya que los únicos documentos legales en su posesión fueron y son un registro estadounidense y otros. Se recordará que esta embarcación es la misma que se le vendió a un nativo de Guatemala llamado Palacios, y, después de entregar materiales de guerra y algunos filibusteros, recibió permiso del cónsul estadounidense en Aspinwall y desde entonces se ha dedicado activamente a hacerles la guerra a las repúblicas de Guatemala y Honduras.

El señor Palacios y su grupo, al no haber tenido éxito en ninguna de estas repúblicas, regresó a Aspinwall el día 3, y presenta al *General Sherman* con otro nombre y portando la bandera de Honduras.
Fuente: Philadelphia Inquirer

1873-diciembre-18

CENTROAMÉRICA
Colombia – Nicaragua – Honduras.

Panamá, 8 de diciembre.

Panamá continúa en la más profunda paz y tranquilidad, y la única exaltación se debe a la celebración de la independencia del Istmo el día 28 de noviembre; el aniversario cincuenta y dos. Cañones disparando, peleas de toros, etc., se mantuvieron hasta el 1 del mes presente. El expresidente, el Gral. Neira, quien falló en su intento de golpe de estado, dejó Panamá el 27 del mes pasado hacia Buenaventura. El negocio en Panamá aún está inactivo, y aún más por el fracaso de la casa bancaria de los señores Field, Penso y compañía en Aspinwall. Estos caballeros se niegan a dar alguna explicación a sus acreedores. El señor Field se niega a verlos o hablar con ellos, los refiere a su abogado, y anuncia que se irá en el siguiente barco a vapor.

El barco a vapor estadounidense *Benicia* permanece en el puerto. El *Omaha* se espera diariamente desde Callao, donde estaba el día 28 del mes pasado.

De acuerdo a la gaceta oficial, la república de Nicaragua se considera en un estado de guerra a consecuencia de la expedición del coronel Tinoco de Costa Rica, la cual, a la fecha del 22 del mes pasado, había ocupado Corpus en el departamento de Choluteca, en Honduras, y cerca de la frontera de Nicaragua. No se tiene mucho miedo de que tenga éxito, ya que Honduras puede considerarse pacificada, y fuerzas considerables de El Salvador y Guatemala aún ocupan el Estado.

El bombardeo del castillo de Omoa, Honduras, por el barco británico de Su Majestad *Niobe,* del capitán Lambton Loraine, sigue creando una gran cantidad de expectación en la mayoría de los estados centroamericanos. El ministro de asuntos exteriores de Guatemala se ha dirigido al ministro de Honduras en Londres también para que pueda expresar queja de ello de su parte ante el gobierno británico como un acto muy hostil.

Honduras concedió su adhesión al tratado de alianza entre El Salvador, Nicaragua y Guatemala.
Fuente: The New York Times

1873-diciembre-30

En Honduras se hizo un intento para reemplazar al presidente provisional Arias, con Ponciano Leiva. El movimiento fue instigado por el gobierno de El Salvador, y apoyado por los seguidores de Palacios. Empezó con un pronunciamiento militar en la frontera, y fue seguido por una pelea, en la cual murieron muchos en ambos lados.

Por último, Honduras se esforzaba por arreglar los asuntos con El Salvador a través de un enviado especial, y el Sr. Williams, el ministro estadounidense, estaba usando sus buenos oficios para prevenir las hostilidades.

Fuente: Philadelphia Inquirer

5. Metodología y notas sobre fuentes

La transmisión de información en este periodo se hacía vía carta o telegrama, requiriendo transcripción, composición litográfica, e impresión. Adicionalmente, no existían (hasta el final del periodo) verdaderas agencias de noticias que divulgasen un despacho a diferentes diarios. Por tanto, el envío de los corresponsales aparecía publicado en un periódico, y luego este era republicado por otros.

Esto resulta en dos diferencias importantes con respecto a los niveles de calidad esperados en publicaciones en la actualidad. Uno de ellos tiene que ver con la inmediatez de la información. La misma puede aparecer en fechas distintas según la vía por la que llegó a publicación, y esta puede incluir información incorrecta o fragmentaria que no ha podido ser corregida.

La segunda se relaciona con la calidad del texto en sí, efecto magnificado cuando se trata de traducciones. Recordemos la cantidad de errores que pueden surgir en todas esas fases de transcripción, y considerando el hecho que el corresponsal en estos tiempos no implicaba un periodista acreditado, sino cualquier persona en el sitio que cruzara cartas con el diario.

Adicionalmente, las convenciones sobre nombres geográficos o aun personales eran mucho más relajadas que en la actualidad. El mismo nombre se puede reflejar de distintas formas, aun en el mismo despacho. Dentro de lo posible, hemos pretendido conservar estas peculiaridades para poder acercarnos más al mundo intelectual de nuestras fuentes.

El ordenamiento de los despachos es por orden cronológico de publicación. Basado en lo anteriormente descrito, estos pueden tener variabilidad con la fecha del acontecimiento. Puede ser máximo hasta dos meses al inicio del periodo, hasta una semana hacia el final, reflejando el avance en la calidad de las comunicaciones. Se hace una atribución al medio de publicación, coincidiendo la edición con la fecha asignada.

La obra pretende recopilar las fuentes sin ningún tipo de edición o comentario, citar la fuente adecuada, y asegurar una traducción lo más literal posible. Considero que editar la traducción para que refleje un lenguaje más moderno, o compensar errores de descripción o nombramiento, resultaría en un cambio, por más matizado que fuera, del original.

Todos estos archivos están en el dominio público bajo las normas de libre acceso y reproducción de sus países de origen. Agradezco a *The Economist*, *The London Times*, *The New York Times*, *Philadelphia Inquirer*, y *New York Evening Post*, por haber publicado y conservado esta valiosa información.

6. Acerca del compilador

José S. Azcona Bocock nació en La Ceiba, Atlántida Honduras, el 13 de mayo de 1972.

Es Ingeniero Civil graduado de la Academia Militar de los Estados Unidos (United States Military Academy), West Point, NY, EEUU. (1993), y con Maestría en Ciencias en Ingeniería Civil del Instituto Tecnológico de Georgia (1997).

Fue Oficial Activo de las Fuerzas Armadas (1993-98), posteriormente se ha dedicado profesionalmente al desarrollo inmobiliario y la construcción independiente (1998-).

Ha sido Diputado al Congreso Nacional (2006-14), Regidor de la Corporacion Municipal del Distrito Central (2002-6), Es autor de los libros Construyendo una Honduras Mejor (2004), Informe de Labores Legislativas 2006-8 (2008), y columnista de Diario La Tribuna (2000-4) y La Prensa (2020-).

Está casado y es padre de tres niñas.

Made in the USA
Columbia, SC
16 September 2023